舰船中压直流
综合电力系统

章以刚 赵 芳 陈 琳 ◆编著

上海交通大学出版社
SHANGHAI JIAO TONG UNIVERSITY PRESS

内容提要

本书在综述了中压直流电力系统设计考虑因素的基础上,详细论述了直流电力质量、燃气轮机发电机组、混合储能、交流-直流接口变流器,并对综合电力节点中心的性能要求、中压直流区域电力系统分布式控制、多区域电力系统的稳定性、耐故障和无断路器的中压直流结构、中压直流隔离装置和固态断路器以及电力系统的一次保护和后备保护做了介绍,也对接地故障定位和区域配电系统可靠性设计进行了探讨,最后叙述了基于 SiC 模块的中压直流结构。

本书可供从事舰船电力系统和设备的研究设计与运行的工程技术人员参考,也可供舰船电气专业的本科生和研究生学习与参考。

图书在版编目(CIP)数据

舰船中压直流综合电力系统/章以刚,赵芳,陈琳
编著.—上海:上海交通大学出版社,2024.1
　ISBN 978 - 7 - 313 - 29297 - 1

Ⅰ.①舰…　Ⅱ.①章…②赵…③陈…　Ⅲ.①中压电
力系统(船舶)　Ⅳ.①U665.2

中国国家版本馆 CIP 数据核字(2023)第 155075 号

舰船中压直流综合电力系统
JIANCHUAN ZHONGYA ZHILIU ZONGHE DIANLI XITONG

编　　著:章以刚　赵　芳　陈　琳
出版发行:上海交通大学出版社　　　　　地　　址:上海市番禺路 951 号
邮政编码:200030　　　　　　　　　　　电　　话:021 - 64071208
印　　制:上海万卷印刷股份有限公司　　经　　销:全国新华书店
开　　本:710mm×1000mm　1/16　　　　印　　张:21.5
字　　数:363 千字
版　　次:2024 年 1 月第 1 版　　　　　　印　　次:2024 年 1 月第 1 次印刷
书　　号:ISBN 978 - 7 - 313 - 29297 - 1
定　　价:128.00 元

前 言

　　本书论述了舰船中压直流综合电力系统,是《现代舰船综合电力系统》一书的续集。

　　如上书指出,美国海军提出的未来战舰下一代综合电力系统发展路线图,将综合电力系统分成两个层次:发电层次为中压交流、高频交流和中压直流,负载层次为区域配电。美国海军LHD-8两栖攻击舰为中压交流综合电力系统,由中压交流发电和交流区域配电系统组成;美国海军DDG-1000驱逐舰也为中压交流综合电力系统,但由中压交流发电和直流区域配电系统组成。中压直流综合电力系统由中压直流发电系统和直流区域配电系统组成。

　　中压直流综合电力系统的发电模块是直联式燃气轮机直流发电机组,由交流发电机、燃气轮机和整流装置组合而成,燃气轮机变速运行,高效、结构紧凑和功率密度高,直流母线向直流区域配电系统输电。

　　DDG-1000驱逐舰的中压交流综合电力系统中的发电模块是燃气轮机交流发电机组,燃气轮机恒速运行,交流母线交流输电,经交流-直流整流装置供电给直流区域配电系统。因此,除了燃气轮机与发电机直联式连接以及整流装置与机组集成在一起之外,DDG-1000驱逐舰的电力系统已成功应用直流区域配电系统,基本为中压直流综合电力系统奠定了技术基础。

国内对舰用大功率燃气轮机发电机组的自主研发处于攻坚阶段,直流区域配电系统尚处于研制阶段,与国外的成熟领先技术相比,我国的舰船中压直流综合电力系统仍有较大发展空间。

在本书中,我们对近年来中压直流综合电力系统国外资料进行了整理、编译,希望有助于读者学习参考。

本书在编辑过程中得到了耿惠彬和刘莉飞的关心与支持,在此一并表示衷心感谢。

由于专业水平有限,本书中存在的错误和不当之处敬请读者批评指正。

目　录

1 中压直流基本电力系统设计考虑因素

1.1 概述

美国海军目前正在开发高功率传感器、高功率电子战系统、固态激光器(SSL)和电磁轨道炮(EMRG),用于加强舰船自防御和区域防御。有了这些新的武器系统,为对抗潜在敌人的反介入和区域阻绝策略,美国海军计划大幅增加每艘舰船可携带的武器数量,达到有利的成本换算比(击落巡航导弹、无人机的成本低于巡航导弹、无人机的成本),并使战舰能够到任何有需要的地方作战以实现分布式杀伤。

这些新的高功率和脉冲负载对海军电力系统设计带来了巨大挑战。它们的功率特征可能是随机的,或要求较高的功率变化率。传统交流电力系统需要以巨大成本装备大量储能缓冲装置,以确保电力系统保持静态和动态稳定性。MVDC[根据 IEEE 1709 - 2010 标准,中压直流指 1 kV 以上 35 kV(含)以下的直流电压;美国海军将所有 1 kV 及以上的电压视为高压]发电和配电系统则能以较低成本使电力系统支持这些先进电气负载,且功率密度比交流电力系统更高。MVDC 系统的优点如下。

(1) 通过有源整流器和相关控制器,原动机速度不受母线电力质量直接影响。发电机可根据不同类型的原动机进行优化,而无须安装减速齿轮或增速齿轮;发电机不受给定极数的限制。速度甚至可以在原动机功率工作范围内变化,以优化效率和(或)响应能力。

(2) 电力变换设备可在更高频率下工作,从而缩减变压器和其他电磁装置的尺寸。

(3) 与交流电缆不同,直流导线整个横截面都可有效传输电力。此外,功率因数不适用于直流电力系统,因而不会影响电缆尺寸。电缆尺寸取决于所选的母线电压,在给定功率水平下,电缆重量可能会降低。

(4) 电力电子装置可将故障电流控制在较低水平,远低于采用传统断路器的交流电力系统。较低的故障电流可减少故障期间的损坏。

(5) 由于设备振动频率各不相同,与以恒定交流频率工作相比,舰船动力装置噪声的声源更少,频谱更宽。

(6) 电源的并联只需要电压匹配,不需要时间临界相位匹配。这使发电机组在启动后可更快上线。这样,在另一发电机组上线之前用于供电的总储能量要求就可降低。

(7) 采用高速动力燃气涡轮发动机与产生高于 60 Hz 频率电力的高速发电机连接,安装空间要求更为灵活。高速动力燃气涡轮发动机与高速发电机的组合可缩短发电机组长度。更短的发电机组可缩短机器空间长度,有助于船舶设计满足破舱稳性条件下可淹没长度的要求。电力系统采用高速燃气轮机也为竞争和节约潜在成本带来了更多的机会。

(8) 高功率、高动态、高要求的电气使命负载(如电磁轨道炮、激光、高功率雷达和电子战系统)更易与中压直流电力系统相适应。与交流电力系统不同,原动机速度不会直接影响中压直流母线的电力质量,发电机和动力涡轮的转动惯量(对于多轴燃气轮机)可用作储能装置。这样,可使所需增加的储能装置数量降至最少。

本章提出了舰船中压直流基本结构(见图 1-1)的设计考虑因素,该结构借鉴了德里(Doerry)和埃米(Amy)所述结构。该基本结构设计用于大型非线性随机脉冲负载,比传统 60 Hz 系统更经济,对舰船影响更小。该基本电力系统旨在推动中压直流部件和系统的研发,为标准、设计过程和设计工具开发奠定基础。本章提出的设计考虑因素,为在早期船舶概念和初步设计中确保中压直流配置的可行性和经济性提供了框架。

除重点讨论了中压直流母线外,本章还简要讨论了对区域内配电的影响。讨论主要关注与德里所述概念的不同点。

在电力系统设计开发中,重要目标如下。

(1) 电力系统容量:发电装置和电力系统部件必须有足够的定额为船上稳态电气负载供电。稳态电气负载基于一定时间内(20~100 ms)负载的平均值。

(2) 母线调节:必须存在建立母线电压的稳态解决办法。稳态解决办法必须符合电力质量要求。电力质量要求按界面标准规定(类似于适用于交流电力系统的 MIL-STD-1399 标准的第 300 章和第 680 章)。建议的中压直流界

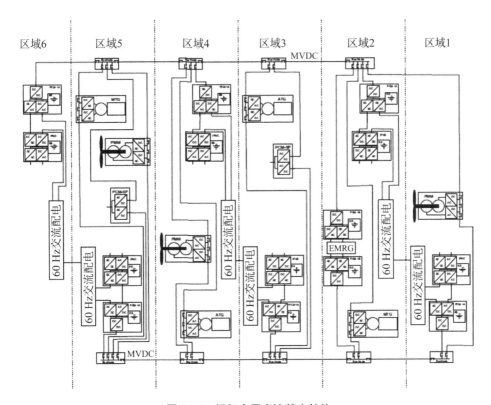

图 1-1 舰船中压直流基本结构

面标准见第 2 章。

（3）功率和能量管理：电力系统必须具有适当的控制，以便在工作过程中，在线发电量能够满足电气负载需求。功率和能量管理包括发电、储能、负载以及电气系统配置的控制。

（4）母线静态稳定性：稳态解决办法必须具有小信号稳定性。其中，系统必须保持电力质量，并能够在暴露于小扰动时恢复至稳态。

（5）母线动态稳定性：如果电力系统处于远离稳定的状态，则系统必须向稳态收敛，且瞬变行为不会导致设备损坏或电力质量降至限值以下。

（6）故障检测、定位和隔离：必须检测、定位和隔离电力系统或用电负载内的故障，以防止额外设备损坏，并使关键负载失电降至最低。

（7）电力系统应向负载提供必要的使用质量（供电连续性）。

（8）电力系统的获取、在舰船上的安装、升级/修改和操作必须具有经济性。

1.2　电力系统特征

为实现 1.1 节所述目标,基本电力系统应具有如下特征。

（1）中压直流配电系统通常以独立的左舷和右舷母线运行。

（2）母线节点用于配置母线,并将电力系统部件连接至母线。设计隔离开关用于所有负载,以低于其额定载流容量的水平打开或闭合。如果由作为电源的任何电力系统部件提供断路器功能,则也可为这些源部件配备隔离开关,否则需要用断路器代替隔离开关。母线节点内的控制器防止打开隔离开关的承载电流超出其分断能力。

（3）通常所有发电模块向两条母线同时供电。发电机有两组绕组,各驱动单台整流器为每条母线供电。每组绕组和每台整流器（可模块化）的定额各为原动机总定额的一半。由于直流系统中并联并不要求相位匹配,所有在线发电模块都可以同时向两条独立的母线供电。通过使所有发电机同时向两条母线供电,负载可在在线发电机之间平均分配。

通过以独立的左舷和右舷母线工作,中压直流母线故障将导致发电模块只出现 50% 的负载损失。当负载损失显著大于其定额的 50% 时,发电模块（大于 20 MW）通常难以防止过速导致的停机。通过将阶跃负载下跌限定为50%,发电模块的设计可实现更高的动态性能。

（4）发电模块可设置一个常开交叉连接,以便在另一条母线出现故障时向单一母线供电。如设有交叉连接,从发电模块至母线节点的馈电线应能承载发电模块（或至少左舷及右舷母线）的全部定额。

（5）PCM-1A 用于为区域内舰船日用负载以及 1 MW 以下的高功率负载供电。PCM-1A 通常由单条母线供电。一般而言,所有 PCM-1A 从中压直流母线吸取的功率应在左舷和右舷母线间平均分配。如有可能,相邻区域的PCM-1A 或一个区域内功能冗余 PCM-1A 应连接到交替母线。对于每种区域内配电（例如 440 V AC）,在 PCM-1A 未通电或停止工作的情况下,使用区域之间或区域内功能冗余 PCM-1A 之间（由不同的中压直流母线供电）安装的交叉连接。交叉连接通常不通电。

（6）如果有奇数个区域,其中一个奇数区域可配备由不同母线供电的两台PCM-1A。该区域通常不是"端部区域",而且该区域要么不作为任何其他区域的交替电源,要么作为两个相邻区域的交替电源（每台 PCM-1A 各作为一个交替电源),而从不只作为单个区域的交替电源。两台 PCM-1A 的定额应能使它们分担区域负载,并在其中一台 PCM-1A 不工作时,另一台能充当关键使命设备的交替电源。由于舯部通常有相当大的负载,可考虑将两台 PCM-1A 安装在一个舯部区域。也可用一个舰船区域(非"端部区域")作为艏部和艉部区域的交替电源。

(7) PCM-1A 配有储能装置,为区域内负载供电。为防止 PCM-1A 将电流馈入中压直流母线故障点,PCM-1A 来自中压直流母线的功率流为单向。PCM-1A 可以使用其内部储能装置有选择性地为其区域内负载供电,在中压直流母线上实际视为虚拟储能装置,而无须实际向中压直流母线供电。PCM-1A 储能装置用作"负负载",使中压直流母线上的功率能够从 PCM-1A 转移至其他中压直流负载(例如电磁轨道炮)。从储能装置向区域内负载供电的电流量基于中压直流母线电压的下降特性。如果中压直流母线电压出现明显下降,储能装置只为其服务区域内的负载供电。

(8) 500 kW~1 MW 的中型负载由区域内 PCM-1A 单独的专用输出级供电。由同一区域或相邻区域内的另一台 PCM-1A(由对侧中压直流母线供电)的另一单独的专用输出级提供交替电源。中型负载的功率在两条母线间的分配应大致相等。为平衡左舷和右舷母线上的负载,可能需要由相邻区域通过负载所在区域的交替馈电线来为中型负载提供正常电源。

(9) 约 1 MW 以上的大型负载(如电磁轨道炮和推进电动机)的吸收功率应在左舷和右舷母线间大致平均分配。应注意确保左舷和右舷母线保持相互独立。

(10) 对于电磁轨道炮,PCM-1B 可看作中压直流母线界面的电力电子装置和储能装置。如果大型负载需要储能缓冲器,储能装置可为中压直流母线供电,为其他负载和 PCM-1A 供电。

1.3 电力系统部件

1.3.1 发电模块

发电模块(PGM)概念性结构如图 1-2 所示。由于许多配置采用两种不同类型的发电模块,大功率定额的发电模块常标识为主燃气轮机发电机(MTG)或主柴油发电机(MDG),而小功率定额的发电模块常标识为辅助燃气

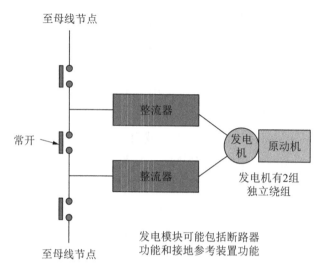

图 1-2 发电模块概念性结构

轮机发电机(ATG)或辅助柴油发电机(ADG)。

使用一台分离绕组式发电机和两台独立的有源整流器,使每个发电模块能够同时向两条母线供电,有助于提高系统稳定性。这种配置可在母线故障期间提供更好的瞬变性能,并在奇数个发电模块在线时简化系统操作。在单个母线故障期间,发电模块将仅经受约 50% 的负载损失,大大降低因过速而导致其保护装置使其跳闸的可能性。常开交叉连接(如有)使发电模块能够在中压直流母线发生故障时向单条母线提供全额定输出,但应符合负载流限制。是否需要图 1-2 中所示的 3 个隔离开关取决于每艘舰船的生命力要求,但所连接母线节点中的隔离开关却始终需要。如果不使用这 3 个隔离开关,可降低成本、重量和体积要求,但会限制重构的可能性。

整流器或断路器(集成在整流器或母线节点中)保护发电模块免受中压直流母线故障的影响。应采取一些措施保护发电机组免受整流器故障的影响。可选方案包括在发电机与整流器之间安装熔断器或交流断路器。可靠的整流器设计应确保发电机需要保护的情形极少发生。因而安装熔断器可能是提供这种保护的最经济有效的方法。

应对原动机、发电机和整流器的控制进行集成,以优化发电模块的整体性能。发电模块可具有多种模式,并根据不同目标进行优化。可能的模式如下。

(1)经济性模式:在满足电力质量要求的同时实现最佳燃料消耗率。脉冲功率变化率可能受到限制。

（2）高性能模式：在满足电力质量要求的同时实现最佳脉冲功率变化率。燃料经济性可能下降。

1.3.2　母线节点

概念性母线节点如图1-3所示。母线节点可实现中压直流母线的分段，允许多种母线配置，并隔离受损母线部分（通过图中"下一区域"的隔离开关）。它还可以将区域从中压直流母线中隔离。如果电源（发电模块或包含储能装置的电力变换模块 PCM-1B）具有断路器功能，则母线节点可能仅包含空载隔离开关。否则，发电模块和 PCM-1B 可能需要能够分断故障电流的断路器。母线节点还可能包括检测和定位母线故障的功能，以及目前在交流系统中由多功能监视器（MFM）提供的功能。母线节点还可能包含用于建立中压直流母线接地参考的装置。

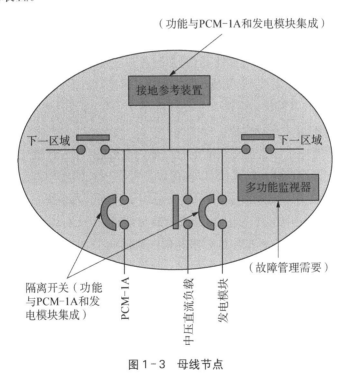

图1-3　母线节点

母线节点的实现与传统开关设备相似。由于母线节点数量相对较多，因此母线节点的设计应强调紧凑性。安装和维护所需面积与空间应最小化。其他解决方案（如沿母线槽设置隔离开关）可能既具成本有效性，又可减少所需空间。

1.3.3 电缆/母线槽/母线管

对于何种导线最适用于中压直流电力系统尚无定论。可行的选择包括传统电缆、母线槽(刚性绝缘扁汇流排)和母线管(刚性绝缘圆汇流排):

(1) 四线电缆。

(2) 同轴电缆。

(3) 两线母线槽。

(4) 同轴母线管。

在选择时,应考虑如下因素。

(1) 因弯曲半径较大,通常不使用直径大于 4 in① 的电缆,而采用并联的多条较细电缆。

(2) 正负导线间的距离越远,中压直流母线电流就越高,从而产生磁性特征。同轴电缆或同轴母线管可使磁性特征最小化。

(3) 成对单芯电缆/母线槽/母线管将很可能具有不可接受的磁性特征。四线电缆比两线电缆更具对称性,但通常制造和端接成本更高。

(4) 应特别注意电缆/母线槽/母线管如何端接,以确保端接不会造成磁性特征的显著增加。DOD-STD-1399 标准第 70 章"直流外磁场的规定"为设备设计所允许的最大磁场提供了参考。

(5) 必须考虑中压直流母线断电时船体内的残磁(称为剩磁)。

(6) 必须仔细选择绝缘系统,以确保设备拥有较长的使用寿命。某些类型的绝缘在交流电力系统中性能良好,但不适用于直流电力系统。

对于海军船用中压直流电缆、母线管或母线槽,尚无标准规范。预期要求与 MIL-DTL-24643 标准中的要求相似。具体而言,未来规范将很可能包括如下要求:

(1) 水密性试验。

(2) 火焰蔓延试验。

(3) 气焰试验。

(4) 卤素含量。

(5) 毒性指数。

(6) 酸性气体。

---

① 1 in=25.4 mm。

（7）烟度指数。

（8）振动（母线管或母线槽）。

1.3.4　PCM-1A

PCM-1A 有如下主要功能。

（1）保护中压直流母线免受区域内故障的影响。

（2）在切除中压直流母线故障期间（即 IEEE 45.3 规定的持续时间 t_1）为区域内负载提供保持功率。

（3）如有需要，在备用发电机启动期间（即 IEEE 45.3 规定的持续时间 t_2）为区域内不间断和短时间断负载提供保持功率。

（4）为负载提供符合相关电力质量要求的经调节的电力（即 MIL-STD-1399 标准第 300 章 440 V AC 负载电力质量）。

（5）为 1 MW 及以下的负载（激光、雷达、电子战系统）供电。

（6）为"下游"电力变换装置（综合电力节点中心）供电。

（7）提供负载管理（如使用质量甩载和使命优先甩载）。

为确保系统静态稳定性，PCM-1A 应能视作与可选的阻性负载并联的恒功率负载模型。

如图 1-4 所示，PCM-1A 应为模块化设计，由一个或多个输入模块、储能模块（ESM，即储能装置）、一条内部直流母线以及一个或多个输出模块组成。PCM-1A 应能在 500 kW～3 MW 范围内工作。输入模块应能够使其输入和输出并联，达到总功率定额。与之相似，输出模块应能够并联，以驱动大型负载

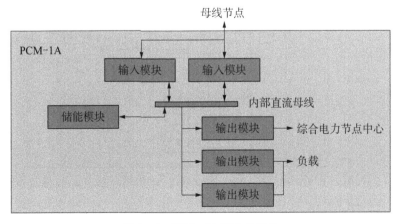

图 1-4　PCM-1A 概念性结构

或负载聚合。应使用专用输出模块为综合电力节点中心和其他中型负载
（500 kW～1 MW）供电。

　　输入模块的开发应最终面向三种中压直流电压（6 kV、12 kV 和 18 kV）和

不同功率定额（250 kW、500 kW、1 MW）。

　　输出模块的开发应面向不同类型的负载用电电压（440 V AC 60 Hz、1 000 V DC、650 V DC 和 375 V DC）和功率定额（50 kW、100 kW、250 kW、500 kW）。

　　尽管每个区域的 PCM - 1A 将根据该区域的要求进行定制，但可从选择菜单中选择储能模块、输入模块和输出模块。这些模块应集成到类似于图 1 - 5 所示的模块化机柜结构中。

图 1 - 5　PCM - 1A 模块化机柜结构

1.3.5　PCM - 1B/电磁轨道炮

　　电磁轨道炮概念性结构如图 1 - 6 所示。脉冲成形网络（PFN）所需的来自

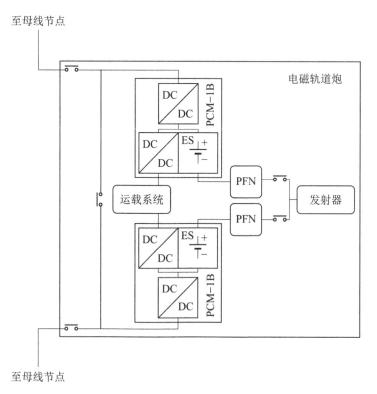

图 1 - 6　电磁轨道炮概念性结构

电力系统的功率由两台 PCM-1B 缓冲。预期 PCM-1B 将具有与 PCM-1A 相同的总体结构（并尽可能采用通用部件），但功率水平高于 10 MW。每台 PCM-1B 通常由独立的母线供电。PCM-1B 包括电力变换装置以驱动运载系统（轨道和升降电动机、装载系统等）和脉冲成形网络。PCM-1B 可能包括储能装置，以能够为脉冲成形网络供电直至足够的发电模块上线，并可支持比发电模块更高的功率变化率。为使 PCM-1B 中的储能装置用于除电磁轨道炮外的负载，中压直流母线与 PCM-1B 之间的功率流是双向的。

在某些应用中，可能需要一台 PCM-1B 向中压直流母线提供双向储能能力。在这种情况下，PCM-1B 将由输入模块和储能模块组成，而无输出模块。无论出于燃料经济性还是舰船生命力原因，这种 PCM-1B 配置可在更长时间内（大于 t_2）为中压直流母线供电。如果出于舰船生命力原因，这些仅包含储能模块/输入模块的 PCM-1B 很可能位于最前和（或）最后一个区域。

图 1-6 中所示的 3 个隔离开关能够在其中一条母线发生故障的情况下从单条母线（以较低的点火速率）为两个脉冲成形网络供电。交叉连接隔离开关为常开。

1.3.6　综合电力节点中心

综合电力节点中心（IPNC）包含电力变换输入和输出模块，向不间断负载、400 Hz 负载、需要特定电力质量的负载以及需要专门高质量电力的负载供电。各区域可以有多个综合电力节点中心。对于中压直流结构，应对 MIL-PRF-32272 进行修改，从而达到包括具备 1 000 V DC 输入模块以及储能约 1 s 的规定。基于 MIL-PRF-32272 的综合电力节点中心示例如图 1-7 所示。

采用综合电力节点中心的电力变换装置不再需要专用（例如 400 Hz）配电系统。

图 1-7　综合电力节点中心示例

综合电力节点中心的 1 000 V DC 输入模块为电力系统设计人员提供了一种选择：在 PCM-1A 与综合电力节点中心之间采用 1 000 V DC 或 440 V AC 作为主要接口，这种选择主要基于可用性和成本。第二个 440 V AC 电源接口可在区域内 PCM-1A 无法工作时，从相邻区域供电。当一台 PCM-1A 无法工作时，可选择使用来自相邻区域的 440 V AC 为两个区域中的重要负载供电，这是一种成本最低的解决方案；相邻区域 PCM-1A 无须配备专用输出模块。

综合电力节点中心中的储能模块允许区域内和相邻区域内的 440 V AC 负载中心在约 1 s 内重构，而不会影响不间断负载。

1.3.7　岸电电力变换模块

岸电电力变换模块（PCM-SP）指用于连接中压直流母线与岸电的电力变换装置。岸电接口不仅包括电力质量特性，还包括接地、电流隔离和故障保护要求。在中压直流母线上，岸电电力变换模块的功能与发电模块相当。

1.3.8　推进电动机模块

推进电动机模块（PMM）概念性结构如图 1-8 所示。推进电动机模块由两套独立的电动机和驱动装置组成。为提高舰船可靠性和生命力，通常一套由左舷母线供电，另一套由右舷母线供电。电动机在电气意义上虽然是独立的，但可以作为一个单元制造。在中压直流母线发生故障时，交叉连接（常开）使推进电动机模块能由单条母线供电，但应符合负载流限制。根据舰船发生战损后的机动性要求，可无须图 1-8 所示的 3 个隔离开关就可满足生命力要求。母线节点中的隔离开关仍然需要，以在进行维护时对推进电动机模块进行隔离。

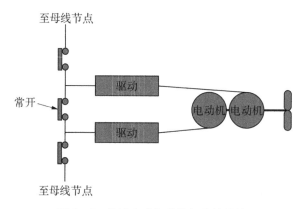

图 1-8　推进电动机模块概念性结构

如果驱动是双向的，则可无须使用动力制动电阻器。在这种情况下，驱动装置或相应的母线节点中必须具有断路器功能。

1.3.9　60 Hz 交流配电

在一个区域内,60 Hz 交流配电系统将由 PCM - 1A 的 440 V AC 输出逆变器为大多数传统交流负载供电。负载中心将很可能采用传统交流断路器,但必须进行相应配置,以适应更小的故障电流。PCM - 1A 的 440 V AC 输出逆变器将电流限制在额定电流之内。

舰船生命力分析和要求将推动区域内配电系统的实际设计。

1.4　电力系统容量

在所有工况下,发电模块的装机总功率定额应能实现在任何运行状态下舰船日用电气负载(稳态)、裕度、使用寿命余量(SLA)和推进负载(包括适用的速度/功率裕度)总和最大化。裕度可在舰船设计和建造过程中解决舰船日用电气负载的不确定性。使用寿命余量可在舰船日用负载设备老化(且效率可能下降)的条件下确保足够的容量及现代化。注意,最大舰船日用电气负载根据一定的工况计算得到;当舰船需要最大推进负载时,最大舰船日用电气负载可能出现也可能不出现。作为电力负载分析(EPLA)的一部分,使用 T9070 - A3 - DPC - 010/310 - 1(以前的 DS 310 - 1 第 1 修订版)所述的方法第 4 章,计算每种工况下的舰船日用电气负载。

实际中,舰船日用电气负载、裕度、使用寿命余量及推进负载的最大总和通常很少出现。将发电模块的装机总功率定额设定为低于舰船日用负载、裕度、使用寿命余量及推进负载的最大计算总和,可能更具成本有效性。如果持续时间仅占预期工作时间的较小比例,功率容量与负载之间的不平衡可通过使用储能装置、降低工作速度(减小推进功率)、管理负载或组合使用这些手段来解决。

最大发电机组无论因何种原因(故障、维护等)无法工作,不得影响电站同时提供舰船日用电气负载、裕度和使用寿命余量的最大总和,以及满足最低作战机动性要求的功率的能力(按规定或客户要求)。

电站控制系统必须防止发电机过载。在受限操纵期间,电站控制系统必须能够通过管理储能装置或进行甩载来保持推进电动机的功率,防止发电机过载。在非受限操纵期间,电站控制系统必须能够通过管理提供推进电动机的功率(优先于甩载)来防止发电机过载。

注意,在传统交流电力系统中,通过将发电模块最大容许负载设为 0.90 倍或 0.95 倍发电模块定额,从而在一定程度上防止发电机过载。如通过控制来防止发电机过载,则可使用发电模块全定额。

PCM - 1A 以及综合电力节点中心输入和输出模块的尺寸及数量取决于模块可靠性、最大用电负载以及使用质量要求。由于电力电子装置限制电流且无过载能力,必须根据短期平均值来计算最大用电负载(而发电模块容量根据长期平均值来确定)。T9070 - A3 - DPC - 010/310 - 1 提供了几种方法(包括区域负载因数法)来确定区域负载的相应最大用电负载。如果输入和输出模块的固有可靠性不足以实现要求的使用质量,则可能需要增加并联模块。

PCM - 1A 的容量必须足以为区域内关键使命负载供电,并在交叉连接区域内的 PCM - 1A 无法工作时为相邻交叉连接区域内的关键使命负载供电。在这种条件下,甩载交叉连接区域内的非关键使命负载。

在切除中压直流母线故障所需时间内,PCM - 1A 储能装置必须具有足够能量和功率容量为不间断及短时间断负载持续供电。在中压直流母线故障期间,可甩载长时间断负载。

如果舰船能够在单个发电模块在线的情况下工作,在备用发电模块上线所需时间内(持续时间 t_2),PCM - 1A 储能装置应具有足够的能量和功率容量为不间断和短时间断负载供电。如无发电模块在线,可甩载长时间断负载。

作为第一个估计,左舷中压直流母线和右舷中压直流母线的载流量各应等于或大于限制负载流所需的载流量。尽管这样可确保在正常条件下有足够容量,但在详细分析正常条件和事故条件下的负载流后,可能会发现每段母线的值各不相同。为将重量和成本降到最低,在确定母线容量限值时,会排除某些发电设备配置或需要在某些事故情况下甩载。

1.5 母线调节

用于发电模块、PCM - 1A 和 PCM - 1B 的控制器的设计应与中压直流母线接口稳态特性相匹配,在正常情况下实现发电模块间的功率分配,并在在线发电容量不足时启用储能装置。这一点主要通过电压降来实现。电压降通过控制实现:电源的电压/电流特性模拟串联电阻,而不会像实体电阻那样在实际应用中导致相关损耗。

只要在线发电容量大于在线负载,发电模块电压下降特性及相应甩载策略就可确保母线电压处于稳态值。部件的合理设计可使所有稳态电力质量要求得到满足。

正常工况下，在线发电模块根据电压降分配功率。考虑到稳态电压容差，电力系统总控制器应通过调整在线发电模块空载电压设定值来调节实际功率分配。

一旦发电模块达到其额定功率而母线电压进一步下降，发电模块切换至恒功率模式，直至电压降致使电流达到电流限值的水平。低于电流限值时，发电模块切换至电流限制模式。在正常工况下，发电模块不应进入电流限制模式。如果发电模块限制电流，应在相应控制层启动甩载或故障切除，从而使发电模块恢复下降控制或恒功率控制。

当发电模块处于恒功率模式时，PCM-1A 和 PCM-1B 中的储能装置供电。供电时，储能装置利用下降特性在在线储能部件间分配功率；发电模块以恒定额定值供电。当发电模块回到下降模式时，储能装置通过母线电压感测到这一点并开始消耗电流充电。

由于母线电压和发电模块/电力变换模块电流都在一定程度上持续变化，通常根据一段时间内电流和电压测量平均值来确定用于电压调节的基准电压和电压误差（测量电压和基准电压之差）。进行平均计算的时间长短决定了发电模块或电力变换模块对母线电压变化的反应速度。这一时间越长，用于通过改变母线电压来影响直流电压测量计算值的时间也就越长。因此，计算时间长短的选择将影响系统的静态和动态稳定性（瞬态性能）。

1.5.1　发电模块稳态下降特性

在正常条件下，可通过向稳态电流施加下降特性确定基准电压，而发电模块根据基准电压调节稳态电压。发电模块稳态下降特性定义如下：

空载电压＝1.05×系统标称电压（可通过系统控制调节，确保平均功率分配）

额定功率时电压＝0.97×系统标称电压（电流＝1.031×标称额定电流，空载电压＝1.05×系统标称电压）

标称额定电流＝额定功率÷系统标称电压

随着发电模块稳态电流线性上升，发电模块基准电压从空载电压降至额定功率时电压。如果发电模块稳态电流大于下降特性额定功率时电流，但小于1.111 倍标称额定电流，则发电模块处于恒功率模式（其中，基准电压＝额定功率÷稳态电流）。如果恒功率模式下基准电压降至系统标称电压的 90% 或以下,则发电模块电流限值为 1.111 倍标称额定电流。

1.5.2 储能装置放电特性

在 PCM-1A 和 PCM-1B 中,储能装置稳态下降特性定义如下:

空载电压=0.95×系统标称电压(可通过系统控制调节,确保平均功率分配)

额定功率时电压=0.90×系统标称电压(空载电压=0.95×系统标称电压)

电流限值=1.111×标称额定电流

储能装置用作电流源。如果母线稳态电压高于空载电压,储能装置不放电。随着中压直流母线稳态电压从空载电压降至额定功率时电压,储能装置基准稳态电流线性上升。对于 PCM-1A,电流被限制在为区域内负载供电所需的水平(不从中压直流母线吸取也不向其提供电流)。对于 PCM-1B,如果充电状态高于规定的阈值,用电负载(电磁轨道炮)不需要的电流被回馈至中压直流母线(总电流不超过电流限值)。

1.5.3 储能装置充电特性

储能装置充电稳态特性定义如下:

$$空载电压=0.97×系统标称电压$$
$$最快充电速度电压=系统标称电压$$

充电速度为中压直流母线稳态电压的线性函数,在母线稳态电压等于或低于空载电压时不消耗电流,而最快充电速度出现在母线稳态电压为系统标称电压或以上。

1.5.4 推进电动机和其他大型负载特性

推进电动机必须能够在其整个速度/功率范围内工作,而其他大型负载必须以中压直流母线稳态电压在负载正常工作稳态电压范围内正常工作。

如果中压直流母线稳态电压超过负载标称稳态电压范围,则应考虑让推进电动机进入功率耗散模式。方法包括降低电动机或驱动效率,或使动力制动电阻器(如有)通电。注意,这是一种非常规性的解决方案,因为中压直流母线稳态电压应始终保持在标称稳态电压范围内。

如上所述,如果系统配有双向电动机驱动装置,则系统可能不需要动力制动电阻器。

1.6 功率管理

在传统交流电力系统中,很少需要进行功率管理。实际上,系统对负载变化的响应是被动的。功率管理系统的作用是确保足够的在线发电容量,通常由工程部门值班员负责。而控制主要用于并联发电机间负载分配,通过速度调节来调节有功功率输出,并通过电压调节提供无功功率。被动负载响应的优点在于简单,不需要复杂的控制系统,其至不需要与机械控制系统通信。而主要缺点如下:

(1)速度和电压调节以及机械惯量限制了可提供的负载动态特性。

(2)操作人员必须审慎保持在线容量。

(3)通过强制甩载应对在线容量不足。

德里和埃米详细介绍了功率管理系统的作用如何随情景变化。如前所述,在"正常"模式下,功率管理系统的作用是确保足够的在线发电容量,这很可能是自主的。在"使用质量"(QoS)模式下,功率管理系统的作用是在发生电力系统故障期间根据负载允许的断电条件继续供电。当电源和能源无论由于何种原因不足以为负载供电和满足使用质量目标时,则功率管理系统需采用"生命力"或"使命优先级"模式。

上述措施可通过不断改进功率管理系统和控制设计来逐步实现。一旦完全实现,就很可能以较低装机容量来达到性能要求。

在传统美国海军电力系统中,负载没有与功率管理系统连接的接口。目前,这种情况已经开始发生改变。电磁飞机弹射系统(EMALS)与向其发送功率限值命令的电机控制系统之间有一个接口。在 DDG - 1000 和 DDG - 51 混合电力驱动(HED)装置上,推进功率由功率管理系统控制。在电力系统与较大负载间增加功率管理接口,也可在短期内使在线发电容量与负载需求相匹配。通过控制较大负载的限值,在线发电容量可以得到更充分的利用。这在提高电力系统设计容量的同时,也需要通信和更高的功率管理控制水平(在失去与功率管理系统的通信时,电力系统和负载必须采取恢复行为)。为逐步实现第一个目标,下一步要做的是为较大负载增加功率管理接口。必须设计配置和采用这种接口的先进使命系统。

接下来就需要开发与作战系统控制、使命源计划以及使命系统之间的接口。利用使命系统负载灵活性和储能/能量管理,科技研发的目标是根据作战调度系统进行使命负载实时预测和优先级划分。在理想情况下,这种负载预测将扩展"正常"功率管理模式的适用范围,同时更充分地利用装机容量,实现发电和储能容量有合适大小。

1.7 系统稳定性

动态系统(例如电力系统)要保持稳定,必须满足如下三个条件:

(1) 必须存在满足电力质量要求的稳态解决办法。

(2) 该稳态解决办法必须具有静态稳定性(小信号稳定性或线性稳定性)。

(3) 系统必须动态稳定:当系统初始条件远远背离稳态电力质量要求时,系统必须向稳态电力质量要求收敛,并同时满足瞬态电力质量要求而不导致设备受损(大信号稳定性)。

1.7.1 稳态解决办法

前面所述的下降特性,再加上适当的功率管理策略,将确保存在唯一的稳态电力质量。通过对部件的适当设计,可以满足其他稳态电力质量要求。2.2节提供了基于德里和埃米所述标准的电力质量界面标准示例。

1.7.2 静态稳定性

对单电源-负载系统(见图1-9),通过电源的小信号阻抗(S)以及负载的小信号导纳(L)来确保稳定性。许多参考文献已证明,如果$1+SL$的根(其中,S和L以拉普拉斯变换表示,形式为拉普拉斯算子的多项式之比)均有负实数分量,则该系统是稳定的。

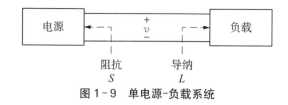

图1-9 单电源-负载系统

设$G(s)=SL$,那么问题就是确定$1+G(s)$的根是否在复平面的左半平面。在 Bode 图中,设 $s=j\omega$,其中 ω 为频率(单位 rad/s)。j 是 -1 的平方根。$G(j\omega)$ 现在表示为

$$G(j\omega)=H(\omega)e^{j\theta(\omega)}$$

式中,$H(\omega)$ 为增益。$\theta(\omega)$ 为相角。

取上述方程的自然对数得到

$$\ln[G(j\omega)]=\ln[H(\omega)]+j\theta(\omega)$$

图 1-10 中的 Bode 图为上述方程的一种表示,包括 $H(\omega)$(单位 dB)与 ω(对数标度)以及 $\theta(\omega)$(单位°)与 ω(对数标度)的关系曲线。

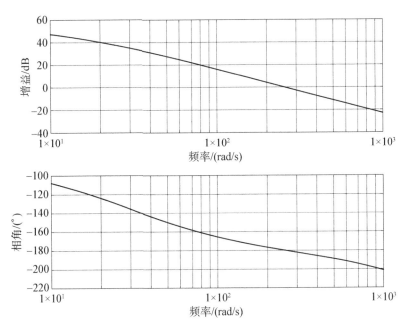

图 1-10 Bode 图示例

要达到稳定性,必须存在两个条件:

(1) 在相角为 $180°$ 的频率上,增益(单位 dB)必须小于 0。0 与增益之差称为增益裕度。

(2) 在增益为 0 dB 的频率上,相角必须不为 $180°$。这一相角与 $180°$ 之差称为相角裕度。

在设计电力系统时,应规定最小增益裕度和相角裕度。由于 $G(s)=SL$ 是

电源、负载以及工作点的函数,显然无法为电源和负载规定统一要求来确保任一舰船配置在任一工作点上保持稳定。

具体而言,中压直流基本结构中的所有中压直流负载主要表现出恒功率特性。当在围绕一个给定工作点线性化时,这种恒功率特性具有负 V/I 斜率,通常称为"负增量电阻"。这种负增量电阻会造成电力系统的不稳定。

如果直流源和非线性负载以图 1-11 所示的模型表示,则可以对该问题进一步分析。

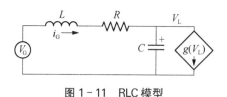

图 1-11 RLC 模型

该电路可以用下式表示:

$$i_G = g(V_L) + C \frac{dV_L}{dt} \tag{1-1a}$$

$$V_G = V_L + i_G R + L \frac{di_G}{dt} \tag{1-1b}$$

式中,i_G 为电源电流;V_G 为电源电压;V_L 为负载电压;C 为系统电容;R 为系统电阻。

对式(1-1a)求导得

$$\frac{di_G}{dt} = \frac{dg(V_L)}{dV_L} \frac{dV_L}{dt} + C \frac{d^2 V_L}{dt^2} \tag{1-1c}$$

将式(1-1a)和式(1-1c)代入式(1-1b)得

$$V_G = V_L + \left[g(V_L) + C \frac{dV_L}{dt} \right] R + L \left[\frac{dg(V_L)}{dV_L} \frac{dV_L}{dt} + C \frac{d^2 V_L}{dt^2} \right] \tag{1-2a}$$

重新排列得

$$V_G = V_L + g(V_L) R + \left[RC + L \frac{dg(V_L)}{dV_L} \right] \frac{dV_L}{dt} + LC \frac{d^2 V_L}{dt^2} \tag{1-2b}$$

围绕稳态电压 V_0 进行线性化：

$$V_L = V_0 + v \tag{1-3a}$$

$$V_G = V_0 + g(V_0)R \tag{1-3b}$$

$$g(V_L) = g(V_0) + \frac{dg(V_0)}{dV_0}v \tag{1-3c}$$

$$\frac{dg(V_L)}{dV_L} \approx \frac{dg(V_0)}{dV_0} \tag{1-3d}$$

式中，v 为电压；V_0 为空载电压；V_L 为电感电压；V_G 为发电机电压；g 为导纳。

式(1-3a)～式(1-3d)代入式(1-2b)得

$$V_0 + g(V_0)R = V_0 + v + \left[g(V_0) + \frac{dg(V_0)}{dV_0}v \right]R +$$
$$\left[RC + L\frac{dg(V_0)}{dV_0} \right]\frac{dv}{dt} + LC\frac{d^2v}{dt^2} \tag{1-4a}$$

抵消并重新排列得

$$0 = \left[1 + R\frac{dg(V_0)}{dV_0} \right]v + \left[RC + L\frac{dg(V_0)}{dV_0} \right]\frac{dv}{dt} + LC\frac{d^2v}{dt^2} \tag{1-4b}$$

为使式(1-4b)稳定，所有系数必须同号。由于 LC 始终为正，所有项必须都为正。因此稳定性判据为

$$1 + R\frac{dg(V_0)}{dV_0} > 0 \tag{1-5a}$$

$$RC + L\frac{dg(V_0)}{dV_0} > 0 \tag{1-5b}$$

假设 $g(V_L)$ 采用如下形式：

$$g(V_L) = \frac{P}{V_L} + hV_L \tag{1-6a}$$

式中，$h \geqslant 0$，h 为与恒功率（P）部件并联的 $g(V_L)$ 阻性部件的电导系数。

取导数：

$$\frac{dg(V_L)}{dV_L} = -\frac{P}{V_L^2} + h \tag{1-6b}$$

稳定性条件为

$$1 + Rh - R\frac{P}{V_0^2} > 0 \tag{1-7a}$$

$$RC + Lh - L\frac{P}{V_0^2} > 0 \tag{1-7b}$$

注意,如果符合 $h = 0$ 的条件,则会符合正值 h 的条件。同样,较大的 h 可使恒功率负载项稳定。

$$1 - R\frac{P}{V_0^2} > 0 \tag{1-8a}$$

$$RC - L\frac{P}{V_0^2} > 0 \tag{1-8b}$$

现在,R 具有基于电源的下降特性。

$$v = V_{NL}\left[1 - d\left(\frac{i}{I_0}\right)\right] \tag{1-9}$$

式中,V_{NL} 为标称负载电压;d 为降落值;i 为电流;I_0 为空载电流。

$$R = \frac{V_{NL}}{I_0}d = \frac{V_{NL}V_B}{P_0}d \tag{1-10}$$

式中,V_B 为基值电压;P_0 为空载功率。

分析这一关系式,分子 $V_{NL}V_B$ 约等于 V_{NL}^2,分母 P_0 将大于或等于 P,d 约为 0.08。这意味着恒功率负载总能满足第一个稳定性条件。

第二个稳定性条件可重新表示为

$$P < \frac{RCV_0^2}{L} \tag{1-11}$$

如果发电模块的控制算法和特性需要满足更严格的要求:

$$P_0 < \frac{RCV_{NL}^2(1-d)^2}{L} \quad \text{或} \quad P_0^2 < \frac{V_BCV_{NL}^3d(1-d)^2}{L} \tag{1-12}$$

那么系统将是稳定的,所有恒功率负载等于或小于发电机定额。由于 V_B、V_{NL} 和 d 已确定,因此系统稳定性取决于 C 与 L 之比。

如果一个组合系统由并联发电模块和并联恒功率负载(组合负载功率小于

或等于组合发电机定额)组成,且每一发电模块均符合上述条件,那么组合系统也将是稳定的。这样,可单独确定发电模块的小信号稳定性,而不依赖于其所安装的实际系统。

仅在发电模块实际能够以上述 RLC 电路表示时,这一分析方可成立。具体而言,控制能否使发电模块以 RLC 电路表示,并使 C/L 的比率确保稳定性?能否在足够带宽内控制高序动态特性,确保相角裕度和增益裕度总是满足组合系统的要求?

对于配备可控整流器的发电机,出线端处稳态直流电压如式(1-13)所示:

$$V = \frac{3\sqrt{3}}{\pi}(\omega_e L_{af} I_f)\cos\alpha - \frac{3(\omega_e l_c - r_a)}{\pi}I \qquad (1-13)$$

在这一关系式中,发电机速度 ω_e 是一个变量。对于特定的电机设计,电感 L_{af}、电容电流 l_c 和电枢电阻 r_a 是固定的。励磁电流 I_f 和功率因数角 α 是"可调的"。这一稳态方程表示的是"自然"下降(I 的系数可能与期望下降特性 $\frac{V_0 V_B}{P_0}d$ 一致,或可能不一致)。如无发电模块控制来调整 ω_e、I_f 和 α 的值,输出电压将下降,而电流上升。但发电机控制可调整 ω_e、I_f 和 α 的值,从而在稳态发电机中呈现出期望下降特性。与 ω_e 和 I_f 相关的时间常数为 $1\sim10$ s。FFG 7 1 MW 发电机组开路时间常数(与 I_f 相关)为 4.09 s,DD 963 2 MW 发电机组开路时间常数为 2.9 s,燃气轮机在发生负载变化 5 s 内恢复到最终稳态速度 1% 内(MIL-E-17341C)。柴油机对于瞬态的恢复时间为 2 s。只有 α 可快速调整,实现快速响应。但如果 α 接近 0,就无法用它来提高直流电压。因此,为保持动态性能,α 初始值必须稍大于 0,从而使 $\cos\alpha$ 能够快速增大。例如,如果采用 $\cos\alpha=0.90$,α 将约为 26°,这很可能会导致发电机出现显著的电流谐波畸变和发热。

尽管上面给出了发电机组的稳态模型,但仍需要确定发电机组机械参数与 RLC 模型等效 L 和 C 之间的关系。

以上分析基于采用相控的可控整流器。作为替代方案,可采用非可控多相整流器(例如 6 相 12 脉冲整流器)和直流-直流变流器。该直流-直流变流器可具有更高的开关频率,从而降低要求的连接电感器尺寸。这种变流器的开关时间对谐波的影响不如发电机那么大。另外,输出电压能够以开关频率调节。

1.7.3 动态稳定性

当有多个并联电源的系统发生负载突增或突降时,具有最快动态响应的电源将最先遭受高瞬态电流(由于其他电源响应较慢,该电源试图自行应对负载变化)。如果该电源无法充分控制这些电流,则该电源可能会跳闸脱机或受损。如果所有电源都"慢",则可能无法满足瞬态电力质量要求。在中压直流基本结构中,与 PCM-1A 和 PCM-1B 中储能装置关联的变流器应具有大致相同的动态时间常数,该时间常数快于最快发电机组动态时间常数。这会使发电机组的控制能够将发电机组保持在"安全"工作区(避免电源损坏和出现跳闸脱机)内工作,同时保护中压直流母线上的瞬态电力质量。使储能装置的动态时间常数与其关联的变流器大致相同,能够保护最快储能模块免受高瞬态电流。

1.8 故障检测、定位和隔离

交流电力系统中常采用传统机电断路器,但如果用于中压直流电力系统,在断路器触点开断时需要灭弧,这较为复杂。在交流断路器中,电流波形的自然过零为灭弧以及建立电压阻挡层防止电弧重燃提供了一种机理。直流断路器无法利用电流过零。因此,机电断路器可中断的直流电流大小有限。一些制造商正在开发混合直流断路器,当机电断路器开断时,使用半导体来分流电流,从而消除电弧。尽管这些混合直流断路器可用于母线节点中,但其成本很可能高于传统交流断路器,并可能需要更大的装载空间。因此,所述系统仅对作为电源的电力系统设备采用此断路器。

由于所有的中压直流电源都基于电力电子装置,可通过控制电力电子装置来限制故障电流。这样,在电力电子装置中断电流后,可采用低成本隔离开关等替代策略来重构发电装置。这种策略要求在切除中压直流母线故障过程中,由区域储能装置为负载供电。中压直流系统设计人员面临的挑战是理解中压直流系统的行为,以准确检测母线故障,确定系统内故障位置,确定隔离故障的最佳方法,将母线断电,隔离故障,然后对重构母线重新通电。在出现接地故障时,很可能需要主动耗散母线电容中的储能。

如果直流断路器的成本、重量和体积与交流断路器相当,那么直流断路器将在基本结构中得到更广泛的应用。更多地采用直流断路器可简化故障检测、定位和隔离,并降低 PCM-1A 储能要求。

中压直流母线故障定位必须考虑区域系统功率流的双向性。在交流区域系统中,多功能监视器(MFM)可帮助进行故障定位。中压直流系统可能需要类似的部件。

1.9　接地系统

为舰船中压直流电力系统提供经济可靠的接地方法是中压直流系统所需的关键技术之一。这种接地方法必须考虑到母线上的多个中压直流电源在任何一个时间可能会在线,也可能不在线。

接地系统的理想特征包括能够在发生单线对地故障时继续安全工作,能够检测和定位线对地故障,最大限度降低船体中的电流,避免高的线对地电压(这会对电缆绝缘体带来应力并降低使用寿命)。关于接地系统的先前研究虽然已经提出了许多可能的中压直流系统接地方法,但哪种才是最佳方案尚无定论。

1.10　使用质量

使用质量(QoS)是衡量电力系统可靠性的一种指标,以平均使用中断间隔时间(MTBSI)来衡量。使用中断(即断电)是从负载角度来看的;当电力质量超出正常限值的时间、超过负载所能容许的时间时,就会发生断电。对于采用电气武器的未来舰船,为确保舰船的战斗力不受低可靠性电力系统的影响,使用质量至关重要。对于关键负载,期望的 MTBSI 为 20 000～30 000 h。

负载能容许的持续断电时间可分为两个电力系统特征:在发生故障检测、定位和隔离后重构电力系统所需的特征时间 t_1,以及备用发电机上线所需的特征时间 t_2。"不间断负载"指断电持续时间不可超过 t_1、需要不间断供电的负载。"短时间断负载"指断电持续时间可超过 t_1 但不可超过 t_2 的负载,其中电力系统控制系统的目标是将断电时间限制在 t_1 或以下。其他负载为"长时间断负载",其中电力系统控制系统的目标是将断电时间限制在 t_2 或以下。

负载容许断电的前提是不会丧失其基本功能。例如,冷库的冷冻柜具有很大的热惯性,可容许的断电时间为 t_2,因此被视为"长时间断负载"。对于"长时间断负载",持续时间短于 t_2 的电力中断不认为是断电。作战系统的计算机很可能无法容许哪怕几毫秒的断电,可视为"不间断负载"。负载根据使用质量分类要考虑负载容许断电的能力以及电力系统容量。

对于电力系统设计人员，降低 t_1 和 t_2 很可能会使某些负载的类别从"不间断负载"变为"短时间断负载"或从"短时间断负载"变为"长时间断负载"。这样可降低确保使用质量所需的冗余量和储能。然而，降低 t_1 和 t_2 也有成本。因此，在确定最优 t_1 和 t_2 时应兼顾经济性；必须在进行经济和技术分析之后，方可确定 t_1 和 t_2 的值。

1. 11 中压直流电力系统的风险

美国海军认为中压直流电力系统有如下风险。

（1）如果中压直流电力系统未在电气上（从发电机到用电设备，包括多功能共享分布式储能装置）和逻辑上（在与作战系统集成的网络安全实时先进控制系统下）完全集成，就无法在配备众多高功率和脉冲武器以及传感器的未来水面作战舰船上提供电力支持。

（2）如果舰载系统的功率密度不够高，那就可能无法为未来水面作战舰船提供成本有效的中压直流电力系统。

（3）如果舰船电力系统工程和设计标准、规程、要求和规范不完备，那么非标准方法将产生和增加购置和保障成本。

（4）如果可用的电气工程能力和工业基础不足以支持开发和实施，那么海军将无法做出知情决策，也无法采购和保障适用于未来船舶电力系统的先进方法。

（5）如果保障技术（先进电路保护、多功能储能装置、先进战斗力控制）和建造方法不充分或未成功开发，则必须使用回退方法，这样会增加设备的占用空间和重量。

为及时解决这些风险，以便能够为未来水面作战舰船提供成本有效的中压直流电气系统，许多计划被提出并得到资助。IEEE 1709 - 2010 和 IEEE 45. 3 - 2015 等标准，在一定程度上也能解决中压直流实施问题。IEEE 1826 - 2012 为区域配电系统提供了指引。

1. 12 基本结构的使用

毫无疑问，未来水面作战舰船最终采用的电力系统结构将不同于本章所提出的结构。这一基本结构旨在为研发以及开发设计工具、设备、软件、规范和标准提供一个框架或指南。随着这些工作的开展和经验的积累,这一基本结构将不断改进。最终,这一基本结构将纳入设计实践和标准手册以及其他标准和规范中。

这一基本结构旨在起到参考借鉴作用,在使用时不应妨碍设计人员对特定应用的电力系统结构进行优化。如果能以更经济的方式满足使用质量和生命力要求,则可以适当进行修改。

1.13 小结

本章提出了一种中压直流电力系统基本结构,该基本结构能够以经济的方式为配有高功率和脉冲关键使命负载的未来水面作战舰船提供电力保障。该结构以必要的使用质量解决支持这些关键使命负载所需的高动态行为。

2 直流电力质量

2.1 使用点电力质量与系统电力质量的比较

几所美国大学发展了下一代综合电力系统概念并开发了用于船上电气系统研究的试验台。该试验台的建立以美国海军下一代综合电力系统开发的直流区域配电系统为依据。

爱达荷大学的中压直流试验台的设计建造用途与现有试验台不同,提供了大量装置组合和数据集合的仿真与分析。试验台能够反映一个组件与其他组件的相对作用。为分析组件相对作用,引入了图解数据帮助确定组件组合对系统电力质量的影响。

2.1.1 研究题目

通过图解数据认清装置的相互依存性和变化趋势,发现了中压直流试验台一些特有的运行特性。本节从使用中压直流试验台完成的研究中选取三个研究题目予以介绍。

第一个是使用 2 000 Hz 脉冲宽度调制(PWM)频率的带直流-交流电压源变流器(VSC)的通用交流负载分析。对发电和负载之间的滤波器选择、电力变流器类型进行研究,对变压器连接的 216 种组合进行仿真,以确定哪些组合可以为交流负载母线提供最佳的电力质量。

第二个是分析电力变流器对于负载电力质量的影响。研究建立在负载变压器配置和电力变流器类型基础上,仿真数据构成组标在图上。研究成果显示了哪些负载配置不受或有条件地不受电力变流器类型的影响。

第三个研究题目分析讨论了不同变流器脉冲宽度调制频率对 400 Hz 负载的影响。分析显示变流器脉冲宽度调制频率可以影响负载母线总谐波畸变

(THD)率。

本节中采用的试验台系统方块图如图 2-1 所示。来自 Matlab-Simulink 电力系统工具箱的标准程序库块和修正程序库块可用于开发该试验台。定制块包含一个功率因数校正电路、直流配电母线、飞轮、负载 VSC 控制和有源滤波器。

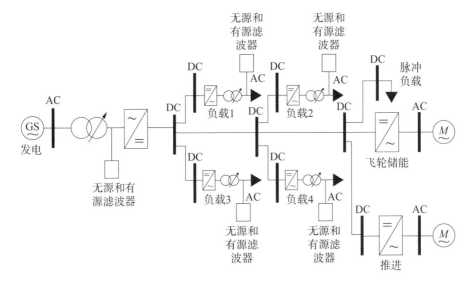

图 2-1 爱达荷大学中压直流试验台

2.1.2 比较方法

对交流发电和交流负载影响的度量进行评估时,可使用总谐波畸变(THD)率。用于总谐波畸变率计算的公式见式(2-1)和式(2-2)。由于中压直流传输母线并不普遍,没有一个标准的度量可以进行比较。IEEE 1709-2010 标准为一个船用中压直流电力系统的推荐规程。文件内的建议电力质量度量可以应用于中压直流配电母线。IEEE 建议使用平均直流电流与均方根电流的比率作为电力质量度量。本节中的度量规定为式(2-3)～式(2-5)。与总谐波畸变率接近 0.0 相反,畸变低时度量接近 1.0。式(2-5)中的均方根函数在基于 60 Hz 基频时间周期或 $T=1/60$ 时求积分。预计高于 60 Hz 的谐波数远多于 60 Hz 以下,因此积分用 60 Hz 时间窗口应是足够的。

本节中介绍的图表使用式(2-1)～式(2-5)进行度量对比。比较研究结果以相对方式予以说明。由于每个系统配置和拓扑均具有独特性,因此不同研究之间的确切总谐波畸变率可能有所不同。

$$THD_v = \frac{\sqrt{\sum\limits_{n=2}^{30} V_{n,\,rms}^2}}{V_{1,\,rms}} \qquad (2-1)$$

$$THD_i = \frac{\sqrt{\sum\limits_{n=2}^{30} I_{n,\,rms}^2}}{I_{1,\,rms}} \qquad (2-2)$$

$$DCPQ = \frac{Average(I_{DC})}{DC_{RMS}} \qquad (2-3)$$

$$Average(I_{DC}) = \frac{x_1 + x_2 + \cdots + x_n}{n} \qquad (2-4)$$

$$DC_{RMS} = \sqrt{\frac{1}{T}\int_0^T f(t)^2 \, dt} \qquad (2-5)$$

式中,THD_v 为电压总谐波畸变;THD_i 为电流总谐波畸变;DCPQ 为直流电力质量;$Average(I_{DC})$ 为直流电量平均值;DC_{RMS} 为直流电量均方值。

2.1.3 研究配置

选择用于仿真的研究配置,以列表形式显示滤波器、电力变流器和负载类型的多重组合的谐波结果。将每个组合仿真结果保存至一个 Matlab 数据文件,供审查研究随后进行处理,生成每个配置的谐波值分布表。通过处理每个组件电力质量值的众多数据集,可从数据中总结出趋势以提供产生最佳组合的线索。数据集将同样显示在发电及传输中的组件变化对负载电力质量仅产生较少影响或基本无影响。

用于研究的配置为表 2-1 中的组件组合。将这些组合相乘以产生 216 种试验。

表 2-1 中压直流试验台组件配置

组件	说　明
	6 脉冲整流器
电力变流器	12 脉冲整流器
	带功率因数校正的 6 脉冲整流器

（续表）

组件	说　明
负载变压器	Y形-Y形接地负载变压器
	现有的无负载变压器
	负载曲折形接地变压器
负载滤波器	负载处无滤波器
	5次和7次并联谐波滤波器
	高通并联滤波器
	并联有源滤波器
电源滤波器	电源处无滤波器
	5次和7次并联谐波滤波器
	11次和13次并联谐波滤波器
	5次、7次、11次和13次并联谐波滤波器
	高通并联滤波器
	并联有源滤波器

仿真每个试验的目的是判别每个组件能够或无法使用断路器。仿真控制文字指示在 Matlab-Simulink 图表内并选择一组进行接通或断开的断路器，代表在仿真开始前的试验配置。

2.1.4　负载电力质量

2.1.4.1　分析方法

作为确定最佳工作布局的一部分，应详细审查所有系统组件内一个装置如何影响系统内其他装置。通过比较电流和电压的总谐波畸变率以及直流电力质量，可对系统级电力质量做出分析。仿真的数据度量显示仿真所产生结果的图像分析。负载的模拟结果如图 2-2 所示。在图中，横轴表示表 2-1 中说明的中压直流试验台配置编号 1～216；图的纵轴表示总谐波畸变率电力质量或标幺电压。

另外的文字位于表示配置范围的图 2-2 标记点的中心，为成组形式的配置类型提供了简短的说明。每个组中：1～24、25～48、…、193～216，可以表示基于系统配置的单一负载性能。这些标记点分别表示总谐波畸变率、直流电

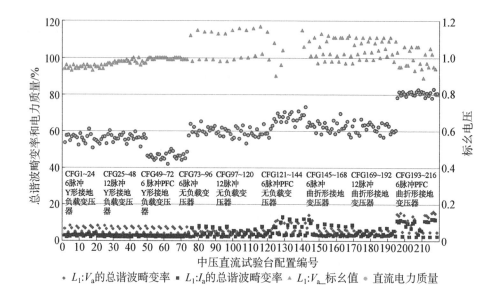

图2-2　负载(L_1)-电力质量(PWM＝2000Hz)

力质量和标幺电压。

2.1.4.2　结果

根据图2-2中所示,负载电力质量的最佳电压和电流出现在负载处有一个5次和7次谐波滤波器时。由于负载母线上的6脉冲整流器,该最佳电压和电流是可预计的。同样,负载电力质量对接地灵敏度最小。配置编号为74和94的设计在负载母线侧不含Y形接地负载变压器或曲折形接地变压器。然而,这些配置的母线电压为标称电压的112%。

对所有发电和负载指标进行了类似的分析。通过审查仿真数据和选择电压与电流的总谐波畸变率都低于5%且发电和负载母线处的标幺交流电压接近1.0的配置,得出下列观察结果。

(1) 对于试验的所有配置,在负载处具有一个Y形接地负载变压器连接的配置为同步发电机和负载提供最佳电力质量。

(2) 当在发电侧使用12脉冲整流器电力变流器时,系统需具有交流发电母线上11次和13次的最低谐波滤波器配置。

(3) 负载必须在交流负载母线上至少具有一个5次和7次谐波滤波器,以降低6脉冲谐波,除非电力变流器包含一个功率因数校正电路。

(4) 如果发电侧电力变流器采用一个功率因数校正电路,则必须在交流发电母线上同样具备一个高通滤波器。

(5) 有源功率因数校正(PFC)电路在连接整流器并在连续导通模式下运行时难以控制。由于直流电阻增加(减载),PFC 稳定性降低。连续导通模式功率因数校正电路对于多台发电、多载直流配电母线环境可能不实用。

2.1.5　电力变流器对负载电力质量的影响

2.1.5.1　分析方法

为确定电力变流器类型对负载电力质量的灵敏度的影响,将仿真结果集合成三组。对于每一个分组,负载配置相同且电力变流器类型为任何一种 6 脉冲整流器、12 脉冲整流器或带 PFC-升压电路的 6 脉冲整流器。图 2-3 所示为每个仿真结果。图中的横轴表示配置编号,纵轴为负载 1~4 的 V_a 和 I_a 的平均总谐波畸变率。

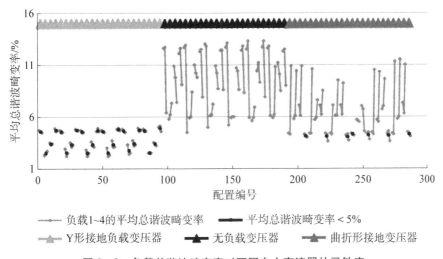

图 2-3　负载总谐波畸变率对不同电力变流器的灵敏度

图 2-3 中的负载变压器类型列在图顶部,以帮助分组。图中的左侧分组代表连接一个 Y 形接地负载变压器的平均总谐波畸变率。负载将各自不具备变压器或曲折形接地变压器。

如果三个分组中每一点(每个变流器)的最低和最高总谐波畸变率间的距离很近,变流器类型则对负载总谐波畸变率的影响最小;反之,如果两者间距离很远,变流器类型则对负载总谐波畸变率有影响。

2.1.5.2　结果

图 2-3 中分组的数据表明，在 Y 形接地负载变压器区间内，每个变流器的最低和最高总谐波畸变率之间的距离很小。这表明那些区间内的负载不受变流器类型的影响。

图 2-3 的中心区间显示了分组数据之间存在较大宽度。这表明不带变压器的负载将受到电力变流器类型的影响。

图 2-3 的右边区间显示了一些带密集归类和一些存在更大宽度的数据分组。这表明带曲折形接地变压器的负载取决于负载滤波器配置和电力变流器的类型。带有源滤波器的负载显示不受电力变流器类型的影响，带无源滤波器或不带滤波器的负载显示则受电力变流器类型的影响。

2.1.6　不同变流器脉冲宽度调制频率对 400 Hz 负载的影响

2.1.6.1　分析方法

在试验台设计期间，发现不同变流器脉冲宽度调制频率会影响交流负载母线下的电力质量。负载 1~4 的所有负载变流器脉冲宽度调制频率显示了对测量的影响。进一步分析显示，与 60 Hz 基频变流器负载相比，400 Hz 基频更易受到负载母线总谐波畸变率较大变化的影响。

为分析不同脉冲宽度调制频率对系统的影响，分别在负载 3(L_3)进行了一系列试验。选择 L_3 是因为其具有更高的 400 Hz 基频。选择试验台配置 1 是因为该配置最简单。在配置内没有有源或无源滤波器，且电力变流器为 6 脉冲整流器。试验结果如图 2-4 所示。

为将 400 Hz 基频变流器与中压直流试验台隔离并防止其他负载总谐波畸变率测量受干扰，将 400 Hz 负载块连接至一个与 10 000 V DC 的近似中压直流配电母线电压相配的理想直流电源。试验的变流器脉冲宽度调制步长增量为 5 Hz。

利用两个仿真的示例改变 400 Hz 负载的变流器脉冲宽度调制频率。第一个试验示例（见图 2-4）表示负载运行在 3.0 MV·A 下。第二个试验示例将负载降低了 50%，并以同样方式改变变流器脉冲宽度调制频率。1.5 MV·A 负载产生了一个与 3.0 MV·A 负载试验相似的曲线图（未显示）。

除 V_a 和 I_a 总谐波畸变率之外，图 2-4 还显示了电压和电流的多项趋势线。

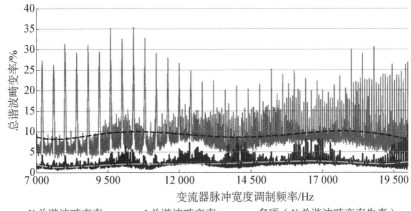

图 2-4 变流器脉冲宽度调制频率对 3.0 MV·A 负载的负载母线下的总谐波畸变率

2.1.6.2 结果

图 2-4 所示为 400 Hz 整数倍的电压谐振导致总谐波畸变率大于 20%。图 2-4 得出的结果表明负载处的电力质量取决于脉冲宽度调制频率。但增加脉冲宽度调制频率不能必然地提高电力质量并降低负载母线上的总谐波畸变率。在图 2-4 中有最高点和最低点,当变流器脉冲宽度调制频率增大时并非为线性下降。

2.1.7 小结

研究检查了带有中压直流配电母线的船上微网格上不同负载和滤波器配置的相互作用。通过将微网格作为系统进行查看,发电和负载之间的组件配置可作为装置进行集合,而非单一组件优化用于提高电力质量。

组件配置的比较可利用负载和发电交流侧的总谐波畸变率[式(2-1)和式(2-2)],以及 IEEE 1709-2010 标准建议的直流电力质量(DCPQ)[式(2-3)]进行测量。通过将等式描述的电力质量度量仿真值进行图表研究,并用图表分析、研究配置。

研究表明,带 Y 形网格变压器的交流负载母线处的电力质量不受变流器类型的影响,而不带变压器的交流负载母线处的电力质量却受到电力变流器类型的影响。若采用曲折形接地变压器,带有有源滤波器的交流负载母线处的电力质量不受电力变流器类型的影响。通常,带有有源滤波器的负载显示不受电力变流器类型的影响。

对于 400 Hz 的基频负载,如通信、导航、雷达和武备系统等,电压源变流器的脉冲宽度调制频率是确定负载电力质量的重要因素。研究同样表明,变流器脉冲宽度调制频率和总谐波畸变率之间的关系并未随着增加的频率而线性降低,且基于负载大小的总谐波畸变率变化较小。研究应在预期的负载范围内进行,以确定直流-交流变流器的最佳脉冲宽度调制频率。

研究表明,负载处的高电力质量可在发电源和中压直流传输母线设有高电力质量的情况下达到,但需要进行系统级影响研究以核实组件的相互作用。

2.2 直流电力界面要求

美国海军舰船发电、配电和用电设备传统上采用交流电。MIL - STD - 1399 - 300(适用于小于 1 000 V 的低压)和 MIL - STD - 1399 - 680(适用于不小于 1 000 V 的高压)规定了电力系统与各负载间交流电力界面的特征。

尽管从历史上看交流电力界面实现了电力系统的经济性和可靠性,但随着近年来电力电子装置的发展,采用直流电力界面将有助于提高电气设备的成本有效性和功率密度。对于高功率动态负载,采用直流电力界面的电力系统将具有非常优越的动态性能。

本节提出一些标准建议,供舰船电力系统业界及学术界参考、讨论和完善。最终应将直流电力界面纳入界面标准(例如在 MIL - STD - 1399 中新增相关内容)。直流标称电压和电力质量的标准化将使部件和系统开发商在设计直流电力设备时能够确保这些部件和系统可成功应用于未来的舰船电力系统。

2.2.1 电压选择准则

在选择标准标称电压值时,应考虑如下准则。

(1) 应尽可能采用现有商用和军用界面标准。

(2) 各标准标称电压等级应有显著差异(大于 25%)。

(3) 电压越高则电流越小,而电缆则越轻。

(4) 应考虑可用半导体装置的标准标称电压以及绝缘定额。

另外,电力质量要求的规定应尽可能一致。对于新的标准界面,应采用通用参数集。

2.2.2　定义及说明

2.2.2.1　定义

电力质量要求如下。

（1）系统标称电压：系统的设计直流电压，这是确定其他电力质量要求的基准。

（2）稳态电压容差（电力系统要求）：在线电源输出端处所测得的系统直流电压的容许变化值，不考虑配电系统中可能的电压损失。

（3）最大电压纹波幅值：电压波形交流分量均方根电压（见图 2-5）。

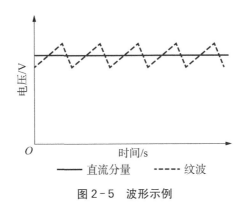

图 2-5　波形示例

（4）电压纹波频率：组成电压波形交流分量的频率。

（5）最坏情况正端子对地电压偏移：负端子或电源出现接地故障，正端子预期最大幅值对地电压。

（6）最坏情况负端子对地电压偏移：正端子或电源出现接地故障，负端子预期最大幅值（负）对地电压。

（7）正常工作稳态电压范围（负载未受损，负载功能完好）：施加负载时使负载预期能正常工作的稳态直流电压范围（含最大电压纹波），考虑配电系统中可能的电压降以及稳态电压容差。

（8）异常工作稳态电压范围（负载未受损，负载功能可能丧失）：施加负载时不会导致负载受损的稳态直流电压范围（含最大电压纹波）。负载可能丧失功能，但不会直接导致其他设备受损或人员受伤。

（9）电压瞬态容差：在保证负载功能完好条件下相对于稳态电压的最大允许瞬态偏离。

（10）电压瞬态恢复时间：电压波形恢复到规定的正常工作稳态电压范围和最大电压纹波幅值范围所需的最长时间。用与电源电压调节相关的时间常数来表示。

（11）最大电压尖峰（正常工作）（线间和线对地叠加）：对负载或电力系统部件通电时，不会导致负载或电力系统部件受损且负载/电力系统部件保持全部功能的正负端子间及各端子对地最大幅值电压尖峰。在图 2-6 所示示例中，对于 1000 V 直流标称电压，最大电压尖峰为 2500 V。最大电压尖峰是要求设备在系统中承受的限值，与系统的标称电压有关。

（12）电压尖峰波形：与最大电压尖峰一起使用的电压尖峰波形。图 2-6 中的示例来自 MIL-STD-1399-300b。

（13）最大负载线对地电容：1 kHz 时所测得的负载各端子最大线对地电容。

（14）最小负载对地直流电阻：负载各端子最小对地直流电阻。

如下定义适用于非脉冲负载。脉冲负载指超出以下一个或多个标准的负载。

（15）最大负载电流纹波（非脉冲负载）：电流波形交流分量的大小。

（16）最大负载电流变化率（非脉冲负载）：负载电流波形最大变化率。

（17）峰值容许启动/初始电流（非脉冲负载）：负载或其部件通电时峰值瞬时电流。

（18）峰值启动电流变化率（非脉冲负载）：启动电流峰值变化率。

如下标准适用于脉冲负载。

（19）最大功率变化率：脉冲负载消耗电力系统功率的最大变化（增加或减少）率。在实际应用中，电力系统可根据电站配置和电站内储能充电状态来控制脉冲功率负载，将其最大功率变化率限制在较低水平。

（20）最大电流：脉冲功率负载必须能够控制其从电力系统消耗的最大电流。具体值通过电力系统和负载设计来确定。在实际应用中，电力系统可根据电站配置和电站内储能状态来控制脉冲功率负载，将其消耗电流限制在较低值。

（21）脉冲宽度：脉冲超出非脉冲限值的（最短和最长）时间范围。具体值通过电力系统和负载的设计来确定。在实际应用中，电力系统可控制脉冲功率负载，仅使用脉冲宽度范围的一部分。

（22）脉冲恢复时间：从一个脉冲结束到可施加下一个脉冲的最短时间间

隔。具体值通过电力系统和负载的设计来确定。在实际应用中,电力系统可控制脉冲功率负载,使用较长脉冲恢复时间。

系统标称电压、稳态电压容差、正常工作和异常工作稳态电压范围、电压瞬态容差之间的关系如图 2-7 所示。

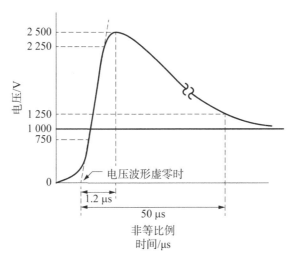

图 2-6　电压尖峰示例(直流标称电压为 1 000 V,最大电压尖峰为 2 500 V)

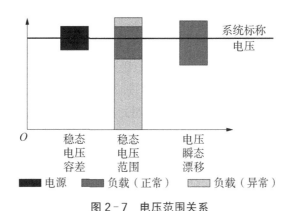

图 2-7　电压范围关系

2.2.2.2　定义说明

有一点需要注意,电源供电质量必须超出满足负载正常工作所需。考虑因素包括配电系统电力质量退化、制造容差以及设备随时间的性能退化。电源供电质量超出满足负载正常工作所需的做法有助于确保电力系统设计的可靠性。

如有规定，必须在负载与功率管理系统间设置控制接口。控制接口包括消息格式、通信协议与接口，以及负载和电力系统对于消息的预期行为。控制接口要求可能因脉冲负载和非脉冲负载而异。参照美国执行的标准来看，控制接口应符合美国国防部和海军海上系统司令部网络安全方面的指令。

对于脉冲负载，负载与配电系统首个部件（电力变换设备或开关设备）间的电缆长度应有一个限值，以防止高功率变化率时电缆电感导致过大的电压降。将这些电缆看作脉冲功率负载的一部分，在设计中使负载设备能够承受比最坏情况电压瞬态偏移更大的电压降，这样做可能具有更好的经济性。

必须从系统角度出发设计系统稳定性。采购文件必须规定电力系统电源阻抗和负载阻抗，以确保系统总体的稳定性。确定系统控制接口可能更具优势，这样就能在电力系统与负载之间协调特定负载的负载阻抗。

2.2.3　负载定义讨论

美国军用标准对海军电力系统"脉冲""脉冲负载"和"斜坡负载"规定了定义。而随着电力电子变流器的广泛采用，这些定义已经过时。在原先的标准中，"脉冲"指大于 1 个周波（60 Hz 交流系统中为 16.7 ms）但小于 10 s 的奇异性（非经常性）短时功率偏移。偏移大小未有明确规定。大概来说，就是指偏移快速施加又快速消除。"脉冲负载"指频繁或经常"重复"的功率偏移。声呐和雷达就属于这类用电设备。脉冲大小大致是均一的。"斜坡负载"为平滑施加（数学意义上的"连续"）的负载。"理想阶跃负载"不可能出现在任何包含电感的系统中，通过采用电力电子变流器，用电设备可快速启动，实际上可看作"阶跃负载"。用电设备也可极快速地改变其吸取功率，产生"负载阶跃变化"。

为什么确定用电设备吸取功率特征如此重要？制定电力界面标准的前提是电力系统以符合电力界面标准规定的系统特征供电，而所有用电设备以符合电力界面标准规定的负载约束吸取功率。这些负载约束以本节中的负载定义来描述。如果一台大型用电设备从电力系统吸取电能的速度太快，电力系统将可能无法保持电压；这样，所有用电设备都将受到不利影响。希望通过确定用电设备能耗特征，从而确定合理限值：确保电力系统高质量供电的限值，确保用电设备正常运行的限值。想要达到以上目的，必须对用电设备的耗电/供电速率进行描述，从而为直流电力界面标准奠定基础。

在这里，主要关注"阶跃负载"和"负载阶跃变化"。"阶跃"指吸取功率极快速地施加或消除。因此 1 个"脉冲"很可能包含 2 个"负载阶跃变化"，吸取功率

"阶跃"上升后再"阶跃"下降。此前,用电设备"阶跃"变化限值为供电发电机定额的一定百分比,该百分比为用电设备功率因数(一个明显的交流概念)的函数。如何确定用电设备负载约束(直流电力系统中吸取功率"阶跃"变化的限值)是一个尚待解决的问题。

关注最有可能影响电力系统性能的用电设备,这一点也十分重要。在确定"斜坡负载"或用电设备的其他耗电/供电约束时,应以用电设备的最大吸取功率为标准。而千瓦级阈值以下(阈值取决于系统容量)的用电设备不必有这样的约束。如何确定最大吸取功率阈值是一个尚待解决的问题。

2.2.4 低压建议值

直流负载用电建议采用如下直流电压:

(1) 155 V。

(2) 375 V。

(3) 650 V。

这些标称电压根据潜艇(155 V)和 DDG - 1000 驱逐舰(375 V 和 650 V)的现有设备而确定。

舰船电力系统可能需要向舰载(飞机、无人运载器或船艇)设备提供直流电。除上述电压外,舰船电力系统可能包括如下电压的电力界面:

(1) 28 V。

(2) 270 V。

例如,濒海战斗舰(LCS)的界面控制文件(ICD)中就包括用于集装箱的 28 V 电力界面。

为确保系统的稳定性,各端子接地电容之间的差异应保持在 10% 之内。

2.2.4.1 155 V 电力界面

MIL - STD - 1399 第 390 章定义了应用于潜艇的 155 V 电力界面。同时 MIL - STD - 1399 第 390 章也适用于水面舰船。注意,许多设计用于 50～60 Hz/ 90～240 V AC 应用的"通用"开关模式电源,也可用于 155 V DC。采用通过二极管(信号选择二极管)连接的两个 155 V DC 电源为这些负载供电,可实现低成本不间断供电。

2.2.4.2 375 V 电力界面

对于 375 V DC 电力界面,电力系统与负载间的电力质量界面要求如

表 2-2 所示。注意,考虑到配电系统中的电压降,电源可能需要以较小容差来调节电压。这些界面要求部分基于 ETSI EN 300 132-3-1 以及以前的 DDG-1000 海军采购标准。375 V 电力界面通常应限于约 100 kW 以下的负载。

表 2-2 375 V DC 电力质量界面要求

特征	数值	
系统标称电压/V	375 DC	
稳态电压容差(电力系统要求)/%	±4	
最大电压纹波幅值	1.5%用电设备标称电压(V_{rms})	
电压纹波频率/kHz	电压纹波最大分量频率<10	
最坏情况正端子对地电压偏移/V	395 DC	
最坏情况负端子对地电压偏移/V	395 DC	
正常工作稳态电压范围 (负载未受损,负载功能完好)/%	±5	
异常工作稳态电压范围 (负载未受损,负载功能可能丧失)/%	0~95 和 105~110	
电压瞬态容差 (负载未受损,负载功能完好)/%	±8.5	
电压瞬态恢复时间/ms	250	
最大电压尖峰(正常工作)/V	750	
电压尖峰波形 (参见 MIL-STD-1399-300b 图 6)/μs	1.2×50	
最大再生功率/kW	0	
最大负载线对地电容/(μF/kW)	0.005(在 1 kHz 时测定)	
最小负载对地直流电阻/MΩ	10	
最大负载电流纹波(非脉冲负载)	适用于潜艇的 CE101 直流限值(MIL-STD-461F)	
最大负载电流变化率(非脉冲负载)	标称额定负载电流/A	最大变化率/(A/ms)
	≤186	30
	>186 且≤371	58
	>371	125

（续表）

特征	数值	
	设备额定负载/kW	额定电流倍数
	<15	10
峰值容许启动/初始电流（非脉冲负载）	≥15 且≤30	6
	>30 且≤50	4
	>50	2
	标称额定负载电流/A	最大变化率/（A/ms）
	≤186	60
峰值启动电流变化率（非脉冲负载）	>186 且≤371	115
	>371	250
控制接口（脉冲负载）	见本书	
控制接口（非脉冲负载）	按采购文件的规定	
最大功率变化率（脉冲负载）/（MW/s）	150	
最大电流（脉冲负载）	按采购文件的规定	
脉冲宽度（脉冲负载）	按采购文件的规定	
脉冲恢复时间（脉冲负载）	按采购文件的规定	
电力系统电源阻抗	按采购文件的规定	
负载阻抗	按采购文件的规定	

对于脉冲负载，必须在工作过程中通过负载与功率管理系统间的控制接口来协调占空比、变化率和峰值电流。如未先得到功率管理系统的同意，负载不可违反非脉冲负载要求。设计人员可能需要通过控制接口实现负载脉冲施加与电力系统动态特性的同步。

2.2.4.3　650 V 电力界面

对于 650 V DC 电力界面，电力系统与负载间的电力质量界面要求如表 2-3 所示。考虑到配电系统中的电压降，电源可能需要以较小容差来调节电压。这些电力界面要求是基于以前的 DDG - 1000 海军采购标准设置的。650 V 电力界面通常应限于大于 15 kW 且小于 450 kW 的负载。

表 2-3 650 V DC 电力质量界面要求

特征	数值	
系统标称电压/V	650 DC	
稳态电压容差(电力系统要求)/%	±4	
最大电压纹波幅值	1.5% V_{rms}	
电压纹波频率/kHz	电压纹波最大分量频率<10	
最坏情况正端子对地电压偏移/V	675 DC	
最坏情况负端子对地电压偏移/V	675 DC	
正常工作稳态电压范围 (负载未受损,负载功能完好)/%	±5	
异常工作稳态电压范围 (负载未受损,负载功能可能丧失)/%	0~95 和 105~110	
电压瞬态容差 (负载未受损,负载功能完好)/%	±8.5	
电压瞬态恢复时间/ms	250	
最大电压尖峰(正常工作)/V	1 300	
电压尖峰波形 (参见 MIL-STD-1399-300b 图 6)/μs	1.2×50	
最大再生功率/kW	0	
最大负载线对地电容/(μF/kW)	0.005(在 1 kHz 时测定)	
最小负载对地直流电阻/MΩ	10	
最大负载电流纹波(非脉冲负载)	适用于潜艇的 CE101 直流限值(MIL-STD-461F)	
最大负载电流变化率(非脉冲负载)	标称额定负载电流/A	最大变化率/(A/ms)
	≤186	30
	>186 且≤371	58
	>371	300
峰值容许启动/初始电流(非脉冲负载)	设备额定负载/kW	额定电流倍数
	<50	10
	≥50 且≤100	6

（续表）

特征	数值	
	>100 且≤175	4
	>175	2
	标称额定负载电流/A	最大变化率/(A/ms)
峰值启动电流变化率(非脉冲负载)	≤186	60
	>186 且≤371	115
	>371	300
控制接口(脉冲负载)	见本书	
控制接口(非脉冲负载)	按采购文件的规定	
最大功率变化率(脉冲负载)/(MW/s)	260	
最大电流(脉冲负载)	按采购文件的规定	
脉冲宽度(脉冲负载)	按采购文件的规定	
脉冲恢复时间(脉冲负载)	按采购文件的规定	
电力系统电源阻抗	按采购文件的规定	
负载阻抗	按采购文件的规定	

同样，对于脉冲负载，必须在工作过程中通过负载与功率管理系统间的控制接口来协调占空比、变化率和峰值电流。如未先得到功率管理系统的同意，负载不可违反非脉冲负载要求。设计人员可能需要通过控制接口实现负载脉冲施加与电力系统动态特性的同步。

2.2.4.4　28 V 和 270 V 电力界面

MIL-STD-704 定义了用于飞机的 28 V 和 270 V 电力界面。同样，MIL-STD-704 也适用于水面舰船与舰载（飞机、无人驾驶车辆或船艇）设备以及集装箱（例如用于濒海战斗舰）的界面。

2.2.5　高压建议值

区域内配电和负载用电建议采用 1 kV 的标称直流电压。
区域间配电和负载用电建议采用如下标称直流电压：
（1）6 kV。

（2）12 kV。

（3）18 kV。

许多海军和商业应用采用了一些介于 650 V 和 1 kV 之间的电压等级。标称直流电压 700 V、750 V、800 V、950 V 和 1 000 V 也常见于国防、运输、光伏和工艺控制应用。

许多功率模块制造商提供电压定额为 1 700 V 的低成本绝缘栅双极型晶体管（IGBT）模块。1 kV 标称电压上限可保证这些器件可靠运行。

建议采用 1 kV，这样可与商用光伏系统保持一致，并可最大限度地减少导线的尺寸。1 kV 已广泛应用于多种海军电力设备。

在海军应用中，与低标称电压的系统相比，对于标称电压为 1 kV 及以上的系统，美国海军海上系统司令部 NSTM 第 300 章要求增加针对维护人员的安全措施。这样，设计人员就会选择稍低一点的额定电压（如 950 V）作为标准，从而规避增加安全措施。实际上，选择一个略低的电压以规避增加安全措施对于船员来说并无好处。对船员而言，标称电压为 1 kV 的电力系统和 950 V 的电力系统存在的风险基本是相同的。

前文所列的三种高压为 IEEE 1709 - 2010 标准所列的优选额定电压。当传输相同功率时，6 kV DC 的导线尺寸小于 4 160 V AC 的要求。同样，18 kV 导线尺寸小于 13 800 V AC 的要求。

为确保系统的稳定性，各端子接地电容之间的差异应保持在 10% 之内。

2.2.5.1　1 kV 电力界面

对于 1 kV 电力界面，电力系统与负载间的电力质量界面要求如表 2 - 4 所示。注意，考虑到配电系统中的电压降，电源可能需要以较小容差来调节电压。这些界面要求基于美国海军采购标准。1 kV 电力界面通常应限于大于 100 kW 而小于 3 MW 的负载。

表 2 - 4　1 kV 电力质量界面要求

特征	数值
系统标称电压/V	1 000 DC
稳态电压容差（电力系统要求）/V	960～1 040 DC
最大电压纹波幅值	25V_{rms}
电压纹波频率/kHz	电压纹波最大分量频率<10

（续表）

特征	数值
最坏情况正端子对地电压偏移/V	1 050 DC
最坏情况负端子对地电压偏移/V	1 050 DC
正常工作稳态电压范围 （负载未受损，负载功能完好）/V	950～1 050 DC
异常工作稳态电压范围 （负载未受损，负载功能可能丧失）/V	0～950 DC 和 1 050～1 150 DC
电压瞬态容差 （负载未受损，负载功能完好）/V	±85
电压瞬态恢复时间/s	最长<0.5
最大电压尖峰（正常工作） （线间和线对地叠加）/V	2 000 峰值
电压尖峰波形 （参见 MIL - STD - 1399 - 300b 图 6）/μs	1.2×50
最大负载线对地电容/(μF/kW)	<0.005（在 1 kHz 时测定）
最小负载对地直流电阻/MΩ	10
最大负载电流纹波（非脉冲负载）	适用于潜艇的 CE101 直流限值（MIL - STD - 461F）
最大负载电流变化率（非脉冲负载）/(A/ms)	2
峰值容许启动/初始电流（非脉冲负载）/A	2 倍额定负载电流
峰值启动电流变化率（非脉冲负载）/(A/ms)	2.5
最大功率变化率（脉冲负载）/(MW/s)	400
最大电流（脉冲负载）	按采购文件的规定
脉冲宽度（脉冲负载）	按采购文件的规定
脉冲恢复时间（脉冲负载）	按采购文件的规定
控制接口（脉冲负载）	见本书
控制接口（非脉冲负载）	按采购文件的规定
电力系统电源阻抗	按采购文件的规定
负载阻抗	按采购文件的规定

对于脉冲负载,必须在工作过程中通过负载与功率管理系统间的控制接口来协调最大功率变化率、最大电流、脉冲宽度和脉冲恢复时间。如未先得到功率管理系统的同意,负载不可违反非脉冲负载要求。设计人员可能需要通过控制接口实现负载脉冲施加与电力系统动态特性的同步。

2.2.5.2　6 kV、12 kV 和 18 kV 电力界面

对于 6 kV、12 kV 和 18 kV 电力界面,电力系统与负载间的电力质量界面要求如表 2-5 所示。注意,考虑到配电系统中的电压降,电源可能需要以较小容差来调节电压。这些界面要求参考了 IEEE 1709-2010 标准。

表 2-5　6 kV、12 kV 和 18 kV 电力质量界面要求

特征	数值
系统标称电压/V	6 000/12 000/18 000 DC
稳态电压容差(电力系统要求)/%	±10
最大电压纹波幅值	3.5% V_{rms}
电压纹波频率/kHz	电压纹波最大分量频率<10
最坏情况正端子对地电压偏移/%	110
最坏情况负端子对地电压偏移/%	110
正常工作稳态电压范围 (负载未受损,负载功能完好)/%	-16～+11
异常工作稳态电压范围 (负载未受损,负载功能可能丧失)/%	0～84 和 111～115
电压瞬态容差 (负载未受损,负载功能完好)/%	±8.0
电压瞬态恢复时间/ms	500
最大电压尖峰(正常工作) (线间和线对地)	2 倍标称电压
电压尖峰波形 (参见 MIL-STD-1399-300b 图 6)/μs	1.2×50
最大负载线对地电容	按采购文件的规定
最小负载对地直流电阻/kΩ	1 200/2 400/3 600

（续表）

特征	数值
最大负载电流纹波 （非脉冲负载）	适用于潜艇的 CE101 直流限值（MIL - STD - 461F）
最大负载电流变化率（非脉冲负载）/（A/ms）	2
峰值容许启动/初始电流（非脉冲负载）/A	1.5 倍额定负载电流
峰值启动电流变化率（非脉冲负载）/（A/ms）	3
控制接口（脉冲负载）	见本书
控制接口（非脉冲负载）	按采购文件的规定
最大功率变化率（脉冲负载）/（MW/s）	400
最大电流（脉冲负载）	按采购文件的规定
脉冲宽度（脉冲负载）	按采购文件的规定
脉冲恢复时间（脉冲负载）	按采购文件的规定
电力系统电源阻抗	按采购文件的规定
负载阻抗	按采购文件的规定

对于脉冲负载，必须在工作过程中通过负载与功率管理系统间的控制接口来协调占空比、变化率和峰值电流。如未先得到功率管理系统的同意，负载不可违反非脉冲负载要求。设计人员可能需要通过控制接口实现负载脉冲施加与电力系统动态特性的同步。除此之外，还需要进行分析和研究，以确定适当的最大负载线对地电容。

2.2.6　符合性试验

新的直流电力界面标准制定需要经过详细的符合性试验。预期所需试验包括如下几个方面。

2.2.6.1　负载特征测量

（1）线对地电容。

（2）对地直流电阻。

（3）电流纹波。

（4）负载电流变化率（非脉冲负载）。

（5）启动/初始电流（非脉冲负载）。

（6）峰值启动电流变化率（非脉冲负载）。

（7）负载阻抗。

2.2.6.2　敏感性试验

（1）电压容差。

（2）电压瞬态。

（3）电压纹波。

（4）电压尖峰。

（5）电压偏移试验（端子对地）。

（6）异常工作稳态电压。

2.2.6.3　脉冲负载试验（如适用）

（1）控制接口可操作性。

（2）功率变化率。

（3）最大电流。

（4）脉冲宽度。

（5）脉冲恢复时间。

在确定这些试验要求时，不仅应确保设备在舰载环境中可以安全正常工作，还应使试验成本最小化。

这些试验仅旨在验证符合电力界面规范所规定电力质量要求。对于直流设备，可能需要增加试验，以验证符合电磁干扰（EMI）要求和杂散直流磁场要求。设备要求详见 MIL-DTL-917F。

2.2.7　小结

本节提出了用于美国海军舰船的标准直流标称电压及相关电力质量参数。直流标称电压和电力质量的标准化将使部件和系统开发商能够确保这些部件和系统可成功用于未来舰船电力系统。

3 燃气轮机发电机组

3.1 直联式燃气轮机直流发电机组

这项研究工作是在美国海军研究局支持下由得克萨斯大学奥斯汀分校完成的。

未来海军平台所需要的电功率通常要比现在的海军舰船大一个数量级。电气功率增加 10 倍,要求采用大功率发电机和其他电力调节设备。对高效全电气海军平台而言,采用发电装置功率密度水平远高于陆用发电装置,就显得非常重要。

在为海军全电气舰船选择电力装置时,有以下几种选择余地:

(1) 原动机型式。

(2) 原动机数目。

(3) 原动机和发电机之间的耦合方法。

(4) 发电机的型式和拓扑。

(5) 原动机和发电机的功率和转速。

(6) 发电机电压和频率。

(7) 交流或直流配电方法。

(8) 给定使命下的运行模式。

(9) 舰船上的安装位置。

所有上述因素都会影响燃料消耗量、功率密度、运行效率和可检测性。得克萨斯大学奥斯汀分校机电中心在这一领域的研究工作旨在对未来全电气驱逐舰级动力装置用 80 MW 主发电系统进行综合分析。特别是,所考虑的系统基于燃气轮机直联永磁发电机组。

采用直联系统的一个明显的优点是取消了减速齿轮箱,但是在同步发电机中采用永磁励磁,与普通线绕转子式发电机相比,可显著减小尺寸和提高效率(线绕转子式发电机需要附加的励磁机,因此增大了尺寸和损耗)。此外,直联可使发电机在更高的转速下运行,从而导致发电机组更加紧凑,因为同步发电机的输出功率与其转速成正比。但是,这一高速的优点受到燃气轮机功率水平的限制。随着燃气轮机额定功率的增大,发电机的额定转速降低。

在总的装置功率中,有 90% 通过变频电力拖动消耗于推进负载,需要从交流固定频率变换到变频和变幅。有关的电动机(如采用 PWM 方式的)要求采用变换到直流的电力。因此,在全电气船上大功率直流母线的存在是一种要求,而不是一种选择。此外,为了使综合电力系统中任何机组所发出的电力可以被任何负载所使用,所有发电机组都应配备整流器。因此,大功率整流器成为重要的部件,而由于其高度非线性的负载特性,需要特别加以注意。

采用这种拓扑的另外一个显著的优点是可能减小燃气轮机的进排气管体积。燃气轮机固有的运行特点,使其进气和排气管道要占用很大的体积,而且要穿过上层甲板。将某些发电机组布置在上层甲板上,可以直接减小燃气轮机的进气和排气管体积,从而改善机组的功率密度。本节最后说明了用船舶和燃气轮机发电机组的模型对发电机组所做的分析结果,并对已知使命[①]的 80 MW 全电气驱逐舰进行了燃料消耗量的分析。

3.1.1 拓扑

现在美国海军传统驱逐舰的电力通常是由 3 台燃气轮机发电机组供给的。在发电机组中装有减速齿轮,将频率降低到 60 Hz。发电机组的功率等级一般为 3~5 MW,为普通线绕磁场同步发电机,其极数较少(2~4)。减速齿轮、磁场励磁系统和极数少都加大了机组的尺度,而前两个因素对机组的总效率也是至关重要的。未来驱逐舰要求电站功率达 80 MW,如果再采用这种配置,那设备尺度就太大了,效率也太低。针对这一问题的一种解决方案就是采用燃气轮机直联永磁发电机。有关机组的拓扑结构如图 3-1 所示,其中还加装了电力整流器,构成一个完整的系统。

图 3-1 所示系统为一台 5 MW 发电机组,其中一台高速发电机直联于市售转速约为 15 000 r/min 的燃气轮机。该系统设有一台输出电压为 4.16 kV/60 Hz 的逆变器。对系统的详细研究表明,与现有的普通机组相比,这一机组

---

① 舰船的任务,如巡航、应急、战斗和停泊等。

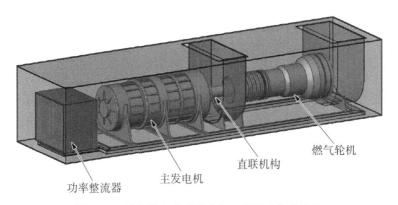

图 3-1 燃气轮机直联发电机组的基本拓扑结构

可减轻设备重量达 50 000 lb[①]。

3.1.2 燃气轮机

燃气轮机是一种热力涡轮机械,用于将流体和燃料的能量变为机械能。燃气轮机结构紧凑,可靠性高,因此广泛用于推进飞机和船舶。但是其效率不高,消耗的燃料较多。学者们曾对简单循环燃气轮机的功率、转速、效率和尺度间的关系进行过详细的分析。本节引用了其中的主要分析结果:燃气轮机转速与功率的关系。所分析的简单循环燃气轮机由压气机、燃烧器和涡轮机构成。

单轴燃气轮机是压气机和涡轮机共用一根转轴,图 3-2 为其示意图。

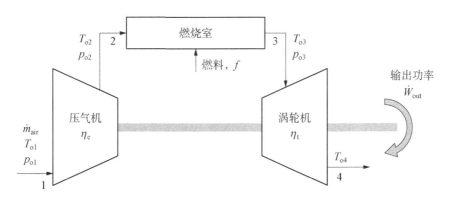

图 3-2 简单循环单轴燃气轮机

涡轮机的一部分功率用于驱动压气机,其余功率成为可输出的轴功率。即存在下列关系式:

$$\dot{W}_{out} = \dot{W}_{turbine} - \dot{W}_{compressor} \tag{3-1}$$

式中,$\dot{W}_{out}$ 为输出功率;$\dot{W}_{turbine}$ 为涡轮机功率;$\dot{W}_{compressor}$ 为压气机功率。

根据热力学第一定律,假设为等熵过程、稳态和稳定流、等压比热容(c_p 和 γ 为常数),并忽略热损失,则输出功率为

$$\dot{W}_{out} = \dot{m}_{air}(1+f)c_{p,t}(T_{o4} - T_{o3}) - \dot{m}_{air}c_{p,c}(T_{o2} - T_{o1}) \tag{3-2}$$

式中,$\dot{m}_{air}$ 为空气流量;f 为燃料空气比。温度如图 3-2 所示,可表示为

$$T_{o2} = T_{o1} \left\{ \frac{1}{\eta_c} \left[\left(\frac{p_{o2}}{p_{o1}} \right)^{\frac{\gamma_c - 1}{\gamma_c}} - 1 \right] + 1 \right\} \tag{3-3}$$

$$T_{o4} = T_{o3} \left\{ 1 - \eta_t \left[1 - \left(\frac{p_{o3}}{p_{o2}} \frac{p_{o2}}{p_{o1}} \right)^{\frac{1-\gamma_t}{\gamma_t}} \right] \right\} \tag{3-4}$$

燃气轮机进口温度 T_{o3} 是影响机组功率和效率的主要因素。开发涡轮机叶片用的新材料和寻找合适的冷却方式为提高燃气轮机的功率密度和效率提供了新的机遇。

比功率 w 为

$$
\begin{aligned}
w = \frac{\dot{W}_{out}}{\dot{m}_{air}} &= (1+f)c_{p,t}T_{o3} \left\{ \eta_t \left[1 - \left(\frac{p_{o3}}{p_{o2}} \frac{p_{o2}}{p_{o1}} \right)^{\frac{1-\gamma_t}{\gamma_t}} \right] \right\} \\
&- c_{p,c}T_{o1} \left\{ \frac{1}{\eta_c} \left[\left(\frac{p_{o2}}{p_{o1}} \right)^{\frac{\gamma_c - 1}{\gamma_c}} - 1 \right] \right\}
\end{aligned} \tag{3-5}
$$

对于给定的运行参数,在某一个压缩比 p_{o2}/p_{o1} 下可得到最大的比功率。利用最大比功率 w_{max}、工质(空气)的流速 V 和密度 ρ、叶片的外径 R_t 和内径 R_h,空气的质量流量可写成下式:

$$\dot{m}_{air} = \frac{\dot{W}_{out}}{w_{max}} = \rho V \pi R_t^2 (1 - \zeta^2)$$

式中,$\zeta = \dfrac{R_h}{R_t}$,由此得到

$$R_{t}=\sqrt{\frac{\dot{W}_{out}}{\omega_{max}\rho V\pi(1-\zeta^2)}} \qquad (3-6)$$

叶片的外径和转速受制于应力,而空气的流速要保持在亚声速区内,以避免产生相关的冲击波和损失。马赫数 Ma 需要限制最大等于1。

$$Ma=\sqrt{\frac{(\omega R_t)^2+V^2}{\gamma RT}}\leqslant Ma_{limit}\approx 1$$

利用这一表达式,在 $Ma_{limit}=1$ 时代入式(3-6),得到叶片(即轴)的转速为

$$\omega=\sqrt{\frac{(Ma_{limit}^2\gamma RT-V^2)\omega_{max}\rho V\pi(1-\zeta^2)}{\dot{W}_{out}}} \qquad (3-7)$$

转速 ω(r/min)与输出功率的关系如图3-3所示。该图表明,用基本热力学定律在叶片应力和轴空气流速限制的情况下所做的简单循环以及单轴情况下转速与功率关系的分析,在理论和实际中取得了很好的吻合。这一分析表明,大功率的燃气轮机需要大的尺度,从而要求较低的转速。因此,对于一定功率等级而言,并不像同步发电机那样,可以通过提高转速来缩小燃气轮机的尺寸。

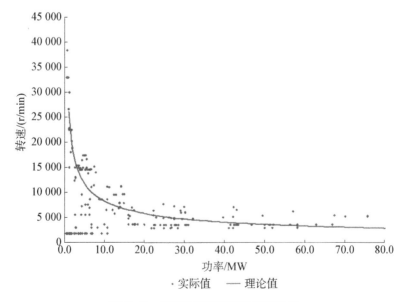

图3-3 燃气轮机转速与功率的关系

3.1.3 永磁发电机

现在的永磁发电机有若干种拓扑结构,其中包括径向、轴向和横向磁通的拓扑,转子中磁铁的安装和埋入方案也有若干种。这些拓扑结构不再需要励磁系统,并且减小了转子的总损耗和长度。

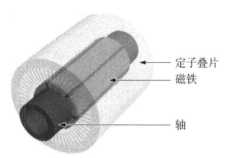

定子叠片
磁铁

轴

图3-4 表面安装径向磁通拓扑
(包扎处未表示)

本节考虑了表面安装径向磁通永磁拓扑。在这一拓扑结构中,磁铁安装在转轴的表面,并用复合带包扎使之就位。图3-4给出了简要说明。

燃气轮机的转速随功率的增大而降低。与此不同,同步发电机的输出功率与轴转速成正比。这可从发电机的功率表达式看到:

$$P = kD^2 lBAf_m \qquad (3-8)$$

式中,D 为气隙直径;l 为有效长度;B 为磁负载(气隙磁通密度);A 为电负载(线电流密度);f_m 为机械频率;k 为比例常数。

因此,提高发电机转速有利于减小其尺度。对于中小型燃气轮机(1～15 MW),轴转速高于普通燃气轮机的 3 600 r/min,在考虑直联的情况下,高速的优点在减小发电机尺寸方面比较明显。对于转速约为 15 000 r/min 或以上的小型燃气轮机(1～5 MW),该结论特别正确。

前面所引用的 5 MW 发电机(见图 3-1)涉及装有磁性轴承的 6.25 MV·A、15 000 r/min、750 Hz、9 相发电机。图 3-5 所示为该发电机及磁性轴承的示意图。

为了研究 80 MW 全电气驱逐舰上所用机组中部件的额定值和潜在发电机的尺寸,还研究了另外 4 种燃气轮机发电机组。全部 5 种发电机组系统如下。

图3-5 6.25 MV·A 永磁发电机

(1) 5 MW 15 000 r/min 永磁发电机,由 MT 5 燃气轮机驱动。

(2) 11 MW 11 000 r/min 永磁发电机,由 Solar 100 燃气轮机驱动。

（3）15 MW 7 900 r/min 永磁发电机，由 LM1600 燃气轮机驱动。

（4）20 MW 3 600 r/min 永磁发电机，由 LM2500 燃气轮机驱动。

（5）40 MW 3 600 r/min 永磁发电机，由 MT 30 燃气轮机驱动。

图 3-6 所示为 5 台燃气轮机发电机组的比较。表 3-1 给出了主发电机组的重量和体积参数。

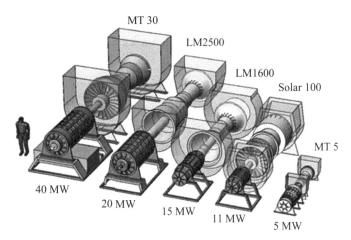

图 3-6　5 台燃气轮机直联永磁发电机组

表 3-1　主发电机组体积和重量比较

| 发电机 | | | 涡轮机 | 燃气轮机和发电机 | | 发电机组 |
功率/MW	重量/kg	体积/m³	体积/m³ 机罩	体积/m³ 机罩	风管	体积/m³
5	1 700	2.34	2.99	5.33	3.98	9.31
11	2 700	7.25	26.33	33.58	78	111.58
15	5 000	13.23	19.25	32.48	84	116.48
20	9 000	33.37	35	68.37	128	190.37
40	13 030	38.4	51.06	89.0	172.5	262.1

3.1.4　电力变换

为了确定在 5～40 MW 范围内电力整流器的尺寸和性能，对 6 脉冲、12 脉冲、18 脉冲二极管整流器进行了设计研究。电力整流器都是针对 6.6 kV 发电机输出电压设计的,这考虑了美国海军舰船未来的发展趋势。功率二极管是从调查了世界上现有二极管后选出的。市售性能最好的功率二极管的额定值如图 3-7 所示。对于 6 脉冲整流器,选择了 Eupec 器件(D2601N),额定值为 8 kV 和 3 kA,散热器温度为 55℃。电压的安全极限为 2,要求在每 6 个二极管组中,有 3 个二极管串联。为简化研究,没有在无源电力整流器分析中考虑缓冲器。40 MW 机组的 6 脉冲整流器电路如图 3-8 所示。

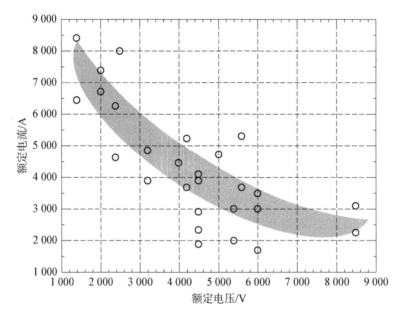

图 3-7 市售功率二极管的额定值

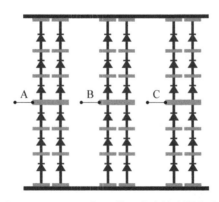

图 3-8 40 MW 机组的 6 脉冲整流器电路

装配后的 5 MW、6.6 kV 脉冲二极管整流器如图 3-9 所示。其体积为 0.24 m³,而重量为 159 kg。运行时的散热器温度为 55℃,相当于所选的 Eupec 器件的结温为 60℃。在结温更高时,功率二极管能支持的电流显著下降。因此,要确保有可靠的冷却系统。通常采用水冷散热器,并有足够的通道,以保持所需的温度。散热器模型和 2D FEA 热力分析结果(冷却剂的流量为 0.77 gal[①]/min,冷却剂的温度为 45℃)如图 3-10 所示。整流器的热工设计是一个重要因素,因为它影响船舶的热管理系统的冷负荷。此外,它还影响整流器的外形尺寸,因为这里有水的进出口和管路的支承。

图 3-9　5 MW、6 脉冲二极管整流器的 1 相部件和整个装配件

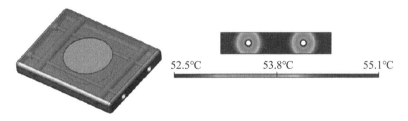

52.5℃　　　　　　53.8℃　　　　　　55.1℃

图 3-10　5 MW 整流器散热器模型和温度分布

在正常运行时,从发电机吸取非线性电流,并使其电压波形产生畸变。这一谐波畸变严重影响发电机及与其相联的交流负载。为了减少这种谐波畸变的影响,往往采用多脉冲整流器。根据负载的不同,可将 6 脉冲整流器予以串联或单独使用。对所有 6 种整流器的 6 脉冲和 12 脉冲设计,采用 Matlab-

① 英、美计量体积或容积的单位。1 gal(英)≈4.546 L;1 gal(美)≈3.785 L。

Simulink 模型进行总谐波畸变率计算。5 MW 整流器的 12 脉冲模型示于图 3-11,而发电机发出全功率时的结果归纳在表 3-2 中。

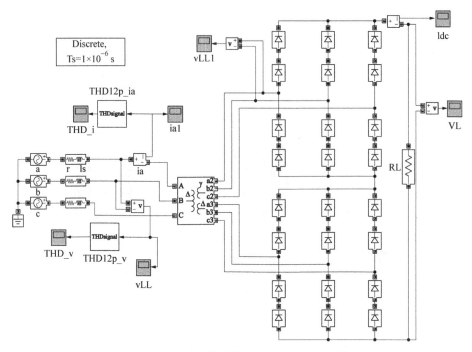

图 3-11　12 脉冲整流器的 Matlab-Simulink 模型

表 3-2　6 脉冲和 12 脉冲整流器的总谐波畸变率

功率 /MW	6 脉冲			12 脉冲		
	二极管 数目/个	电流总谐波 畸变率/%	电压总谐波 畸变率/%	二极管 数目/个	电流总谐波 畸变率/%	电压总谐波 畸变率/%
5	18	18.4	25	24	5.4	14.5
11	18	19.5	25	24	3.5	14.6
15	18	22.7	22	24	6.1	13.4
20	18	22.4	22	24	5.6	13.5
40	36	8.4	30.7	48	1.1	14.5

40 MW 机组电流总谐波畸变率与整流器拓扑的关系如图 3-12 所示。从表 3-2 和图 3-12 可以看出,采用多脉冲整流器确实能减小总谐波畸变率。但是,这需要移相变压器和大量的二极管,从而增大了系统的重量和体积。

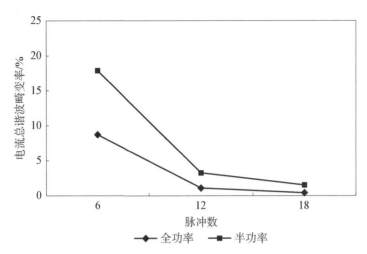

图3-12 40MW机组电流总谐波畸变率与整流器拓扑的关系

最后,图3-13为带有12脉冲整流器的5MW和40MW燃气轮机直联永磁发电机组示意图,作为未来全电气舰船潜在的主发电机组的模型。

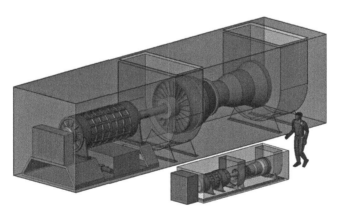

图3-13 5MW和40MW燃气轮机直联永磁发电机组

3.1.5 发电机组的布置

以下提供了4种燃气轮机直流发电机组的布置方案(均为40MW)。机组安装于未来的全电气驱逐舰上,以确定其相对于船舶的尺寸和可节省的空间。现在有5MW、15MW、20MW和40MW的发电机组。船模是根据不同来源的公共信息建造的。图3-14按比例清晰地展示了驱逐舰和80MW主发电机组的相对尺寸。从图 3-15 可以看到，2 台大型发电机组安装在下层甲板，需要 2 根大直径风管穿过所有甲板，每根长约 12 m。

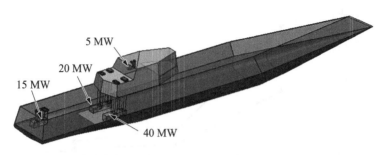

图 3-14 未来电气驱逐舰上的 80 MW 燃气轮机直联永磁发电机组

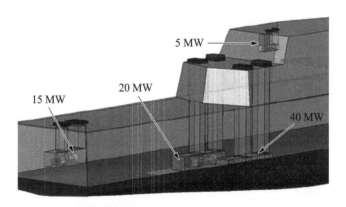

图 3-15 大型发电机组安装在下层甲板(要求长的风管)

将这些发电机组安装在较上层的甲板，风管的长度将缩短至 5.5 m，总体积减小约 64 m³。这在减少设备所占空间上效果十分显著。相关的布置如图 3-16 所示。5 MW 发电机组安装在最高层的甲板上，看能否消除大部分的风管和节省最大的空间。这是非常可能的，因为小型机组重量和体积都不会造成任何安装问题。15 MW 中等功率机组安装在风管较短的部位。未来全电气舰船上主发电机组的布置可能与研究中的有出入，但是研究表明将燃气轮机布置于不同的甲板层面，将显著影响其风管的尺寸。这一拓扑结构所引起的稳性问题可以用几种方案解决，同时可以将笨重的推进电动机安装在尽可能低的部位，因为它们不需要风管。这一研究为船舶设计人员提供了采用燃气轮机直联发电机组布置方案的相关定量信息，以达到节省空间的目的。

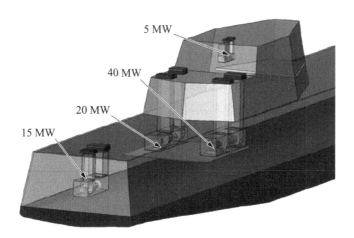

图 3-16　大型发电机组安装在上层甲板（要求短的风管）

3.1.6　燃料消耗量分析

下面分析涉及用最高效的 80 MW 发电系统，利用所开发的组合分析法，确定执行每组使命时所需的每台燃气轮机的功率等级，以减少执行整个使命期间的燃料消耗量。在初步计算时，已知燃气轮机的功率等级和单位燃料消耗量，利用已知的程序来确定所需的燃气轮机台数。计算中使用了现代 DDG-51 导弹驱逐舰的 24 h 推进速度特点。DDG-51 的推进速度分布如图 3-17 所示，

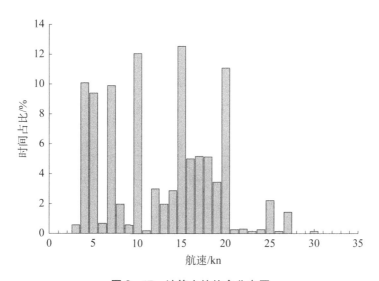

图 3-17　计算中的使命分布图

而相应的功率消耗量如图 3-18 所示。计算中所用的推进功率消耗量以概念上的 DD 级电气舰船为准,推进功率与航速成立方关系。船舶执行使命期间,船上的日用功率维持不变,为 8 MW。表 3-3 列出了每组为 80 MW 的 3 组发电机组的分析结果。计算表明,分析进排气风管时使用的组合(5 MW、15 MW、20 MW 和 40 MW),燃料消耗量最少,少于 4 台同功率 20 MW 机组的方案和概念的 DD 电气船方案(4 MW、4 MW、36 MW 和 36 MW)的油耗。只要能知道每台发电机组的燃料消耗量的信息,即可将计算扩大到任意数量的主发电机组及其任意功率组合。该分析对于电气舰船电力系统设计人员也是有益的,可帮助设计人员确定不同发电机组组合方案的燃油消耗性能,从而决定最佳的发电机组台数及其功率等级等运行工况。此外,在确定机组台数及其各自功率后,还可针对给定的负载确定机组的运行台数及具体的功率。

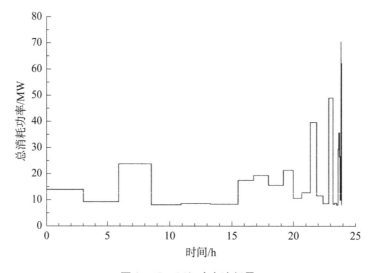

图 3-18　24 h 功率消耗量

表 3-3　3 组 80 MW 发电机组系统的燃料消耗量

功率组合/MW				燃油消耗量/m³
5	15	20	40	101
20	20	20	20	112
4	4	36	36	117

3.1.7 小结

燃气轮机直联永磁发电机组拓扑对将来的全电气舰船有节省电力设备重量和占用空间的潜力。永磁发电机与传统的绕线磁场发电机相比效率也有提高。对于船舶特定的使命而言，可以选择船用发电机的台数和功率等级，以及确定其运行工况，达到最佳的组合。

3.2 燃气轮机发电机的变速运行

本节对燃气轮机发电机(包括单双轴变型)的变速运行所做的研究显示，在某些变速运行的发电应用中，有许多机会改进负载效率。效率的改进会随着负载的降低而增加，单轴发动机的改进大于双轴发动机。比如，当以20％的负载量运行时，调整发动机速度可以将单轴燃气轮机的燃料效率增加14％，将双轴燃气轮机的燃料效率增加2％。另外，提出了半理论分析方法，为获取作为轴负载函数的燃气轮机最优效率及其对应的最优速度提供了一种解决途径。燃气轮机部分负载变速建模的仿真结果进一步肯定了该理论分析。这具有重要的实践意义。对在代表DDG-51导弹驱逐舰典型推进状态的负载分布下运行的燃气轮机所产生的燃料消耗进行分析，结果显示：变速运行时的燃料消耗比定速运行时的下降15％。除此之外，本节介绍的分析内容还提出了一种通用方法，用来评价变速运行时燃气轮机的稳态性能。

3.2.1 术语

$\dot{W}$	功率(W)
$\dot{m}$	质量流量(kg/s)
h	焓(J/kg)
T_{in}	进口温度(K)
T_{out}	出口温度(K)
τ	转矩(N·m)
N	转速(r/min)
ω	速度(rad/s)
N_r	分布图中设计速度的相对速度

η	效率
β	有 β 辅助的坐标,代表分布图表格格式
P	压力(Pa)
P_L	压力损失百分比
P_R	压力比
L	燃气轮机的标幺负载
γ	比热比
P_o	环境压力
T_o	环境温度
H_v	燃料发热量(J/kg)
θ	温度校正系数 $\theta = \dfrac{T_o}{288.15\ \mathrm{K}}$
δ	压力校正系数 $\delta = \dfrac{P_o}{101.325\ \mathrm{kPa}}$

下标

C	压气机
T	涡轮机
C or T	压气机或涡轮机
HT	高压涡轮机(汽化器)
LT	低压涡轮机(自由动力涡轮)
l	负载
in	进气
out	出气
f	燃料
cb	燃烧室
isen	等熵过程

3.2.2 简介

鉴于燃气轮机在重量、紧凑性、对负载变化反应迅速以及燃料选择灵活性等方面具有突出优势,故选其作为原动机广泛应用于机械驱动和发电方面。燃气轮机的轴构造可分为单轴和双轴两种。在单轴燃气轮机中,压气机和涡轮机共用一个轴,如图 3-19 所示。双轴燃气轮机包括一个单轴燃气轮机,称为汽

化器(或高压涡轮机),驱动着一个自由动力涡轮(或低压涡轮机),如图 3-20
所示。单轴燃气轮机和双轴燃气轮机的汽化器部分可能也包括多轴,构成两个
或多个轴组成的多轴燃气轮机。

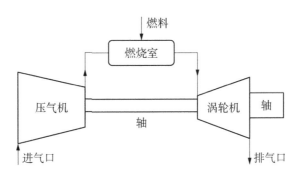

图 3-19　单轴燃气轮机图解

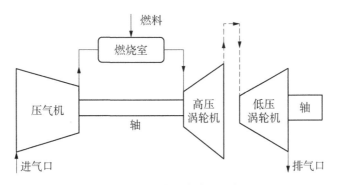

图 3-20　双轴燃气轮机图解

对于发电机来说,输出轴一般以固定速度(即设计速度)运行,能使发电机
速度与交流配电系统频率(通常为 50 Hz 或 60 Hz)相匹配。尽管燃气轮机具有
前述优点,但其缺点也很明显,即当以部分负载运行时,其效率很低。图 3-21
所示为燃气轮机标幺输出功率与燃料消耗率(SFC)的典型变化曲线。在这种
曲线中,当负载为额定功率的 20% 时,具体的燃料消耗率约为额定 SFC 的 1.9
倍。变速运行可作为提高部分负载效率的一种可行方法。用燃气轮机发电机
发电时,交流和直流电力系统都可以实现变速运行。在直流电力系统中,可控
整流器可以在速度变化的情况下维持所需直流母线电压。在交流电力系统中,
可通过交流-直流整流器(可控或非可控)与直流-交流逆变器的结合来获得所
需的交流母线电压。当然,除了永磁电机外,两种情况都可以用励磁激励控制。

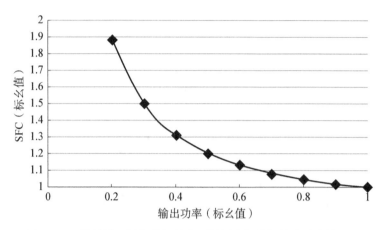

图 3 - 21　简单循环燃气轮机的典型燃料消耗量与输出功率的关系

对于变速燃气轮机交流电力系统,其所需交流电母线电压仅由逆变器控制,整流器是一台不可控的二极管桥。

3.2.3　半理论分析方法

用基础热力学方程式对燃气轮机非设计性能进行分析,该方程式决定了燃气轮机运行、标准压气机和涡轮机特征图。特征图描述的是压力比、效率、质量流量以及转速之间的关系。利用生产商的某燃气轮机部件的特征图数据,按比例调整使其与某发动机布置相匹配。相对于完整分析模型来说,这种分析方法称为半理论分析(因其结合了特征图数据以及调节热力学方程式)。

3.2.3.1　假设

在半理论分析方法中,热力学方程式是基于以下假设计算的。

(1) 无泄漏,即指包括压气机的吸入空气、燃烧室加入的燃料以及仅通过排风管排出的高温废气等在内的质量流量。

(2) 忽略压气机、涡轮机和管道中的压力损失。

(3) 忽略泵和轴承内的机械损耗。

(4) 穿过燃烧室的压力损失占燃烧室进气压力的百分比较低。

$$P_{\text{cbrout}} = P_{\text{cbrin}}(1 - P_{\text{L, cb}}) \qquad (3-9)$$

3.2.3.2　部件与热力学方程式的一致性

满足与以下所述转速、质量流量和不同燃气轮机部件的一致性,从而计算出所有的非设计平衡运行点。

1）速度一致性

在单轴燃气轮机中,压气机和涡轮机直接耦合,可得

$$N_C = N_T = N_l \tag{3-10}$$

在双轴燃气轮机中,压气机与汽化器耦合,而自由动力涡轮与负载连接。关系表达式如下:

$$N_C = N_{HT} \tag{3-11}$$

$$N_{LT} = N_l \tag{3-12}$$

2）质量流量一致性

在无泄漏效应情况下,涡轮进气口处的质量流量等于压气机出气口处的质量流量与燃烧室燃料质量流量的总和,即

$$\dot{m}_{T\_in} = \dot{m}_{C\_air} + \dot{m}_{cb\_f} \tag{3-13}$$

3）功率一致性

忽略损耗,涡轮机所产生的功率都被压气机和负载消耗,可得如下关系式:

$$\dot{W}_T = \dot{W}_C + \dot{W}_l \tag{3-14}$$

$$\dot{W}_{C\,or\,T} = \dot{m}\left[h\left(T_{in\_C\,or\,T}\right) - h\left(T_{out\_C\,or\,T}\right)\right] \tag{3-15}$$

温度对应的焓值见有关文献。用曲线计算焓及其功率,该曲线符合 GasTurb 软件中焓与温度之间的关系。压气机和涡轮机的出气口温度计算式如下:

$$T_{out-C} = T_{in\_C} + \frac{T_{in\_C}}{\eta_{C,\,isen}}\left(P_{R,\,C}^{\frac{\gamma-1}{\gamma}} - 1\right) \tag{3-16}$$

$$T_{out-T} = T_{in_T} - T_{in\_T}\,\eta_{T,\,isen}\left[1 - \left(\frac{1}{P_{R,\,T}^{\frac{\gamma-1}{\gamma}}}\right)\right] \tag{3-17}$$

压力比、质量流量和效率是速度和辅助坐标 β 的函数。辅助坐标 β 避免了垂直和水平速度线特征图像之间出现的混淆,从而更好地支持了从图表中检索出来的数据。

$$P_{R,\,C\,or\,T} = f_1(\beta,\,N_r) \tag{3-18}$$

$$\left(\dot{m}\frac{\sqrt{\theta}}{\delta}\right)_{\text{C or T}}=f_2(\beta,\ N_{\text{r}}) \tag{3-19}$$

$$(\eta_{\text{isen}})_{\text{C or T}}=f_3(\beta,\ N_{\text{r}}) \tag{3-20}$$

$$P_{\text{R. C}}=\frac{P_{\text{out\_C}}}{P_{\text{in\_C}}} \tag{3-21}$$

$$P_{\text{R. T}}=\frac{P_{\text{in\_T}}}{P_{\text{our\_T}}} \tag{3-22}$$

缩尺定律[式(3-23)~式(3-25)]有助于统一不同结构有效部件图:

$$P_{\text{R}}=\frac{P_{\text{R, des}}-1}{P_{\text{map, des}}-1}(P_{\text{R, map}}-1)+1 \tag{3-23}$$

$$\dot{m}=\frac{\dot{m}_{\text{des}}}{\dot{m}_{\text{map, des}}}(\dot{m}_{\text{map}}) \tag{3-24}$$

$$\eta_{\text{isen}}=\frac{\eta_{\text{isen, des}}}{\eta_{\text{isen, map, des}}}(\eta_{\text{isen, map}}) \tag{3-25}$$

最后,燃气轮机的效率和转矩按式(3-26)和式(3-27)计算:

$$\eta_{\text{i}}=\frac{\dot{W}_{\text{T}}-\dot{W}_{\text{C}}}{\dot{m}_{\text{f}}\times H_{\text{v}}} \tag{3-26}$$

$$\tau_{\text{C or T}}=\frac{\dot{W}_{\text{C or T}}}{\omega} \tag{3-27}$$

需要用迭代过程来解决控制方程[式(3-10)~式(3-27)],单轴燃气轮机遵照如下步骤。

(1) 在压气机上选一条速度线。

(2) 根据转速和质量流量的一致性,得到涡轮机特性曲线的对应点。

(3) 用匹配的压气机和涡轮机特性曲线,检查符合所选运行点对应的生成结果是否与要求的驱动负载一致。

对于双轴燃气轮机,还需要汽化器与自由动力涡轮相匹配。运用多变量的牛顿-拉夫森(Newton-Raphson)迭代法来进行迭代计算,直到找出平衡运行点。

3.2.3.3 单轴燃气轮机的半理论分析结果

以上方程式运用半理论分析方法进行了反复计算。在 GasTurb 中建立了 5.71 MW、15 808 r/min 的单轴燃气轮机模型(见图 3-22)。所分析的输出数据作为负载函数,适用于最优效率和速度。

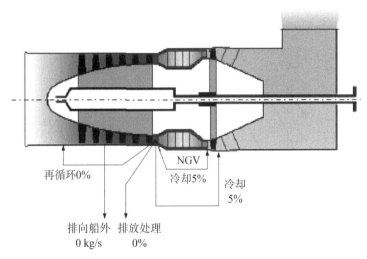

再循环0%　　　　　　NGV　冷却5%　冷却 5%

排向船外　排放处理
0 kg/s　　0%

图 3-22　在 GasTurb 中建立的单轴燃气轮机模型

$$\eta_{\text{opt-1shaft}} = 28.06L^3 - 71.01L^2 + 64.44L + 12.48 \qquad (3-28)$$

$$N_{\text{opt-1shaft}} = 1.493\,1L^4 - 4.170L^3 + 4.011\,1L^2 - 1.368\,2L + 1.034\,2 \qquad (3-29)$$

式中,$\eta_{\text{opt-1shaft}}$ 为单轴燃气轮机最优效率;$N_{\text{opt-1shaft}}$ 为单轴燃气轮机最优速度。

半理论分析的结果详见于图 3-23,用来与仿真结果做比较。从图中可以看出,半理论分析的结果趋势近似于仿真结果。半理论分析的结果受部分建模假设的影响,比如之前提到的损耗;仿真结果考虑了某些重要参数,以验证处于工作环境和状态下的燃气轮机。

在该研究方案中,仿真方面所考虑的各种参数有泄漏、进/出气口损失、燃烧室部分负载计算结果、轴效率、部件的几何特性以及其他标准损耗计算结果。这也是图 3-23 中半理论分析结论曲线处于较高位所形成的原因。另外,图 3-19 和图 3-20 的比较显示,与定速运行相比,变速运行的部分负载效率有所增加。在下文中将会进行深入探讨。

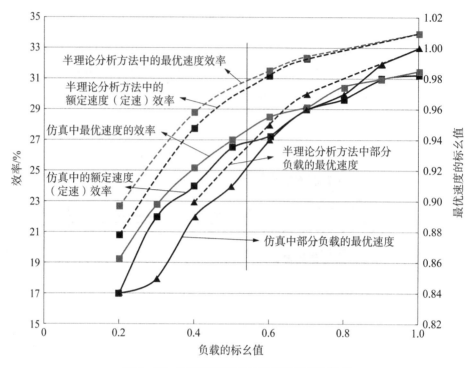

图 3-23 变速运行时单轴燃气轮机效率情况

3.2.3.4 双轴燃气轮机的半理论分析结果

与分析对比单轴燃气轮机的步骤相同，0.96 MW、20 000 r/min 双轴燃气轮机的半理论分析结果描述了作为负载函数的最优效率及其相应的最优速度：

$$\eta_{\text{opt-2shaft}} = -13.323L^2 + 31.1L + 17.372 \tag{3-30}$$

$$N_{\text{opt-2shaft}} = -19.89L^4 + 54.99L^3 - 55.1L^2 + 24.16L - 2.96 \tag{3-31}$$

式中，$\eta_{\text{opt-2shaft}}$ 为双轴燃气轮机最优效率；$N_{\text{opt-2shaft}}$ 为双轴燃气轮机最优速度。

将双轴燃气轮机的半理论分析结果与仿真结果进行对比，观察后发现之前给出的单轴燃气轮机半理论分析结果的成因也适用于双轴燃气轮机。

3.2.4 建模和仿真

传统燃气轮机的线性建模仅适用于小范围的设计速度。另外，建模参数取决于冗长的计算以及调整过程（利用从现场测量所获的数据得出）。要研究更宽范围运行速度（而非设计速度）和部分负载的情况，燃气轮机要在 GasTurb

中进行建模,以验证通过半理论分析方法所得的结果。要决定不同负载条件下(0.2~1.0 标幺值)的最大效率点,单轴和双轴燃气轮机要按照轴速范围进行建模,即 0.8~1.2 标幺值,以 0.01 标幺值为增量。

3.2.4.1 单轴燃气轮机建模

图 3-22 所示为 5.71 MW、15 808 r/min 单轴燃气轮机发电机组在 GasTurb 中建立的模型。仿真结果显示了变速运行对单轴燃气轮机效率的影响,如图 3-23 和图 3-24 所示。在图 3-23 中,最优速度相当于图中指出的最优效率。定速效率曲线是设计速度为 $N=1.0$ 标幺值时的部分负载效率。从图 3-23 中可看出,对于较低功率负载需求来说,处于较低速度的燃气轮机的效率比固定设计速度的效率更高。对于这种特殊的单轴燃气轮机来说,最大绝对效率增值为 2.47%,其相对效率在负载为 0.2 标幺值、最优速度为 0.84 标幺值的情况下增长 14.77%。由于物理限制,每个燃气轮机都有其允许的规定运行速度范围。对于建立的该单轴燃气轮机模型来说,轴速不能低于 0.84 标幺值,在仿真中呈现为非收敛的情况,如图 3-25 和图 3-26 所示。在所有的压气机和涡轮机图中,如图 3-25~图 3-27 所示,N 代表速度标幺值;恒定效率线用浅色点线和对应数字表示。上方浅色短划线为喘振线,用来限制可行的发动机运行点。还是在图 3-25 和图 3-26 中,较大点为设计点,较小点为运行点(非收敛点),速度为 0.83 标幺值。如果压气机的运行速度范围更大些,那么部分负载效率的增长会更高。

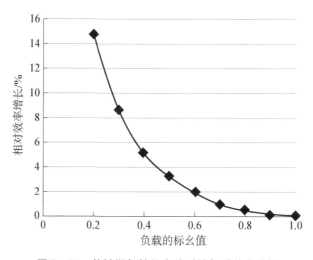

图 3-24　单轴燃气轮机变速时的相对效率增长

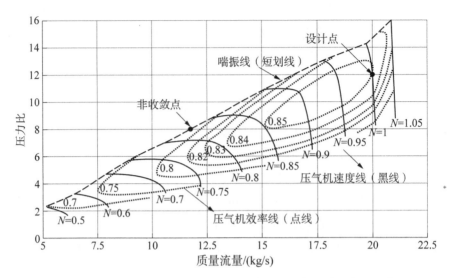

图 3-25 单轴燃气轮机以速度 $N=0.83$ 标幺值运行时的压气机压力比

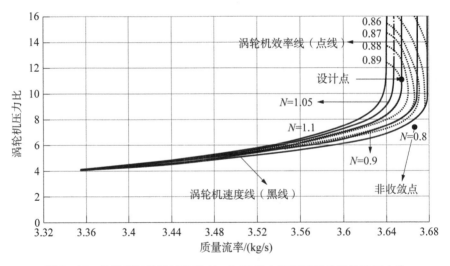

图 3-26 单轴燃气轮机以速度 $N=0.83$ 标幺值运行时的涡轮机压力比

涡轮机产生的近三分之二的功率被压气机利用,相比之下,涡轮机效率比压气机效率稍高一些。因此,将压气机的速度调整至与负载对应,是改进整个燃气轮机部分负载效率的关键。在不同负载条件中,以定速(设计速度为 1.0 标幺值)运行的压气机效率沿着速度线而下降(见图 3-27)。但在变速运行模式下,与定速运行模式相比,压气机效率下降幅度明显变小,如图 3-27 所示,

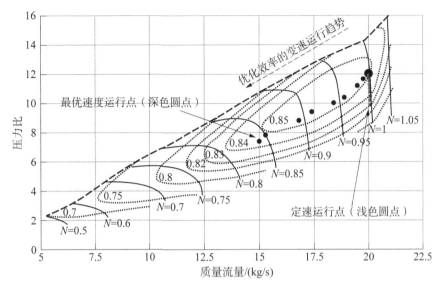

图 3-27 定速 N=1.0 标幺值时压气机的部分负载效率

深色圆点为最优速度运行点,带箭头的短划线为负载降低时,优化效率的变速
运行趋势。

3.2.4.2 双轴燃气轮机建模

与单轴燃气轮机的建模相似,对 0.96 MW、20 000 r/min 的双轴燃气轮机
进行建模,同时对自由动力涡轮的变速运行进行仿真。变速运行对效率的影响
如图 3-28 所示。与已经建模的单轴燃气轮机可行运行速度范围(从 0.84 到
1.2 标幺值)进行比较,双轴燃气轮机的建模具有更大的可行运行速度范围(从
0.8 到 1.2 标幺值)。

如图 3-28 所示,最大效率增益为 0.77%,即在以 20% 的额定负载、最优
速度 N=0.8 标幺值运行的情况下,该双轴燃气轮机的效率从 15.02% 增长至
15.8%。对于该负载需求,若以变速运行的话,可以节省 5.11% 的燃料消耗。
以变速运行的自由动力涡轮仅能利于自由动力涡轮本身,因为汽化器已经根据
轴负载要求自动进行变速运行了。燃气轮机效率随速度改变产生的微小变化
也可以通过图 3-29 中自由动力涡轮的输出功率-速度曲线解释,图中显示了
功率改变很小的地方所对应的速度范围,及其对效率产生的微小变化。

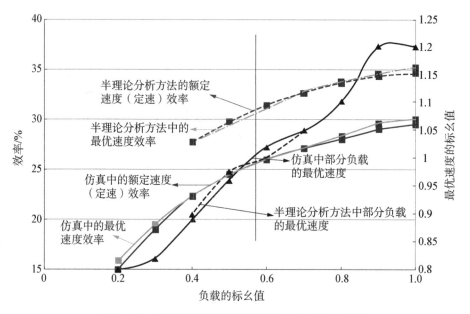

图 3-28 变速运行时双轴燃气轮机的效率变化情况

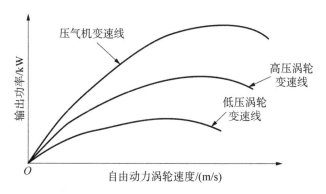

图 3-29 双轴燃气轮机变速运行时的效率变化情况

3.2.5 已知负载分布试验

为了进一步量化单轴燃气轮机变速运行时的情况,需用负载分布计算恒速和变速运行时燃气轮机的总燃料消耗量。该负载分布要能说明舰船内部分负载推进的特性。图 3-17 所示为 DDG-51 导弹驱逐舰的典型速度分布(由于推进系统消耗了大部分的总功率,因此用速度分布代替电功率消耗分布)。如图 3-18 所示,标幺值的对应功率分布说明了随船速变化时推进功率的典型变化情况。当以 30 kn 的最高速度要求全推进时,该速度所用时间低于 1%。这意味着大部分时间中,燃气轮机是以部分负载作业的,这主要影响的是燃料消耗量,变速运行的使用可能会大大节省燃料。如图 3-23 所示,定速效率 η 和负载功率 P_{shaft}(p. u.)之间的关系可通过曲线拟合多项式表达:

$$\eta = \sum_{i=0}^{4} a_i P_{shaft}^i \qquad (3-32)$$

按照之前所研究的单轴燃气轮机额定功率,如 5.71 MW,按比例划分图 3-18 中的负载分布;建立 24 h 负载分布图,满足图 3-17 和图 3-18 中的速度和功率分布,根据燃气轮机的恒速和变速运行情况,可以计算出总燃料消耗量。参照图 3-17 给出的速度分布,该燃气轮机变速和定速运行 1 天的总燃料消耗量如表 3-4 所示。如果用相似的负载分布但不同的功率定额,那么绝对燃料消耗的减少值会低一些,但与原始定速运行相比,每天仍然有 15.02% 的燃料消耗减少值。总结结果如表 3-4 所示。

表 3-4　燃气轮机恒速和变速运行时 1 天的总燃料消耗量

运行模式	燃料/kg
定速运行（$N = 1$ 标幺值）	1.32×10^4
变速运行	1.12×10^4
燃料消耗减少:15.02%(1.98×10^3 kg)	

这里对单轴燃气轮机进行的计算,是为了说明两种燃气轮机的不同运行模式在燃料消耗方面的差距,比如,运用已知的能显示部分负载特性的负载功率分布。需要注意的是,典型舰船中有不同额定功率的原动机,这些原动机可以进行调节,以便当负载改变时使燃料消耗最小化。在多种发动机系统中,如果运行中的轮机数量及其功率分配能够根据负载需要进行优化以增加整个系统的效率,那么双轴燃气轮机在变速运行模式下将不会比单轴燃气轮机节省更多燃料。但是,如果系统内有冗余要求,那么变速运行会像研究的单轴燃气轮机一样,非常有利于燃料的节省。

3.2.6　转矩特性比较

变速运行对单轴燃气轮机转矩速度特性和双轴燃气轮机汽化器的转矩速度特性的影响如图 3-30 和图 3-31 所示。

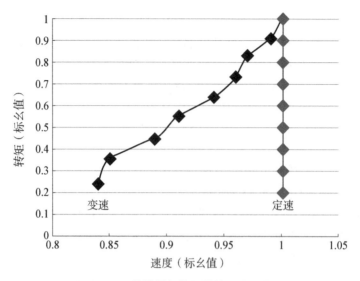

图 3-30 单轴燃气轮机的转矩速度特性

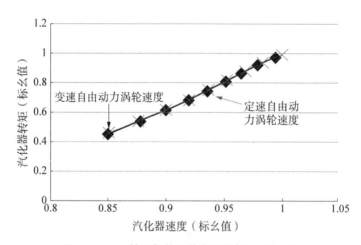

图 3-31 双轴燃气轮机的汽化器转矩速度特性

双轴燃气轮机汽化器的转矩速度特性与变速运行时的单轴燃气轮机相似，这也解释了双轴燃气轮机为何能给出相对较高的部分负载效率。

3.2.7 小结

由于变速运行模式调整了对系统功率输出有影响的压气机的速度，因此变速运行非常有助于增加单轴燃气轮机的部分负载效率，也能够提供更好的转矩速度特性。相比之下，双轴燃气轮机并未像单轴燃气轮机那样得益于变速运行,因为只有自由动力涡轮本身能受益于额外的速度自由度,汽化器的功率通常已经用于变速运行中。考虑到燃气轮机所产生功率的 2/3 都被压气机消耗掉,而且涡轮机本身是在一个相对高效率的范围内运行的,仅增加了自由动力涡轮的效率,而整个双轴燃气轮机的效率并未得到明显提高。但总的来说,变速运行确实增加了部分负载效率,尤其对于单轴燃气轮机。

未来的研究工作将着力于燃气轮机的变速运行,尤其是在直流电力系统中,因为此时发电机的速度和电压的关系会被减弱。在直流电力系统中,发电机和变流器可以可变的涡轮机速度进行自由运行,从而实现更高的燃料效率。

3.3 高速永磁直流发电机设计和开发

2006 年,意大利海军通过海军军备和武器总指挥部签订了一份 NP(海军舰船创新发电系统示范)项目合同。作为意大利海军一项扩展计划的组成部分,NP 项目旨在获得海军舰船中压直流综合电力系统方面的试验成果。

NP 项目将建造两种 2 MW 发电系统样机,均采用转速为 22 500 r/min 的燃气轮机作为原动机,为 3 000 V 舰船直流电网供电。第一种样机 NP1 更为传统,在之前的文献中已有介绍。本节将介绍第二种样机 NP2。这种样机在技术上更为先进。NP2 项目的主要目标是进一步将发电机转速提高到 22 500 r/min,与燃气轮机直接连接,从而提高发电机功率密度。在该系统从概念到开发、设计和试验的过程中,必然面对巨大的技术挑战。以之前的 NP1 使用经验作为基准和技术参考,对这些技术难题进行分析。本节分析了试验结果,并着重总结了该项目的主要经验及其可能对未来开发带来的影响。

3.3.1 总体结构

NP1 和 NP2 系统总体结构如图 3-32 所示。NP1 采用 1 台双星形交流发电机为 2 台串联二极管整流器供电。级联的 2 台整流器为由构成舰船电网的直流负载供电。交流发电机通过行星齿轮箱与燃气轮机连接,并装有电励磁转子。因此,可通过控制发电机励磁装置来调节系统电压,而用于交流-直流变流的电力电子设备是不可控的。

而 NP2 采用了 1 台四星形交流发电机,其定子绕组由 4 个三相组构成,各为 1 台二极管整流器供电。每台二极管整流器再各为 1 台直流-直流电力变流器(斩波器)供电。4 台斩波器串联,其级联再接到构成舰船电网的直流负载

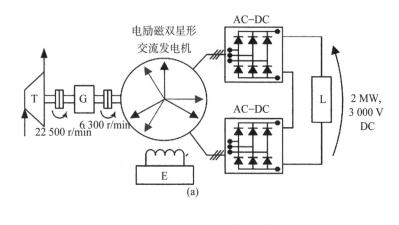

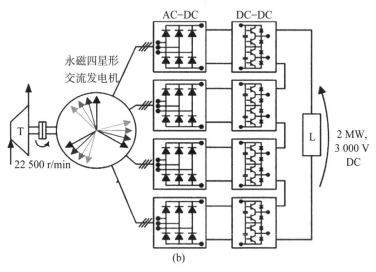

图 3-32　发电机总体结构图

(a)NP1；(b)NP2

上。电网中交流发电机——额定转速为 22 500 r/min 的超高速永磁电机直接连接燃气轮机。由于永磁转子无法进行磁通量调节,需要由斩波器输出电压控制。采用高换向频率 IGBT 作为斩波器电源开关。

3.3.2　发电机设计

　　NP1 和 NP2 发电机的设计目标在于充分发挥直流配电网络的优势,可自由选择发电机转速和极数,为发电机尺寸和重量方面的设计优化提供更大空间。

　　NP1 和 NP2 代表了两种旨在提高舰船直流电力系统发电机功率密度的可能方案,前者采用电励磁转子,后者采用永磁技术。从这个意义上讲,两种发动机都是创新的,但它们的设计选择却迥然不同。两者外观比较如图 3-33～图 3-35 所示。图 3-35 中两种发电机的整体外部尺寸按等比例绘制。

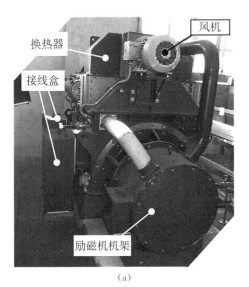

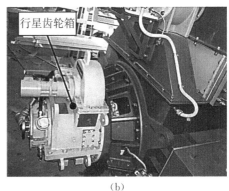

(a) (b)

图 3-33　NP1 发电机

(a)总体外观(从励磁机侧看);(b)行星平行轴变速箱(从联轴器端看)

(a) (b)

图 3-34　NP2 发电机

(a)总体外观;(b)接线盒(包括 12 相引线)

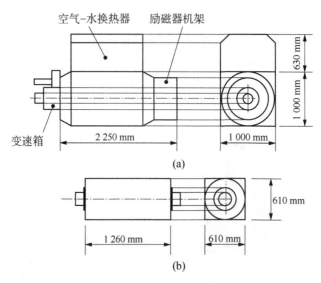

图 3 - 35　发电机总体外形尺寸(接线盒略)

(图纸等比例;由于 NP2 换热器安装在发电机机架中,因此包括在总体外形尺寸中)

(a)NP1;(b)NP2

表 3 - 5 比较了两种发电机的技术参数,而表 3 - 6 则详细比较了两者的技术差异。另外,对两种发电机在开发过程中的主要选择进行了更详细的讨论。

表 3 - 5　NP1 与 NP2 技术参数比较(1)

参数	NP1	NP2
相数	2×3	4×3
极数	4	4
额定电压/V	1 200	620
额定频率/Hz	210	750
额定功率/kV·A	2 000	2 000
额定转速/(r/min)	6 300	22 500
额定功率因数	0.95	0.95
绝缘等级	F	H
耐热等级	B	F
发电机重量/kg	5 200	2 300
转子重量/kg	1 035	250

表 3-6　NP1 与 NP2 技术参数比较(2)

参数	NP1	NP2
绕组类型	链形线圈双层短节距绕组	链形线圈双层短节距绕组
定子线圈导线类型	扁股	绞线
定子槽型	矩形	矩形
磁片类型	机械切割、冲槽	机械切割、单冲槽
定子槽楔	非磁性	磁性
转子类型	电励磁实心钢圆柱形转子	表面永磁体(SPM)
通风系统	电动鼓风机强制通风	外部风扇强制通风 (开放式气路)
冷却系统	顶装式水-空气换热器	机架安装流体换热器
与燃气轮机的连接	通过行星变速箱	直接连接

3.3.2.1　转速、极数和频率

两种发电机的尺寸主要取决于发电机转速的选择,而燃气轮机转速保持恒定(22 500 r/min)。

1) NP1 发电机

显然,对于采用电励磁发电机的 NP1 方案,之所以无法实现直接连接(起因于 22 500 r/min 的转速),主要是因为作用在转子励磁电路绕组端部上的应力。另一个限制电励磁发电机转速的主要问题是整个轴线(不仅包括发电机和涡轮转子,还包括励磁机转子)的侧向动力特性。励磁机转子悬挂在所连接电机对侧发电机的主机架上[见图 3-33(a)和图 3-35(a)],并可能产生显著的振动问题。

选择 NP1 发电机额定转速 6 300 r/min 为最高转速,对于包含悬挂式励磁机的发电机结构[即图 3-35(a)所示的布置],被认为是安全的。这意味着需要使用齿轮比约为 22 500/6 300 ≈ 3.6 的变速箱。如图 3-33(b)所示,选用行星平行轴变速箱,并直接安装在发电机端盖上,这种设计高度紧凑。

对于 6 300 r/min 的转速,可选合理极数为 2 和 4,分别对应 105 Hz 和 210 Hz 的定子频率。尽管存在高频率及高铁芯损耗的缺点,仍可优先选择 4 极的方案,主要有如下三个原因。

(1) 由于不存在双倍线频率励磁力分量,4 极发电机的振动性能优于双极

发电机。

（2）4极设计的转子通常长度较短而直径较大，这意味着轴承跨距更短而临界（共振）速度更易控制。

（3）从电磁尺寸角度来看，主要由于定子磁轭更薄，通常4极设计发电机的有效部件所占空间更少，因而利用系数更高。

2）NP2 发电机

在 NP2 发电机中，与燃气轮机直接连接意味着 22 500 r/min 的额定转速，这需要将电励磁改为永磁转子设计。基于与 NP1 相同的原因，NP2 发电机也选择 4 极设计方案。但在这种情况下，该选择会带来更具挑战性的影响，因为它决定了 750 Hz 的定子频率。控制与这一基频相关的铁芯损耗是 NP2 发电机设计面临的一个主要问题（详见"定子相数"和"定子技术"部分）。

3.3.2.2 定子相数

NP1 发电机选用双星形配置，性能和耐故障问题是做出这种选择的主要原因。然而进一步的研究表明，当相数超过 6 时，通过进一步增加相数来提高输出性能的效果并不明显。

因相电流畸变在气隙中产生的旋转空间谐波会在转子中引起损耗，这是 NP2 发电机设计的一个关键考虑因素。这种现象可以通过时域（或时步）有限元（FE）分析法进行深入研究（见图 3-36）。

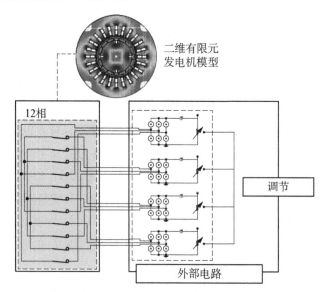

图 3-36 NP2 系统时步有限元分析仿真示意图（包括发电机和连接的电力电子电路）

在有限元分析中,建立二维横截面发电机模型(用集中参数法建立模型),每个相分别与外部电路连接,外部电路连接到定子端子。如图 3 – 36 所示,发电机 12 个相分为 4 个星形连接组,连接到二极管整流器模型。用连接到整流器桥的 4 个等效时变电阻代表下游斩波器和直流负载。利用这种模型方法(有限元发电机模型与集中参数外部电路连接),能够预测真实条件下当通过与发电机连接的电力电子设备实施控制时发电机(详细几何结构模型包括饱和及涡流影响)会如何反应。时步有限元分析仿真结果如图 3 – 37 所示。从图 3 – 37(b)可以看出,相电流波形出现明显畸变(随后通过试验得到确认,详见"定子技术"和"转子技术"部分)。

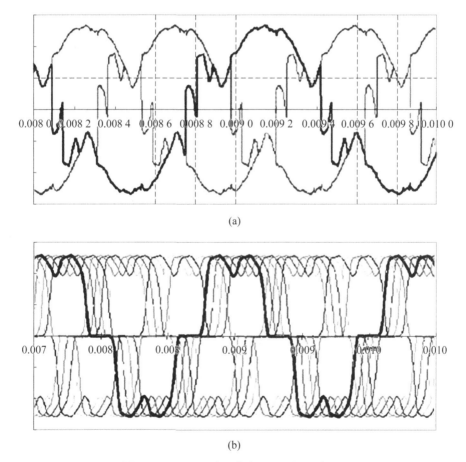

(a)

(b)

图 3 – 37　NP2 系统时步有限元分析仿真结果

(a)发电机电压;(b)电流波形

在三相发电机中,这种畸变会引起显著的气隙旋转谐波场,导致磁通脉动并随之在转子导电区域内产生涡流损耗。采用多星形定子绕组会大大减少这一现象发生的概率,因为不同定子星形连接产生的谐波会相互抵消。例如,双星形定子绕组配置(NP1 所采用的)可消除 5 次和 7 次气隙磁场谐波。

采用 4 星形配置也会消除 11 次、13 次、17 次和 19 次谐波,即使存在显著的相电流畸变[见图 3-37(b)]也能在气隙中实现几乎正弦的电枢反应场分布。转子导电区域中剩余谐波磁通脉动的影响可用时步有限元方法进行分析(详见下文)。当然,12 相的选择在实际应用中也会带来一些不利的影响,例如布线和连接更为复杂,接线盒的尺寸增加(需要容纳 12 相导线)[见图 3-34(b)]。

3.3.2.3 定子技术

NP1 和 NP2 发电机都选用链形线圈双层短节距定子绕组以及矩形槽型。

1) 铁芯叠片

NP1 发电机所用的铁芯叠片相对传统,经机械切割和冲槽,厚度为 0.5 mm,额定损耗率(1T/50 Hz 时)为 1.3 W/kg。在 NP2 发电机中,为防止定子高频率(750 Hz)预期引起的较高铁芯损耗,采用特殊的冲槽模压叠片,厚度为 0.1 mm,硅含量小于 6%,损耗率有所降低(见图 3-38)。

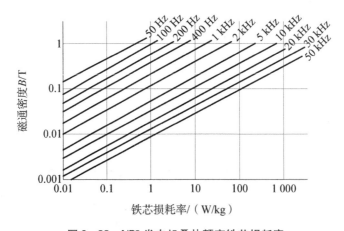

图 3-38 NP2 发电机叠片额定铁芯损耗率

2) 定子槽楔

NP1 发电机采用普通非磁性槽楔将定子线圈固定在槽中。而 NP2 发电机采用的是粉末烧结磁性槽楔。所选材料为 Somaoy 500,其 $B-H$ 曲线如图 3-39 所示。使用磁性槽楔的主要目的是减少槽效应。采用矩形槽横截面,意味着气隙处槽口宽与齿宽之比 R 较大。众所周知,较大的 R 值会在气隙磁场中产生显著的槽谐波,并随之在转子导电区域中产生磁通脉动和涡流损耗。采用具有适当磁导率的磁性槽楔有助于大大降低槽谐波幅值。考虑到转子高速度及高涡流频率,在这种情况下非常推荐这样做。使用磁性槽楔的主要缺点是会增加槽漏感。较高的漏感会导致内部电压降变大,在满载情况下需要更高的永磁励磁(和体积)才能得到同样的输出电压。

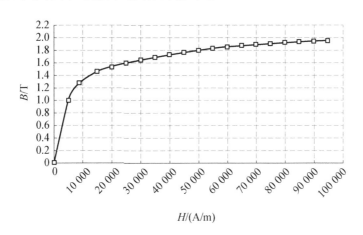

图 3-39　Somaloy 500 磁性槽楔 B-H 曲线

3) 定子绕组技术

在 NP1 发电机中,定子线圈是由多个线匝串联而成的,每个线匝由一些并联扁股导体组成(见图 3-40)。之所以选择扁股导体而非大功率发电机通常采用的导线,是因为它们不仅能够实现更好的线匝绝缘,还能保持高的槽填充系数。在 NP2 发电机中,不建议使用扁股导体,因为高工作频率会在矩形截面的扁平导体中产生显著的集肤效应和邻近效应,造成较高的铜杂散负载损耗。解决方案是用绞线(一束压制并联圆形截面细绞线)制成各个线匝。绞线横截面积很小,大大限制了集肤效应;由于每根绞线具有几乎相同的磁链,因此采用绞线是一种有效方案。这样,可使闭合连接导线间的内部循环电流最小化。

3.3.2.4　转子技术

在 NP1 发电机中,考虑到 6 300 r/min 的转速以及产生预期转矩所需的 4 极转子直径,需要使用实心钢圆柱形转子。这种转子设计源自大型汽轮交流发电机技术,其设计示例如图 3-41 所示。用车床对旋转的锻造圆柱轴铣削加工轴向槽[见图 3-41(a)]。然后在每极上缠绕或安装同心励磁线匝[见图 3-41

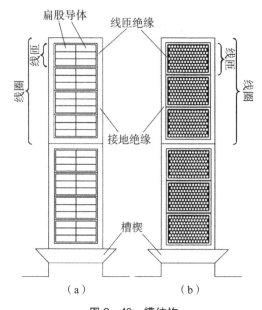

图 3 - 40 槽结构
(a)NP1 发电机;(b)NP2 发电机

图 3 - 41 源自汽轮交流发电机技术的转子设计
(a)绕组组装前;(b)绕组组装后

(b)]。这种设计最主要的机械问题是作用在励磁线圈端部上的离心力。用不锈钢护环通过冷缩配合安装到转子两端,紧固到位。

对于 22 500 r/min 的转速,上述设计仍显不足,这就需要改用永磁转子方案。在 NP2 发电机中,可采用表面永磁体(SPM)转子设计,如图 3 - 42 所示。由于极数较少,可方便地为每极装配多个相同定向永磁体。对于单件解决方案,这样可采用简单的平行磁化钐钴永磁块替代径向磁化弧形永磁块。在相邻磁极的永磁阵列之间,放置隔片以保证机械紧凑性。由于作用在它们上的离心

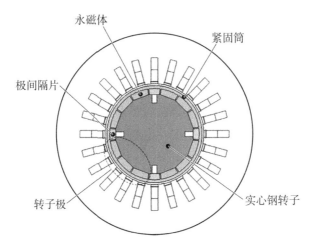

图 3-42 采用紧固筒的表面永磁体转子设计

力很大,将永磁体粘到转子表面的方法无法使其保持紧固。

这就需要用碳纤维紧固筒包裹在永磁体外面。从机械和电磁角度来看,确定紧固筒外形尺寸是一项关键任务。对于机械外形尺寸,作用在永磁体及紧固筒上的力如图 3-43(a)所示。其中,F_m 和 F_c 是离心力。T 是作用在碳纤维上的拉力。永磁体和紧固筒的机械应力分布并不均匀,需要通过有限元方法局部确定,以分析可能的关键点[见图 3-43(b)]。

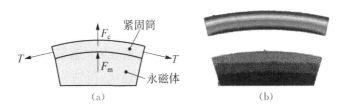

图 3-43 机械有限元分析结果

(a)作用在永磁体及相应紧固筒上的力;(b)局部应力分布

从电磁角度来看,紧固筒机械尺寸是主要的影响因素。筒体越厚,发电机铁芯气隙也越大。

气隙增大有两个主要影响:

(1)由于主磁路的磁阻增大,必须增加永磁体厚度。

(2)定子相电感下降。

第一个影响无疑是不利的,因为这会增加永磁体重量,从而增加设计尺寸和成本。第二个影响在某些方面也是不利的(例如低的相电感会导致高短路电流),但在另一些方面也可能是有利的。实际上,低的相电感具有更快的换向瞬态性能,使发电机更适于结合二极管整流器在高频下工作。

紧固筒在减少涡流损耗方面也有一定作用,因为它的材料具有不可忽略的磁导率和导电性。图3-36所示的时步有限元分析仿真中考虑了这些性质,从中可以发现气隙空间谐波引起的大部分转子涡流损耗只出现在碳纤维中(见图3-44)。紧固筒中出现的涡流起到了一定的屏蔽作用,防止磁通高次谐波透入永磁体内部,从而保护它们不受过热的影响。

图3-44 电流密度分布时步有限元分析结果

作为一种替代方案,也可采用适合的电磁屏蔽(以铜层的形式),对其总转子涡流损耗以及实际可行性进行评估。然而最终的结构并未采用这种屏蔽方法,因为定子12相方案不易实现,这会需要更低的相数。

3.3.2.5 冷却方法

NP1发电机中使用的冷却方法常见于中型电机,即采用安装在机架顶部的管式空气-水换热器[见图3-33(a)]。用电动鼓风机强制发电机内部的空气流过换热器,即使在低速工作时也可确保充分通风,但轴装风扇无法实现这一点。NP2采用了更有效的冷却方法,将换热器集成到机架内。冷却盘管(通加压水流)直接安装在机架内[见图3-34(a)],将热量直接从定子传导到冷却机架。外部风扇强制发电机内部的空气通过开放通风管路。而且定子叠片有中间狭缝,冷却空气可通过狭缝进入气隙,并从叠片中间部分流向其端部。

3.3.3 系统试验

用图3-45所示的试验装置评估NP2发电机样机(永磁超高速发电机)的性能。该发电机由直流电动机通过齿轮比为22 500∶1 800的辅助变速箱驱动。电力电子整流装置的输出端连接至纯阻性负载(由强制通风电阻器构成)。直流电动机和直流负载的额定值如图3-45所示。

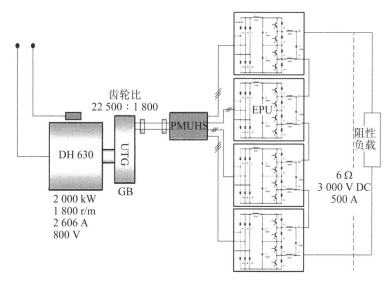

图 3-45　NP2 发电机(永磁超高速发电机)系统试验装置

在带载系统试验中,发电机相电流畸变测量值与仿真值完全一致(见图 3-46)。用直流电动机(见图 3-45)以不同转速驱动发电机,以确定发电机空载特性。该直流电动机用作驱动器,之前已确定其特性。空载损耗与转速曲线如图 3-47 所示。这些空载损耗包括摩擦损耗、基波损耗加上铁芯损耗(由基波空载磁通及其谐波引起)。根据短路试验评估结果,焦耳损耗和杂散负载损耗约为 25 kW。额定工况下的设计预测损耗分布如图 3-48 所示。损耗试验结果与设计预测值相符。需要注意的是,试验证明可通过采用适当的设计规范来很好地控制铁芯损耗。此外,还在图 3-45 所示的完整系统配置中进行了发热试验,评估损耗对发电机性能的影响。

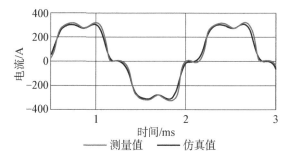

图 3-46　相电流波形(1 140 kW 直流输出,18 000 r/min)

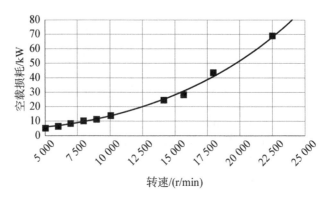

图 3-47　空载损耗与转速曲线（测量点和插值曲线）

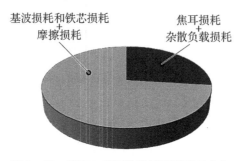

图 3-48　额定工况下的设计预测损耗分布

　　在试验过程中，用安装在端部线圈上和埋入槽内的 Pt100 温度检测器来监测定子温度。在发热试验中，直至稳定状态的定子绕组的温度曲线如图 3-49所示。这证实了整台发电机可达到的耐热等级为 F。

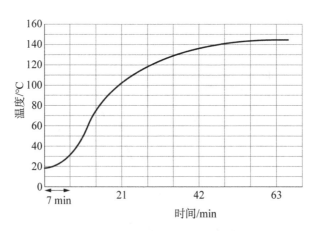

图 3-49　发热试验中定子绕组最高温度

3.3.4 小结

本节介绍了采用 $22\,500\,\mathrm{r/min}$ 12 相表面永磁交流发电机的 $2\,\mathrm{MV\cdot A}$ 样机发电系统的概念、设计和试验。交流发电机连接到可控交流-直流变流器上,为舰船中压直流综合电力系统供电。还介绍了系统开发过程中遇到的技术挑战以及主要的设计选择。根据试验结果,可以得出结论:当样机达到预期要求时,将发电机转速提升至超声速以实现更高功率密度目标具有可行性。

从该项目得到的经验表明,通过对设计进行两项修改,可以进一步提高电力系统性能和紧凑性:采用磁性轴承(更适用于类似速度,还可实现振动控制)以及基于特别设计的轴装风扇的封闭式通风系统(这将减少外部通风管件所需的空间)。

3.4 集成发电机整流器系统

无论所选的交流发电机拓扑结构如何,它通过交流-直流变流系统用于直流网络电源时,一个多相电机设计的定子相数大于 3。

定子绕组配置通常被归为所谓的"分相"类型,即绕组被分为 N 个三相组,每个三相组与一台交流-直流变流器相连。N 台变流器通常为级联布置,这样它们的串联端与直流负载端相连。

在文献中,可以找到 $N=2$、$N=3$ 和 $N=4$ 三相组(整流器)的样机。使用带多台整流器的多个三相配置在故障耐受度方面非常有益;实际上,使用的整流器越多,整流器故障对整个系统性能的影响就越小。此外,使用此类凸极发电机的配置对减少阻尼电路稳态载荷起作用,因而与单个三相设计相比设备尺寸更小。而且,与整流器相关的不可避免的定子相电流畸变会根据相数对气隙磁通谐波含量(和转矩)产生不同的影响。尤其是相数多(例如 9 或 12)可以获得几乎正弦的气隙磁通,甚至在出现强烈畸变的电流处也是如此。由于使用 N 台串联整流器可以确定直流侧 $6N$ 脉冲反应,消除所有 $6N$ 以下的电流谐波和随后可能无须输出滤波,因此也将提及输出电流波形的相关优势。最后,对于大型发电机,三相以上的配置会形成明显的结构优势,因为它使得使用多匝成型线圈设计成为可能,而不再需要更加昂贵的换位线棒技术,传统三相定子方案则需要该技术。

在近期的研究中,与多台 PWM 变流器相连的分相同步电机出现了一些性能缺陷。所观察到的问题是出现大的谐波电流,这些谐波电流会由与 PWM 相关的电压谐波和低频时间谐波激励产生,由于凸极(或气隙不均匀)效应,同步电机反电动势必然会出现该谐波。凸极电机和隐极电机都已经观察到该现象。可能采用的解决办法(作为使用大型外部电抗器的替代方案)是分相定子设计,根据图 3-50 所示的实例方案,三相绕组单元在空间上没有移位,而是"同相"布置。这意味着不同绕组的相应相所产生的转子反电动势为同相,而不是时间偏移。这样就避免产生与由凸极相关的反电动势谐波激励的寄生环流相关的问题。

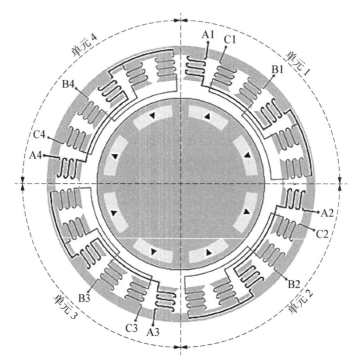

图 3-50 带四个同相绕组单元的 8 极 24 槽发电机设计实例

最近,已提出了同相绕组单元的耐故障分相策略,并且在带集中分数槽定子绕组的 156 槽海上风力发电机样机上采用了该策略,可以直接将该策略转化为船用模式。基本发电机布置如图 3-51 所示,采用根据图 3-50 所示的原理图设计的四个独立的同相绕组单元。单元 1 和单元 3 并联向一台 PWM 整流器供电,而单元 2 和单元 4 并联向第二台相同的整流器供电。两台整流器由同

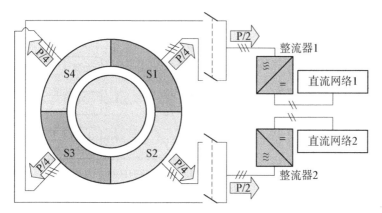

图 3 - 51　两个直流网络独立耐故障供电用的发电机四个绕组单元连接实例

相输入电压馈电,适用于以完全去耦的方式向两个独立的直流负载(例如船用直流网络单元)馈电。这样就确保如果两个系统中任意一个出现故障,另一个可以保持工作状态而没有性能退化。即使在不均匀负载的情况下,为达到电机单元的完全相互独立性,所提出的战略为基于采用分数槽的设计。已适当选择了该分数槽设计,因而由一个三相单元产生的电枢反应磁场不会对其他单元产生影响(换言之,绕组单元因此磁性去耦)。

　　所提出的耐故障发电系统配置如图 3 - 51 所示,已成功地对该配置进行广泛的试验,证明两对绕组单元实际上以完全独立的方式运转,即使一台电机可能以电动机模式运行,另一台仍可能以发电机模式运行。此外,在整个试验过程中没有观察到环流谐波问题。

　　目前,针对多变流器系统耐故障问题学界有类似的解决方案,并将其应用于船舶应用的新颖驱动,其中电动机包括多个独立馈电的磁性去耦定子模块,每个模块都是 10 极 12 槽设计。

　　作为一种替代图 3 - 51 的详细解决方案,集成发电机整流器系统具有高效率、高可靠性和简化的硬件。该系统可以满足下一代综合电力系统的要求,如图 3 - 52 所示。每个集成系统各有四个 1/4 模块,可在单台多端口永磁同步发电机(PMSG)上实现。由于所有端口都是隔离的,因此两个 1/4 模块可以串联连接并在中点接地,以构成中压直流母线。这样,用单台发电机可构建两条带中点且隔离的 ±6 kV 右/左舷直流母线。

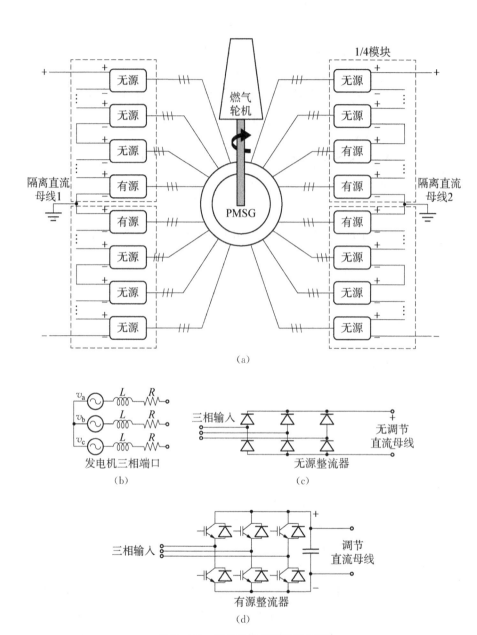

图 3-52　集成发电机整流器系统

[注:所述结构从单台多端口永磁同步发电机(PMSG)构建两条隔离的直流母线]

　　(a)系统结构由三相多端口永磁同步发电机和两种电力电子模块(无源和有源整流器)组成;(b)每个三相端口用与同步电感和等效相电阻串联的反电动势源模型示例;(c)无源整流器仅由二极管构成;(d)有源整流器由有源电力电子开关(如 IGBT)构成

本章所述结构通过在功能上和物理上将电力电子装置与电机集成在一起，从而带来了设计灵活性。由于整个系统分成了四个 1/4 模块，因此接地非常方便。由于仅需要两种整流器(有源和无源整流器)，因此可实现模块化和可扩展设计。每个整流器模块可采用商用装置组成，维持一部分直流母线电压。该结构易于扩展，可达到高直流母线电压。采用二极管可实现低变流损耗和高系统功率密度。因为二极管具有中压低导通损耗及零开关损耗，用二极管处理大量总功率可降低变流损耗。低变流损耗降低了冷却要求，有助于提高系统功率密度。与有源电子开关相比，由于二极管具有很好的可靠性，因此整体系统的可靠性得到了提升。此外，减少有源整流器相关的功率也提升了有源整流器的可靠性。

3.4.1 电力电子系统设计

3.4.1.1 标称直流母线电压选择

如图 3-53 所示，$4k$ 端口永磁同步发电机采用集成电力电子装置。由于其具有对称结构，将为 k 端口 1/4 模块确定设计程序。底部的 n 个端口为有源整流器供电，而顶部的 m 个端口为无源整流器供电。以额定转速 ω_0 工作时，每个交流端口的线与中性点间反电动势为 E_0。当工作转速标幺值为 ω 时，反电动势为

$$\varepsilon_\omega = \omega \varepsilon_0 \qquad (3-33)$$

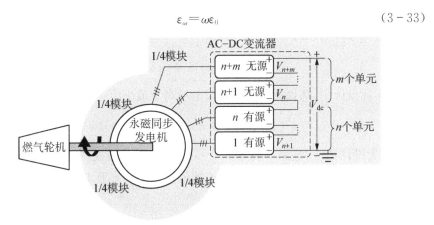

图 3-53 永磁同步发电机采用的集成电力电子装置

假设低直流侧滤波电容器纹波电流和恒定直流母线电流，则无源整流器的每个二极管在非换向期间都承载一个恒定的电流。根据直流母线电流、同步阻抗和发电机反电动势大小，无源整流器工作模式有三种。第一种模式是优选工

作状态,因为与其他模式相比,其换向电压降较低。无源整流器的直流输出电压以下式表示:

$$V_{\text{passive}} = \sqrt{3}\,\varepsilon_\omega - \frac{3}{\pi} I_{\text{dc}} \omega \omega_0 L - 2R I_{\text{dc}} \tag{3-34}$$

式中,L 为同步电感;R 为每相等效电阻;I_{dc} 为直流母线电流。每个有源整流器的直流输出电压可通过占空比 d(范围 0~1)控制:

$$V_{\text{active}} = \frac{\sqrt{3}\,\varepsilon_\omega}{d} \tag{3-35}$$

m 个无源整流器与 n 个有源整流器串联,直流母线电压为

$$\begin{aligned} V_{\text{dc}} &= m V_{\text{passive}} + n V_{\text{active}} \\ &= m\left(\sqrt{3}\,\varepsilon_\omega - \frac{3}{\pi} I_{\text{dc}} \omega \omega_0 L - 2R I_{\text{dc}}\right) + n\frac{\sqrt{3}\,\varepsilon_\omega}{d} \end{aligned} \tag{3-36}$$

d 最大值为 1。这意味着在额定工作转速下,直流母线电压必须满足:

$$V_{\text{dc}} > m\left(\sqrt{3}\,\varepsilon_0 - \frac{3}{\pi} I_{\text{dc}} \omega \omega_0 L - 2R I_{\text{dc}}\right) + n\sqrt{3}\,\varepsilon_0 \tag{3-37}$$

由于直流母线电压必须在所有负载状态下保持恒定,直流母线电压下限取决于最小负载电流 $I_{\text{dc, min}}$。选择 $I_{\text{dc, min}} = 0$ 来确定下限,以使系统从零负载状态开始。直流母线电压的理论下限值为

$$V_{\text{dc, min}} = (m+n)\sqrt{3}\,\varepsilon_0 \tag{3-38}$$

在实际设计中,选择标称直流母线电压高于最小值,则有

$$V_{\text{dc, nom}} = (1+\alpha)(m+n)\sqrt{3}\,\varepsilon_0 = (1+\alpha)k\sqrt{3}\,\varepsilon_0 \tag{3-39}$$

式中,α 为设计裕度,范围一般为 5%~10%。由于裕度更大,可允许更宽范围内的过速工作,但也提高了对有源整流器的电压和功率要求。

3.4.1.2 有源整流器数量选择

选择 $V_{\text{dc, nom}}$ 作为标称直流母线电压,串联有源整流器的直流电压要求为

$$\begin{aligned} V_a &= V_{\text{dc, nom}} - m V_{\text{passive}} \\ &= [(1+\alpha)n + (1+\alpha-\omega)m]\sqrt{3}\,\varepsilon_0 + m\frac{3}{\pi} I_{\text{dc}} \omega \omega_0 L + 2mR I_{\text{dc}} \end{aligned}$$

$$\tag{3-40}$$

代入 $m = k - n$，则有

$$V_a = n\left(\omega\sqrt{3}\,\varepsilon_0 - \frac{3}{\pi}I_{dc}\omega\omega_0 L - 2RI_{dc}\right) +$$
$$k\left[\sqrt{3}\,\varepsilon_0(1 + \alpha - \omega) + \frac{3}{\pi}I_{dc}\omega\omega_0 L + 2RI_{dc}\right] \tag{3-41}$$

确定基值电压 V_{base} 和基值阻抗 Z_{base}：

$$V_{base} = k\sqrt{3}\,\varepsilon_0 \tag{3-42}$$

$$Z_{base} = \frac{V_{base}}{2I_{dc0}} \tag{3-43}$$

式中，I_{dc0} 为额定直流母线电流。式(3-41)两侧用 V_{base} 进行归一化，用 Z_{base} 表示各项，有源整流器直流输出电压要求的标幺表达式如下：

$$v_a = n\left(\frac{\omega}{k} - i_{dc}\omega\frac{3}{2\pi}\frac{\omega_0 L}{Z_{base}} - i_{dc}\frac{R}{Z_{base}}\right) + (1 + \alpha - \omega) +$$
$$k\left(i_{dc}\omega\frac{3}{2\pi}\frac{\omega_0 L}{Z_{base}} + i_{dc}\frac{R}{Z_{base}}\right) \tag{3-44}$$

式中，i_{dc} 为直流母线标幺电流，即 $I_{dc} = i_{dc}I_{dc0}$。对于燃气轮机，i_{dc} 取决于工作转速 ω。曲线如图3-54(a)所示。

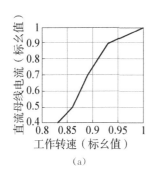

(a)

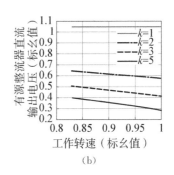

(b)

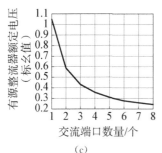

(c)

图3-54 曲线关系图
(a)直流母线电流与变速燃气轮机转速的关系;(b)有源整流器直流输出电压随发电机转速下降而上升;(c)交流端口数量越多,对有源整流器电压定额要求越低

根据式(3-44),有源整流器直流输出电压要求 v_a 随有源整流器数量 n 的增加而增加。应选择最小的 n 值,以把电压要求降至最低。由于需要一台有源整流器来调节直流母线电压,因此选择 $n=1$。有源整流器直流输出电压要求为

$$v_a = \frac{\omega}{k} - i_{dc}\omega \frac{3}{2\pi} \frac{\omega_0 L}{Z_{base}} - i_{dc}\frac{R}{Z_{base}} + 1 + \alpha - \omega + $$
$$ k\left(i_{dc}\omega \frac{3}{2\pi}\frac{\omega_0 L}{Z_{base}} + i_{dc}\frac{R}{Z_{base}}\right) \tag{3-45}$$

i_{dc} 与 ω 的关系如图3-54(a)所示,有源整流器直流输出电压与发电机工作转速的关系如图3-54(b)所示。同步电感选为 0.05 标幺值(高功率密度永磁同步发电机的典型值),即 $\dfrac{\omega_0 L}{Z_{base}} = 0.05$。$\dfrac{R}{Z_{base}}$ 选为 0.016,对于一个 3 MW 的系统,这相当于 1.5% 的铜损耗。直流母线电压比最小值高 5%,即 $\alpha = 0.05$。在整个工作转速范围内,多端口永磁同步发电机可显著降低有源整流器直流输出电压要求。例如,传统单端口永磁同步发电机需要有源整流器在所有工作转速状态下产生 1.05 标幺值的直流电压。两端口、三端口和五端口永磁同步发电机最高直流电压标幺值要求分别为 0.66、0.5 和 0.4。整个工作转速范围内的最高电压要求为有源整流器的额定电压,其与交流端口数量的关系如图 3-54(c)所示。随着交流端口数量的增加,有源整流器的额定电压会下降,但下降速度越来越缓。

3.4.1.3 交流端口数量选择

从图3-54(c)可以看出,最好的做法是增加永磁同步发电机交流端口数量,从而降低有源整流器的电压定额。从设计角度来看,伏安定额是一个更为重要的指标,因为它决定着有源整流器的尺寸、重量和成本。接下来,可以通过选择适当的交流端口数量 k 来尽可能降低伏安定额。

有源整流器额定电流取决于峰值线电流 I_{ac};而根据功率平衡关系,I_{ac} 与直流母线电流 I_{dc} 相关。假定发电机以功率因数为 1 运行:

$$\frac{3}{2}E_\omega I_{ac} = V_a I_{dc} \tag{3-46}$$

将等式两边归一化,基值功率 $P_{base} = V_{base}I_{dc0}$,式(3-46)变为

$$\frac{3}{2}\omega i_{ac} = v_a i_{dc} \tag{3-47}$$

式中，i_{ac} 为峰值交流侧相电流的标幺值。有源整流器直流输出电压 v_a 取决于发电机的工作转速，如式(3-45)所示。同样地，直流母线电流也取决于燃气轮机的工作转速，如图 3-54(a)所示。交流侧电流可表示为 ω 的函数：

$$i_{dc} = \frac{2}{3} \frac{v_a(\omega) i_{dc}(\omega)}{\omega} \qquad (3-48)$$

额定电流为整个发电机工作转速范围内的最大 i_{ac}：

$$i_{ac, rated} = \max_{\omega \in [\omega_{min}, 1]} \frac{2}{3} \frac{v_a(\omega) i_{dc}(\omega)}{\omega} \qquad (3-49)$$

有源整流器的直流输出电压始终高于交流侧最高线电压，如式(3-35)所示。直流输出电压决定有源整流器的电压定额：

$$v_{a, rated} = \max_{\omega \in [\omega_{min}, 1]} v_a(\omega) \qquad (3-50)$$

有源整流器额定电压和额定电流的乘积为有源整流器的额定伏安值 VA：

$$VA = v_{a, rated} i_{a, rated} \qquad (3-51)$$

根据式(3-51)，交流端口数量与有源整流器伏安定额间的关系如图 3-55 所示。多端口永磁同步发电机采用电力电子装置可降低有源整流器的定额要求。基于单端口永磁同步发电机的传统系统要求有源整流器的功率定额为 1.27 标幺值。而三端口永磁同步发电机配置可实现最低定额，只有 0.8 标幺值。

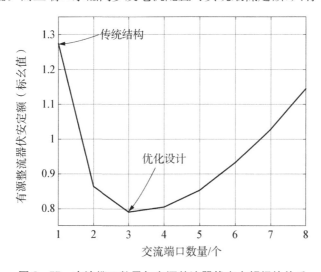

图 3-55 交流端口数量与有源整流器伏安定额间的关系
(注:有源整流器伏安定额取决于交流端口数量 k。三端口永磁同步发电机可实现最低伏安定额。优化设计可使伏安定额降低 37%)

3.4.2 所述电力系统的优势

本节将介绍所述结构在有源整流器处理功率和变流效率方面的优势。以标称直流母线电压为 6 kV 的 3 MW 电力系统为例。设计裕度 α 选为 0.05,根据式(3-39)和式(3-42),基值电压 V_{base} 为 3.3 kV。选择适当的线电感和电阻,使发电机在额定转速和功率下,同步阻抗标幺值为 0.05,铜损耗为 1.5%。假设额定电频率为 60 Hz,同步电感为 0.767 mH。每相等效电阻为 90 mΩ。将传统单端口电力系统与优化的三端口设计相比较。

3.4.2.1 有源整流器处理功率

与前面讨论的伏安定额不同,有源整流器处理功率取决于直流母线电流和发电机的工作转速。处理功率可用下式计算:

$$p_{\mathrm{a}}(\omega) = i_{\mathrm{dc}}(\omega) v_{\mathrm{a}}(\omega) \tag{3-52}$$

式中, v_{a} 由式(3-45)确定, i_{dc} 取决于负载分布。对于燃气轮机,当工作转速标幺值范围为 0.83～1 时, i_{dc} 的分布情况如图 3-54(a)所示。

图 3-56 比较了传统单端口电力系统与所述三端口电力系统的有源整流器处理功率。功率单位为 MW,由标幺值乘以基值得到。在整个工作转速范

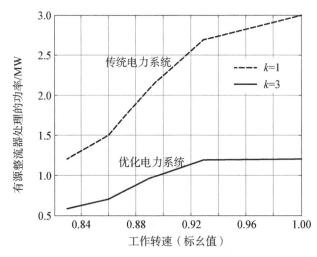

图 3-56 传统单端口电力系统与所述三端口电力系统的有源整流器处理功率的比较

[注:与单端口电力系统相比,基于三端口永磁同步发电机的变流电力系统可在整个工作转速范围内降低有源整流器处理功率。以额定转速工作时,所述系统处理的功率仅为 1.2 MW(额定功率为 3 MW)]

围内，总功率只有一部分在有源整流器上处理。例如，在额定转速下，3 MW 额定功率中有 1.2 MW 在有源整流器上处理，比单端口结构低 60%。正如 3.4.2.2 节所讨论的那样，更低的功率可提高变流效率。

3.4.2.2 变流效率

本节将计算所述集成发电机整流器系统的变流效率。首先，根据 3.4.1 节的内容计算选择满足电压和电流要求的电力电子开关。对于两电平脉宽调制变流器，每个开关必须满足式(3-49)和式(3-50)所给出的峰值交流侧电流和最高直流输出电压。参数值如表 3-7 所示。

表 3-7 IGBT 要求的电压、电流定额和选择

k	$V_{\mathrm{a,\ rated}}/\mathrm{V}$	$I_{\mathrm{a,\ rated}}/\mathrm{A}$	选用的 IGBT
1	6 000	606.1	FZ500R65KE3NOSA1-ND
3	2 922	777.1	FZ800R45KL3B5NOSA2-ND

对于三端口配置，每个无源端口提供的最高直流母线电压为 1 800 V。选择 Vishay VS-SD1100C 1 400 A/2 000 V 二极管用于无源整流器。二极管仅以线频率开关，10% 的较低电压裕度足够。

对于无源整流器，变流损耗仅包括有限正向电压在二极管上产生的导通损耗。在所有导电状态下，两个二极管都与交流侧和直流侧间的导电路径串联。二极管电流与直流母线电流相同。每个无源整流器上的导通损耗为

$$P_{\mathrm{passive}}^{\mathrm{loss}} = 2V_{\mathrm{fw}}^{\mathrm{d}} I_{\mathrm{dc}} \tag{3-53}$$

式中，$V_{\mathrm{fw}}^{\mathrm{d}}$ 为无源整流器中所用的每个二极管的正向电压降。对于所选的二极管，$V_{\mathrm{fw}}^{\mathrm{d}} = 1.31\ \mathrm{V}$。

选择 IGBT 时，应有至少 50% 的电压和电流裕度。对于单端口电力系统，每个开关的定额必须为 6 000 V/606.1 A。IGBT 的最大可用电压定额为 6 500 V。两个 IGBT 串联，可提供足够的电压裕度。选择用于串联的 FZ500R65KE3NOSA1-ND 的定额为 6 500 V/1 000 A。对于三端口配置，电压定额为 2 922 V，电流定额为 777.1 A。因此，选用 FZ800R45KL3B5NOSA2-ND IGBT。每个开关的定额为 4 500 V/1 600 A。用于损耗计算的所选 IGBT 的技术规格如表 3-8 所示。

表 3-8　用于损耗计算的 IGBT 的技术规格

IGBT 的技术规格	单位	FZ500R65KE3 NOSA1 - ND	FZ800R45KL3 B5NOSA2 - ND
V_{rated}	V	6 500	4 500
I_{CN}	A	1 000	1 600
V_{F0}	V	1	1.25
V_F	V	4	3.3
V_{ce0}	V	1	1.5
V_{CEN}	V	5.2	3.8
t_r	μs	0.4	0.3
t_f	μs	0.5	0.45
Q_{rr}	μC	1 050	1 400
F_S	kHz	2	2

根据式(3-43)和式(3-44)计算有源整流器损耗。假设系统以功率因素为 1 运行,按相应文献计算有源整流器损耗。所述结构的总电力电子变流损耗为

$$
\begin{aligned}
P^{loss} &= P^{loss}_{passive} + P^{loss}_{active} \\
&= (k-1)2V^d_{fw}I_{dc} + 6(P^{cond}_{igbt} + P^{on}_{igbt} + P^{off}_{igbt} + P^{cond}_{diode} + P^{rr}_{diode})
\end{aligned}
$$

$$(3-54)$$

式中, P^{cond}_{igbt}、P^{on}_{igbt} 和 P^{off}_{igbt} 分别为 IGBT 的导通损耗、开通损耗及关断损耗。P^{cond}_{diode} 和 P^{rr}_{diode} 分别为续流二极管的导通损耗和反向恢复损耗。

图 3-57 比较了传统单端口电力系统和所述三端口电力系统的变流损耗。无源二极管具有比 IGBT 低的导通损耗以及零开关损耗,由于在无源二极管上处理了大量功率,降低了发电机整个工作转速范围内的变流损耗。在额定工作转速下,损耗从 93.3 kW 降至 45.7 kW,降低了 51%。这种降低有助于缩小冷却系统尺寸,提高系统功率密度。此外,减少有源整流器上的散热也提高了有源开关的可靠性。

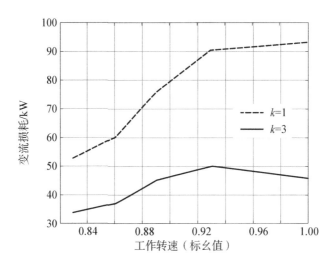

图 3-57 传统单端口电力系统与所述三端口电力系统的变流损耗比较
(注:将功率转移到无源整流器可在整个工作转速范围内降低变流损耗。采用传统单端口永磁同步发电机,在额定工作转速下,变流损耗为 93.3 kW。而采用三端口永磁同步发电机,损耗降至 45.7 kW)

3.4.3 结果

用三相 48 极、350 r/min、160 W 永磁同步发电机验证所述结构的功能。每相由 12 个串联的线圈构成。定子设计可确保从外部配置所有线圈端子,如图 3-58(a)和图 3-58(b)所示,这使永磁同步发电机能够使用不同的交流端口数量。每个线圈的电感和电阻分别为 0.25 mH 和 0.5 Ω。每个绕组的反电势常数为 0.031 25 V·min/r。永磁同步发电机通过外部连接的配置可为单端口或三端口。单端口配置是传统结构,因为所有功率均由有源整流器处理。其他配置采用如图 3-58(c)所示装置的结构。对于多端口配置,一个交流端口为 Texas Instrument 高压电动机控制系统以及用作有源整流器和开关(开关频率为 10 kHz)的 PFC Rec-1 开发套件供电。其余的交流端口连接到由 MT3516A-BP 三相二极管桥构成的无源整流器上。每个二极管的正向电压降为 1.2 V。所有整流器的直流输出端串联连接构成直流母线。电阻器负载组用于从发电机吸取功率。由可调速原动机驱动永磁同步发电机。在所有工作转速和负载状态下,用采用有源整流器的反馈控制器将直流母线电压保持在 260 V。使用燃气轮机负载分布得到的试验结果如图 3-54(a)所示。

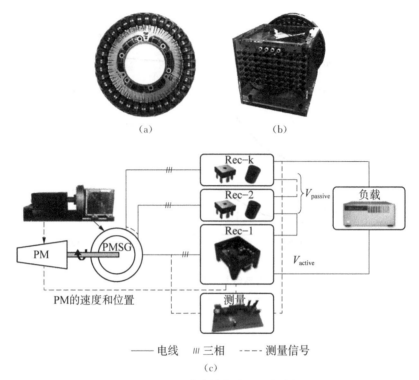

(a)　　　　　　　　　　(b)

(c)

—— 电线　川 三相　---- 测量信号

图 3-58　用试验装置验证理论分析

(a)有源整流器伏安要求随交流端口数量变化而变化。对于所试验的发电机,两端口配置最优;(b)多端口配置中,有源整流器处理部分功率;(c)在所有工作状态下,降低有源整流器处理功率可提高变流效率

3.4.3.1　稳态性能

图 3-59(a)比较了两种配置的有源整流器处理功率:采用满额定功率有源整流器的传统单端口永磁同步发电机以及所述的三端口永磁同步发电机。对于传统结构,有源整流器处理功率随燃气轮机负载分布变化而变化。在所述结构中,有源整流器处理功率显著减少。在额定状态下,140 W 中有 72 W 由有源整流器处理,相当于降低了 48.6%。在较低工作转速下,由于无源整流器的直流输出电压与工作转速成正比,有源整流器分担的功率会增加。尽管如此,也只有部分功率通过有源整流器处理。

用三端口配置试验测量值验证理论分析。式(3-52)给出的标幺功率乘以系统额定功率 140 W,计算理论上的有源整流器处理功率。这些理论值在图 3-59(a)中用点划线表示。试验测量值与理论值一致,确认了上述分析的有效性。

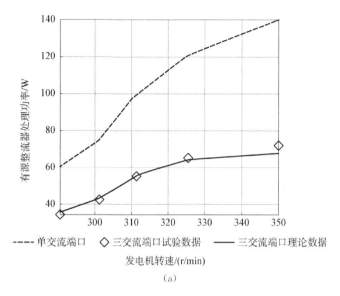

(a)

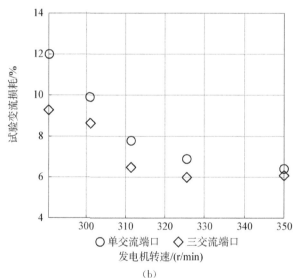

(b)

图 3-59 试验数据与理论数据的对比

(a)与传统结构(单交流端口)相比,所述结构(3 交流端口)可以在整个工作转速范围内降低有源整流器处理功率;(b)由于处理功率减少,变流损耗降低

如图 3-59(b)所示,由于降低了有源整流器处理功率,变流效率在所有工作转速下都得到了提高。两种情况下,在额定工作状态下,变流效率均接近 94%。在部分负载状态下降速工作时,变流效率提高更为显著。对于大多数时间,在部分负载状态下运行的电力舰船,采用集成发电机整流器系统可以大大

提高燃料效率。

3.4.3.2 动态性能

图 3-60 显示了在直流母线阶跃功率状态下系统保持恒定直流母线电压的动态性能。通过开关电阻组使直流母线功率在 0 W 和 100 W 之间交替变化。直流母线功率的阶跃变化对发电机造成扰动,导致无源整流器直流输出电压出现振荡。有源整流器调节其直流输出电压以抵消这种波动[见图 3-60(b)],从而使直流母线电压保持恒定[见图 3-60(c)]。尽管在功率阶跃时有电压跳变,峰间值为 8.6 V,相当于标称直流母线电压的 3.2%。

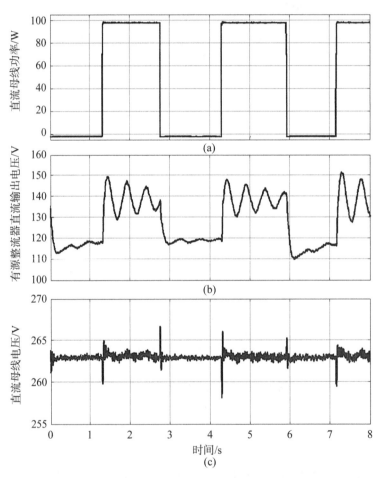

图 3-60　直流母线功率在 0 W 与 100 W 间阶跃变化时,
所述系统调节直流母线电压的动态性能
(a)直流母线功率;(b)有源整流器电压;(c)直流母线电压

3.4.4 小结

本节介绍了一种用于舰船直流电力系统的集成发电机整流器系统。所述结构可以用单台多端口永磁同步发电机构建两条有中点的隔离直流母线。通过将功率转移到无源整流器可以提高变流效率。除了具有高变流效率外,该集成发电机整流器系统采用模块化和可扩展设计,可靠性更高,接地方便。这些特性使其对电力舰船应用而言非常具有吸引力。

理论分析表明,三端口配置是舰船应用的最佳选择,可把有源整流器的尺寸缩至最小。在 3 MW 电力系统上进行的计算表明,有源整流器可处理最高 1.2 MW 的功率,从而使变流器尺寸缩小 37%。此外,在额定工作状态下,变流损耗降低了 50% 以上。这些改进有望降低电力系统的尺寸、重量和成本。

试验结果验证了这些假设。使用三端口永磁同步发电机配置,有源整流器处理部分功率,从而提高了变流效率。该控制器还显示出令人满意的动态性能:在直流母线功率出现阶跃变化时可保持极低纹波直流母线电压。

4 混合储能

4.1 概述

现有的储能介质可以分为能量型和功率型两类：①以锂电池、钠硫电池、液流电池和铅酸电池等为代表的能量型储能介质，能量密度较大，功率密度较小；②以超级电容、超导磁储能和飞轮储能等为代表的功率型储能介质，能量密度较小，功率密度较大，高倍率充放电不会损害其性能。为使储能电站同时具有大容量和大功率性能，本章将介绍由能量型储能介质和功率型储能介质组成的混合储能系统(HESS)。

下一代舰船电力系统能量储存系统(ESS)主要有电池、超级电容(UC)、超导磁储能(SMES)和飞轮储能。电池储能在这几种储能系统中是能量密度最高的，约为其他储能系统的 10 倍，但是功率密度仅为其他系统的 1/10。电池的运行时间为 5 min 至 8 h，所以电池储能系统适合用于备用电源。超级电容、飞轮储能和超导磁储能通常只能在 1 min 之内运行，所以多应用于脉冲功率负载。电池的运行时间远超过其他储能技术，超级电容与飞轮储能系统和电池储能系统相比具有更快的功率响应能力，超级电容在能量密度和功率密度方面均优于飞轮储能。

军船中，在其他电能供应设备投入运行(如柴油机)之前，电池常用作备用储能设备为负载提供能源。飞轮储能系统已被广泛研究，在仅需要短时间运行的一些特殊情况下，可替代电池储能。在需要长时间运行时，通常将飞轮储能和电池储能相结合。电池和超级电容的混合储能系统在陆用车辆和卡车等已经得到广泛的应用。

本章主要对电池/超级电容混合储能系统(BUCESS)在军用场合的应用进行研究。介绍一种应用于推进系统和脉冲功率负载的新型电池/超级电容混合储能系统。利用双有源桥的拓扑通过移相控制能量双向流动,实现电池和超级电容的充放电。在高压大功率的应用场合,DC-DC 变流器选用高频开关器件。本章设计了一个 500 V~1 kV 的 BUCESS,并对电池和超级电容的充放电模式进行研究,其中电池的传递功率为 100 kW,超级电容为 1 MW。

4.2 混合储能系统的拓扑和运行原理

陆用混合动力汽车已经对电池/超级电容混合储能系统进行了研究和探索。图 4-1 所示是一个典型的 BUCESS 拓扑结构,电池直接连接在直流母线上,由一个双向 DC-DC 变流器进行控制。虽然配置和控制比较简单,但电池电压必须接近直流母线电压,并且电池的控制有一定局限性。整个结构会存在一些稳定性问题,比如在直流母线没有任何保护的情况下,浪涌电流会损坏超级电容。由于军用舰艇要求 BUCESS 的充放电应用于高压大功率的场合,因此需要更加灵活和可靠的储能系统拓扑结构。

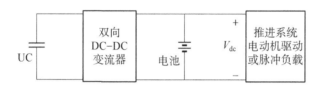

图 4-1 陆用混合动力汽车的典型 BUCESS 拓扑结构

军船直流区域配电系统有两种电压等级,一种是高压(4.7~10 kV 之间),另一种是中压(700 V~1 kV 之间)。高压直流母线又称为主直流母线,直接与发电机、推进电机以及脉冲负载相连;中压直流母线又称为区域直流母线,主要连接关键负载,比如储能系统。BUCESS 需与 1 kV 直流母线连接。

图 4-2 所示为舰船 BUCESS 拓扑结构。在电池和直流母线间的双向 DC-DC 变流器 I 以及电池、超级电容间的 DC-DC 变流器 III 主要用以输出 100 kW 功率。当 K1 闭合,K2 断开时,系统处在电池放电模式。当 K1 断开时,电池由直流母线进行充电。超级电容主要用于为高速推进系统提供大功率和为脉冲负载提供功率,当 K3 闭合时,双向 DC-DC 变流器 II 用于 1 MW 的充电(K2 闭合)和放电(K2 断开)。电池和超级电容也可经由变流器 I 和变流器 II 同时放电。电池和超级电容采用两个 DC-DC 变流器的优点:①可根据不同的功率转换等级进行灵活设计(电池 100 kW 和超级电容 1 MW);②开关器

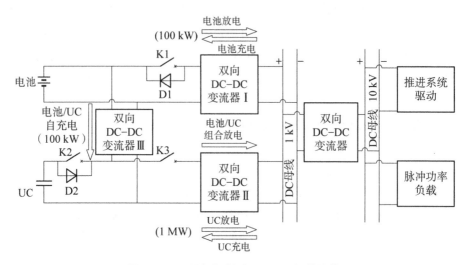

图 4-2　军用舰船新型 BUCESS 拓扑结构

件的应力低,使用寿命更长,维护成本更低;③将电池和超级电容隔离;④当一个变流器损坏时另一个可持续供电。

电池还可以通过变流器Ⅲ为超级电容充电。如果超级电容的最高电压限值设定为电池的额定电压,当直流母线为超级电容充电至 80% 时(满功率为 1 MW),电池可将超级电容充电至 90%。当 K3 断开,K2 闭合时,变流器Ⅲ一直处在降压模式,以 100 kW 功率为超级电容缓慢地充电。当超级电容充满时,K2 断开,超级电容通过 D2 输电给电池,这为超级电容的过充提供了保护。

电池模块由 12 个锂电池串联组成,各包含 20 个 25.2 V/58 A 模块。因此,电容模块的电压可达到 500 V,并很容易被充至 1 kV,容量大约为 350 kW·h。超级电容模块由 14 个超级电容单元并联,每个超级电容单元由 4 个 125 V/101.7W·h/18.75 kW/63 F 的超级电容串联而成。如果保持输出功率恒定为 1 MW,则

$$P = I_c U_c = C \frac{\mathrm{d}u_c}{\mathrm{d}t} U_c \Rightarrow PT = C \int_{V_1}^{V_2} U_c \mathrm{d}u_c$$

电容电压在 15 s 内从额定电压 500 V 跌落至额定电压的 67%,也就是说,超级电容放电 44%。如果储能系统用 30 个这样的混合储能系统,电池模块可以为推进电机提供 3 MW 功率(每个子模块 100 kW),对于 DDG-51 导弹驱逐舰,可维持低速航行 3.5 h,超级电容可为推进电机提供 15 MW 功率(每个子模

块 500 kW),可维持高速航行 30 s。此外,超级电容模块可以为武器装备系统提供 30 MW 功率(每个子模块 1 MW,15 s)。

4.3 大功率双向DC‐DC变流器

由于电池、超级电容,以及直流母线间传递的功率很大,为了防止储能系统和整个电力系统出现意外损坏(如模块故障或断电),需要使用隔离变压器。有变压器的 DC‐DC 变流器的拓扑结构众多,包括反激式、正激式、推挽、半桥和全桥,全桥 DC‐DC 变流器最适合高压大容量的应用场合。这种拓扑器件应力较低,并且可以采用大的变压器铁芯。虽然半桥 DC‐DC 变流器的有源器件是全桥 DC‐DC 变流器的一半,但是后者器件应力较低,适用于高压电输入。

有文献对各种大功率应用的全桥 DC‐DC 变流器进行了研究,包括串联/并联谐振(SPR)、移相桥、硬开关(PWM)和双有源桥(DAB)。在这些电路的拓扑结构中,双有源桥是电池充放电运行工况下大功率双向传输最理想的选择。双有源桥拓扑有个高频变压器,一次侧和二次侧有两个电压桥式电路,分别由 4 个开关器件组成,4 个开关器件以固定频率开关。该拓扑结构不需要输出电感,变压器已经存在谐振电感,每个桥臂可以在变压器绕组上产生一个高频方波电压,并且可以通过两个方波电压的相移控制功率从一个直流源流向另一个。这种变流器拓扑还可以升降压输出,并且实现功率双向流动。DAB 拓扑如图 4‐3 所示,由 8 个 IGBT 组成,为电池充放电(100 kW)。

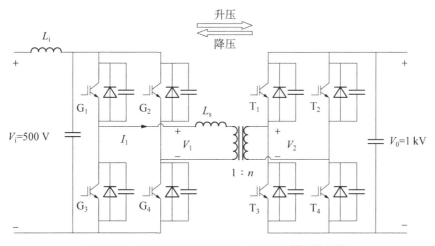

图 4‐3　100 kW 双有源桥 DC‐DC 变流器拓扑结构

DC-DC 变流器 Ⅱ 为超级电容进行充放电(1 MW),DAB 拓扑也适用,并具有软开关、低应力和功率器件少的优势。由于传递大功率时低压侧的平均电流达到 2 000 A,1 MW 变流器不适合选用 IGBT 作为开关器件。不同开关器件的特性如表 4-1 所示,门极关断晶闸管(GTO)最适合作为 1 MW 变流器的开关器件。GTO 的开关频率较低(3 kHz),但这不是大问题,因为在 1 MW 功率等级,高的开关频率也会带来较大的损耗。另外,根据表 4-1,如果低压侧峰值电流不超过 1 400 A,100 kW DC-DC 变流器则应选用 IGBT 作为开关器件。

表 4-1 不同开关器件的特性

开关器件型式	频率/kHz	电压/kV	电流/A
晶闸管	0.5	5	3 000
GTO	3	6	6 000
IGBT	80	3.3	1 400
MCT	30	0.6	600
BJT	10	1.2	800
MOSFET	100	1	50

4.4 移相软开关

图 4-3 所示的 DAB 拓扑采用移相软开关控制,V_1 为变压器原边电压,V_2 为变压器副边电压,L_s 为变压器漏感,如果忽略漏电阻和互感时,用漏感代替变压器得到初级的等效电路。图 4-4 所示为 DAB 拓扑在一个开关周期的四种运行模式。当 G_1 和 G_4 开通时,G_2 和 G_3 关断,$V_1 = V_i$;当 G_2 和 G_3 开通时,G_1 和 G_4 关断,$V_1 = -V_i$;当 T_1 和 T_4 开通时,T_2 和 T_3 关断,$V_2 = V_0$;当 T_2 和 T_3 开通时,T_1 和 T_4 关断,$V_2 = -V_0$。 在一个开关周期,假设占空比 $D = 0.5$,副边的方波相移为 αT,得到变压器原边的电流波形如图 4-5 所示。

当 $0 < t < \alpha T$ 时,

$$I(\alpha T) - I(0) = \frac{V_i - (-V_0)}{L_s} \alpha T \qquad (4-1)$$

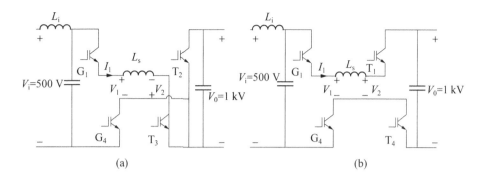

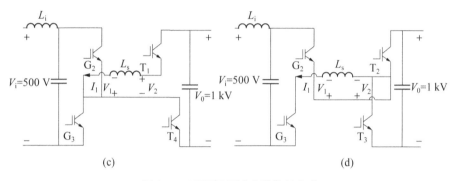

图 4-4 不同运行模式的等效电路

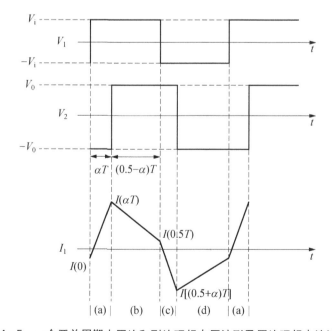

图 4-5 一个开关周期内原边和副边理想电压波形及原边理想电流波形

当 $\alpha T < t < 0.5T$ 时，

$$I(0.5T) - I(\alpha T) = \frac{V_i - V_0}{L_s}(0.5 - \alpha)T \tag{4-2}$$

由于变压器原边电流平均值为 0，不难得出 $I(0.5T) = -I(0)$，$I[(0.5 + \alpha)T] = -I(\alpha T)$。然后在零点和移相点的电流可以通过式(4-3)和式(4-4)计算得到。

$$I(0) = \frac{\frac{1}{4}(V_0 - V_i) - \alpha V_0}{L_s}T \tag{4-3}$$

$$I(\alpha T) = \frac{\frac{1}{4}(V_0 - V_i) + \alpha V_i}{L_s}T \tag{4-4}$$

假设稳态运行 $V_0/V_i = I_1/I_2 = n$，输出功率为

$$P_o = \frac{\int_0^T V_2 I_2 \, dt}{T} = \frac{2\int_{\alpha T}^{(0.5+\alpha)T} V_0 I_2 \, dt}{T} = \frac{2V_i \int_{\alpha T}^{(0.5+\alpha)T} I_1 \, dt}{T} \tag{4-5}$$

在图 4-5 中，根据从 αT 到 $(0.5 + \alpha)T$ 原边的电流，得到输出功率为

$$P_o = \frac{V_i^2}{L_s f}\alpha(1 - 2\alpha) \tag{4-6}$$

当 $0 < \alpha < 0.5$ 时，输出功率为正，变流器处于放电模式；当 $0.5 < \alpha < 1$ 时，输出功率为负，变流器处于充电模式。

相移可通过下述计算得到

$$\alpha^2 - 0.5\alpha + \frac{P_o L_s f}{V_i^2} = 0 \Rightarrow \alpha = \frac{0.5 \pm \sqrt{0.25 - \dfrac{2P_o L_s f}{V_i^2}}}{2} \tag{4-7}$$

当 $\alpha = 0.25$ 时，

$$P_{\max} = \frac{V_i^2}{8L_s f} \Rightarrow L_s \leqslant \frac{V_i^2}{8P_{\max} f} \tag{4-8}$$

1 MW 超级电容变流器单元的开关频率为 1 kHz，漏感 L_s 为 31 μH。选择 15 μH 漏感可以减小电感损耗。

100 kW DC－DC 变流器的开关频率为 10 kHz。在电池和直流母线间的漏感为 15 μH，电池和超级电容间的漏感为 10 μH。BUCESS 的仿真参数如表 4－2 所示。

表 4－2　BUCESS 的仿真参数

部件名称	参　　数
电池模块	$V_{\text{norminal}} = 500\ \text{V}$，电流容量 $= 700\ \text{A} \cdot \text{h}$
超级电容模块	$V_{\text{rated}} = 500\ \text{V}$，$E = 5.7\ \text{kW} \cdot \text{h}$，$I_{\text{norminal}} = 2\,100\ \text{A}$
变压器 1	$P_{\text{norminal}} = 1\ \text{MW}$，$f_{\text{rated}} = 1\ \text{kHz}$，$N_1 : N_2 = 1 : 2$，$L_1 = 10\ \mu\text{H}$，$L_2 = 20\ \mu\text{H}$，$R_1 = 0.01\ \Omega$，$R_2 = 0.02\ \Omega$
变压器 2	$P_{\text{norminal}} = 100\ \text{kW}$，$f_{\text{rated}} = 10\ \text{kHz}$，$N_1 : N_2 = 1 : 2$，$L_1 = 10\ \mu\text{H}$，$L_2 = 20\ \mu\text{H}$，$R_1 = 0.02\ \Omega$，$R_2 = 0.04\ \Omega$
变压器 3	$P_{\text{norminal}} = 100\ \text{kW}$，$f_{\text{rated}} = 10\ \text{kHz}$，$N_1 : N_2 = 1 : 1.67$，$L_1 = 3\ \mu\text{H}$，$L_2 = 5.5\ \mu\text{H}$，$R_1 = 0.02\ \Omega$，$R_2 = 0.04\ \Omega$
电感	$L_{\text{in1}} = 100\ \mu\text{H}$，$L_{\text{in2}} = 500\ \mu\text{H}$
电容	$C_{\text{in}} = 10\ \text{mF}$，$C_{\text{o}} = 20\ \text{mF}$，$C_{\text{sn}} = 0.15\ \mu\text{F}$

4.5　仿真结果

图 4－6 所示为 BUCESS 的仿真模型拓扑结构。移相软开关控制框图如图 4－7 所示。

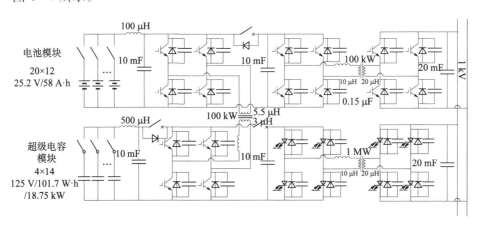

图 4－6　详细的 BUCESS 拓扑结构

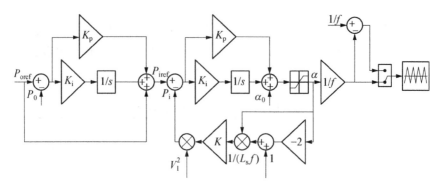

图 4-7　移相软开关控制框图

　　图 4-8～图 4-13 为仿真结果,显示了负载从满载至 50% 负载时,电池、超级电容和直流母线不同运行模式下的功率、电压曲线。

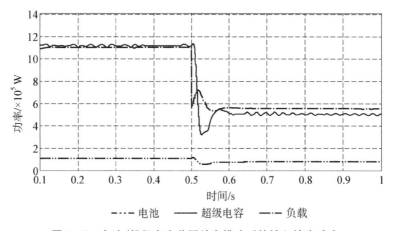

图 4-8　电池/超级电容共同放电模式时的输入输出功率

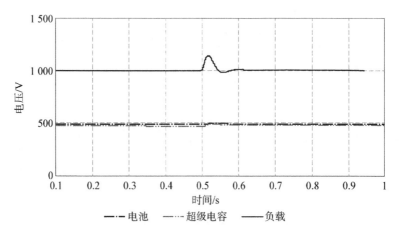

图 4-9　电池/超级电容共同放电模式时的输入输出电压

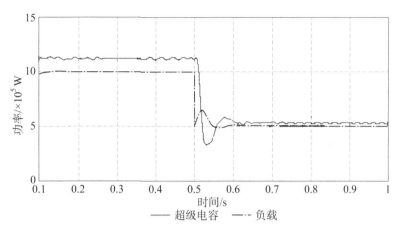

图 4-10 超级电容放电模式时的输入输出功率

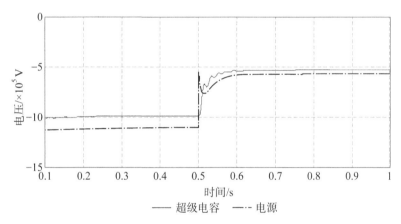

图 4-11 超级电容放电模式时的输入输出电压

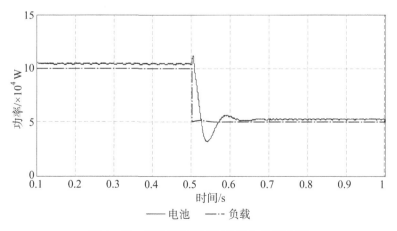

图 4-12 电池放电模式时的输入输出功率

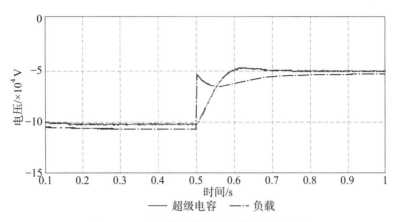

图 4-13 电池放电模式时的输入输出电压

4.6 小结

当负载和电源有阶跃变化时,直流母线电压维持在 1 kV。电池和超级电容放电 50% 时,输出功率稳定,每种模式的效率在 90% 以上。仿真结果表明该系统是可行和稳定的。

5 交流-直流接口变流器

5.1 ## 5.1 概述

以意大利混合电力海军后勤支援舰(LSS)为基础,提出了一种新的中压直流综合电力系统方案(见图5-1和表5-1)。电力变流器可用作交流段和直流段的接口,其广泛的应用使这种创新方案成为可能。有鉴于此,对于这种新的直流电力系统设计,首先需要评估可用的电力变流器拓扑结构。探讨用交流电机(线间电压为690 V,相电压为400 V)与1100 V中压直流母线接口的电力变流器设计方案。具体来说,研究人员关注的是通用交流-直流电力变流器(图5-1小框内所示)。后者代表电力电子装置以及用于确保符合直流纹波要

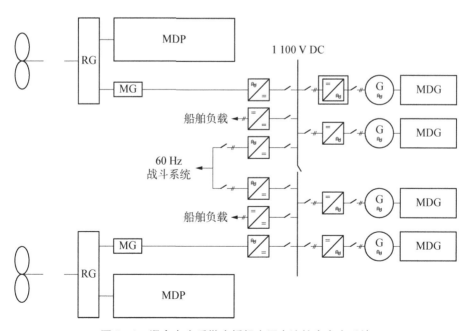

图5-1 混合电力后勤支援舰中压直流综合电力系统

求所需的滤波器。至于功率值,研究人员希望对能够提供 3 MW 变流器输出的不同技术进行分析。关于所分析的技术,不仅对新方案进行分析,也关注晶闸管和二极管电力变流器等标准装置。实际上,尽管舰船功率需求持续增长,甚至超过 100 MW,但基于高性能静态开关(晶体管以及占大多数的 SiC 电力器件)的脉冲宽度调制(PWM)电压源变流器(VSC)的应用仍比较有限。因此,希望在研究过程中考虑不同的可能性,包括最标准的方案以及创新的方案。

表 5-1　混合电力后勤支援舰中压直流综合电力系统主要参数

部件	描述	功率/kW
MDP	推进柴油发动机	12 000
RG	减速装置	
MG	电动机/轴发电机	1 500
G	发电机	2 040
MDG	柴油发电机	

本章将介绍如下三种电力半导体器件在交流同步电机与中压直流母线间用作交流-直流接口的四种代表性技术:晶闸管整流器、集成门极换流晶闸管(IGCT)整流器以及 IGBT 整流器。以 3 MW/1 100 V 配电系统为例进行了分析。对几条选择准则展开初步分析。

5.2 中压直流配电系统电力器件

晶闸管变流器具有高可靠性和低功率损耗,而脉冲宽度调制(PWM)变流器可以改善控制和电力质量性能。但相对于同等额定功率的晶闸管和二极管整流器,PWM 高开关频率的实现是以更高的功率损耗为代价的,因为 IGBT 的通态电压降明显大于拥有同等额定电压的晶闸管。

与此相反,IGCT 源自损耗最低的晶闸管,可实现更高的效率性能。IGCT 和 IGBT 具有相似的开关损耗,但由于 IGCT 具有更低的通态电压,其电导损耗低于同等功率的 IGBT。目前市场上可用的 IGBT 和 IGCT 的最高功率表明,模块化 IGBT 的电流范围高于 IGCT,这有益于电力变流器可伸缩性(在舰船配电系统中,高功率意味着高电流)。通过实例分析(1 100 V),结果表明这两种技术都可以确保电压可伸缩性。在这种情况下,电力变流器拓扑结构的选择需要考虑电流大小,因为电力变流器的可行性受限于市场上可用的电力半导体器件。

在开关频率方面,对于中高功率应用,IGBT 典型的开关频率范围为 $1\sim2\,\mathrm{kHz}$,而 IGCT 的开关频率为 $1\,\mathrm{kHz}$。在可靠性方面,主要电力器件失效率数据如表 5-2 所示,其中失效率单位为 FIT($1\,\mathrm{FIT}=1\times10^9\,\mathrm{h}$ 内出现 1 次故障)。但应注意,电力变流器拓扑结构应采用最少的部件实现最高可靠性。

表 5-2　兆瓦级应用主要电力器件失效率

装置	二极管	晶闸管	IGCT	低压 IGBT	高压 IGBT
失效率/FIT	80	160	640	250	320

5.3 交流-直流电力变流器拓扑结构

以 $3\,\mathrm{MW}$ 交流-直流电力变流器为例($400\,\mathrm{V}$ 相电压输入,$60\,\mathrm{Hz}$,$1\,100\,\mathrm{V}$ 期望输出电压),提出基于三种电力半导体器件(晶闸管、IGCT 和 IGBT)的四种不同交流-直流接口。考虑到 5% 电压纹波限制,提出滤波元件设计思路。

5.3.1　12 脉冲晶闸管整流器

在标准中压交流舰船电力系统中,低频变压器用于匹配电压各异的部件,确保电流隔离和实现电压移相。基于 $60\,\mathrm{Hz}$ 变压器的交流-直流接口变流器因其易操作性和可靠性仍然适用于新的中压直流结构。

首先考虑基于可控多脉冲整流器的交流-直流接口变流器方案。已有学者对概念性晶闸管整流器进行了初步研究,本节重点关注与直流电压控制有关的方面。而在技术方面,12 脉冲晶闸管整流器方案(见图 5-2)取决于变压器匝数比以及可实现的串联和并联输出连接。在这样的整流器中,用移相变压器产生两组 30° 移相的三相电压为桥式整流器馈电。需要合适的移相角来消除低次特征谐波,从而获取比 6 脉冲晶闸管整流器更佳的电力质量性能。实际上,6 脉冲晶闸管整流器纹波基频是电源频率的 6 倍,12 脉冲晶闸管整流器是电源频率的 12 倍。因而,12 脉冲晶闸管整流器可实现更低幅值的电压纹波。假设触发角 $\alpha=0°$,基频分量幅值限制在 $1.4\%V_o$(V_o 指单个 6 脉冲桥最高开路电压)。为进一步改善电力质量性能,需要在整流器和中压直流母线之间安装 LC

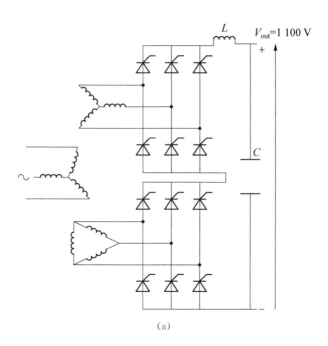

(a)

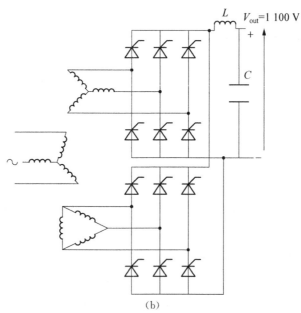

(b)

图 5-2 12 脉冲晶闸管整流器
(a)串联;(b)并联

滤波器。滤波器可根据式(5-1)设计:

$$V_{out}/V_c = \frac{1}{LC\omega^2 - 1} \qquad (5-1)$$

式中,V_{out} 为输出电压;V_c 为滤波器前电压;L 和 C 分别为滤波器电感和电容;ω 为纹波频率($\omega = 2\pi 60\,rad$)。实际设计规则包括设定基频衰减 V_{out}/V_c,计算 L 与 C 的乘积,再分别得到 L 和 C。

　　这种交流-直流电力变流器有一个大缺陷:存在笨重的低频变压器。此外,它也无法实现宽范围的输出电压调节或交流电流控制。采用大的触发角可扩大输出电压的可调节范围,但无法避免性能降级。因而,需要由与整流器连接的发电机进行精确的交流电压调节。由于晶闸管电流范围高达 4~5 kA,保证了 12 脉冲晶闸管整流器功率级的可得性。

5.3.2　IGCT 整流器

　　如今,IGCT 技术使基于少量电力器件的高功率 PWM 变流器成为可能。IGCT 整流器如图 5-3 所示,该方案基于双级电力变流系统,其中两台二极管整流器各连接至一台直流-直流升压变流器。直流-直流升压变流器输入电压为

$$V_{in1} = V_{in2} = \frac{3\sqrt{6}}{\pi} V_{RMS} \qquad (5-2)$$

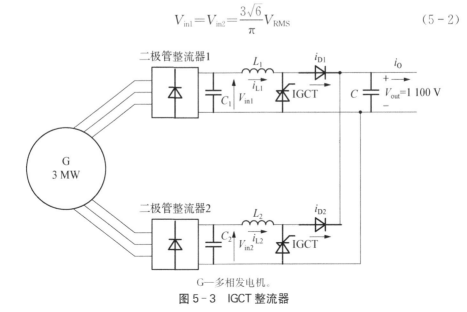

G—多相发电机。

图 5-3　IGCT 整流器

其中，$V_{\text{RMS}}=400\,\text{V}$；输出增益$V_{\text{out}}/V_{\text{in1}}=1.2$。与12脉冲晶闸管整流器的不同之处在于升压变流器基于IGCT以达至期望功率。通过控制第二级电力变流系统来确保限流。IGCT更高的开关频率（与晶闸管相比）意味着其拥有更低的电流纹波，从而可缩减电感滤波器尺寸，减少滤波器重量和体积。对于两个直流-直流升压变流器，L_1和L_2的计算式如下：

$$L_1=L_2=\frac{V_{\text{in1}}d}{\Delta I f_{\text{sw}}} \tag{5-3}$$

式中，ΔI为电流纹波；d为占空比；f_{sw}为开关频率。采用基于交织调制的直流-直流并联电路可显著缩减滤波器尺寸。如果采用交织调制，两路电感器电流产生$180°$移相（见图5-4）。因而，电容中最大电流纹波显著减少。在这种结构中，输出电压纹波与f_{sw}^2而非f_{sw}成反比（与标准升压拓扑结构中相似），因此电容值也成比例缩小：

$$C=\frac{V_{\text{in1}}d}{8L_1\Delta v_0 f_{\text{sw}}^2} \tag{5-4}$$

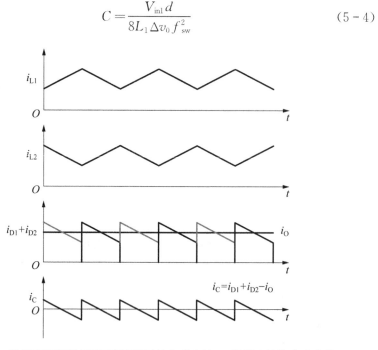

图5-4 采用交织调制IGCT整流器时的电感电流、二极管电流和电容电流

由于不再使用低频变压器，系统重量进一步减轻，系统总体积也显著减小。

5.3.3 模块化多电平 IGBT 整流器

第三个方案是基于双级电力的变流器(见图 5-5)。在这种情况下,总功率分配至三个子系统,这样就能采用市场上常用的半导体电力器件。每一个子系统基于单星形桥单元模块多电平级联变流器(SSBC MMCC),其中单相 H 桥构成电力变流基本单元。多电平级联变流器可克服与高功率 IGBT 有关的主要缺点(与 IGCT 相比,如前所述)。实际上,总功率被分至几个电力变流单元,采用更小尺寸的 IGBT,可在确保高开关频率的同时实现有限的开关损耗。这意味着可减少滤波器元件和热交换系统,从而减轻船上设备的重量。

在该研究中

$$V_{\text{in\_H}} = \frac{V_{\text{RMS}}}{H} \qquad (5-5)$$

式中,$V_{\text{in\_H}}$ 为加在每一个 H 桥单元上的交流电压基波分量均方根值,H 为 SSBC MMCC 每相的 H 桥单元数量。在所述应用中,$H=4$,即电平数量 $(2H+1)=9$。因此,每一单元直流电压基准值为

$$V_{\text{DC\_1}}^* = \frac{\sqrt{2} V_{\text{in\_H}}}{m} \qquad (5-6)$$

式中,m 为调制指数。设定 $m=0.83$,因此 $V_{\text{DC\_1}}^*=170\text{ V}$,为变流器与交流电源并联工作时确保其可控性的最小直流环节电压。在交流侧仅用一台电感滤波器 L_g 限制电流总谐波畸变(THD)。每一直流环节的电容 $C_{\text{in\_i}}$ 的设计应确保达到期望直流电压,其值可用下式计算:

$$C_{\text{in}} = \frac{P_{\text{m\_i}}}{\left(V_{\text{DC\_1}}^* \Delta V \pm \frac{1}{2} \Delta V^2\right) f_{\text{sw}}} \qquad (5-7)$$

式中,$P_{\text{m\_i}}$ 为每个单元的最高功率;$V_{\text{DC\_1}}^*$ 为 SSBC MMCC 每一直流环节的基准电压;ΔV 为容许电压。

将 SSBC MMCC 与数个双有源桥(DAB)变流器(SSBB MMCC 的每个单元各连接一个)连接,以达到期望直流输出电压。由于包含中频变压器,双有源桥变流器可实现宽范围的电压调节。此处,变压器匝数比为 1:2。每个相的 H 个双有源桥变流器串联,得到 1 100 V DC。输出 $C_{\text{o\_i}}$ 滤波电容根据双有源桥

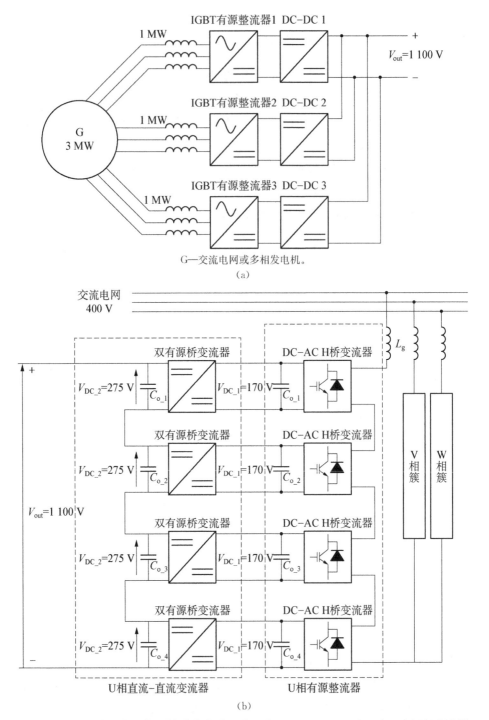

图 5-5 交流-直流电力变流器,每相包含一台 9 电平 SSBC MMCC 和四台双有源桥变流器
(a)总功率级;(b)子系统 1 的 U 相的有源整流器和直流-直流变流器

动态性能规格来设计。纵观整个系统,每个 H 桥单元与一台双有源桥变流器连接,可视为交流-直流电力变流器的电力电子模块(PEBB)。通过增加每个相的功率模块数量,可实现系统可扩展性和冗余性;拥有灵活的故障后重构能力,可减少断电。IGBT 可实现高开关频率,而模块化多电平变流器可实现高电力质量性能,最后这种拓扑结构未来可与高频发电机(替代 60 Hz 发电机)联用,进一步缩减船上设备的重量和体积。所有这些优势都可实现,尽管模块化多电平变流器通常都存在控制系统的高复杂性。但应考虑到,变流器每一相可分别控制,简化故障检测和管理。

5.3.4　IGBT 双有源桥整流器

最后一种拓扑结构集合了 IGBT 双有源桥变流器的优点以及二极管整流器的易用性和可靠性。IGBT 双有源桥整流器包括一个双电力变流级,其中第一级基于两个二极管桥(如 5.3.2 节所述)。两个二极管桥的输出各为一个并联双有源桥变流器供电,如图 5-6 所示。

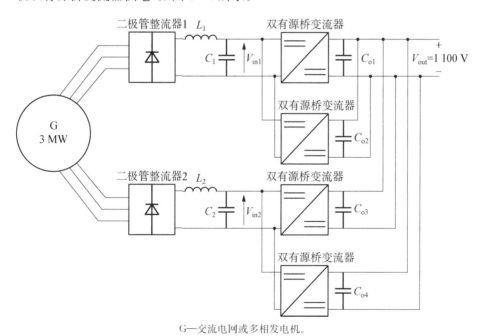

G—交流电网或多相发电机。

图 5-6　IGBT 双有源桥整流器

采用双有源桥变流器替代直流-直流升压变流器,可使整个系统实现电流隔离。在研究中,假定双有源桥高频变压器的匝数比 $n=1:2$。双有源桥变流器并联,以降低 IGBT 功率大小。由于双有源桥整流器的输入电压比 IGCT 整流器方案[式(5-2)]的高,引入的 IGBT 电流更小,因此可提高系统效率。滤波器元件设计参见前述分析。

5.4 比较结果

下面将讨论上述几种交流-直流接口变流器设计方案的优缺点。比较结果如表5-3所列,评估的是总功率级。在此分析的所有拓扑结构(功率限为3 MW)的电力半导体都可从市场上获得,保证了所有变流器方案的可行性。根据标准,电力质量和使用质量是电力变流器存在的两大问题。此外,电力变流器还可实现如下功能:

(1)输入与输出间电流隔离。

(2)电流限制。

(3)双向功率流。

表5-3 交流-直流接口变流器性能比较

比较项目	交流-直流接口变流器拓扑结构			
	12脉冲晶闸管整流器	IGCT 整流器	模块化多电平IGBT 整流器	IGBT 双有源桥整流器
市场可得性(限于3 MW)	是	是	是	是
功率和电压可伸缩性	是	是	是	是
电流隔离	是	否	是	是
重量减轻	否	是	是	是
可扩展性	否	否	是	否
冗余性和故障容错功能	否	否	是	否
电流限制	否	是	是	是
双向功率流	否	否	是	否
使用质量	中	高	中	中
电力质量	中	中	高	中
共模循环电流	否	是	否	否

（续表）

比较项目	交流-直流接口变流器拓扑结构			
	12脉冲晶闸管整流器	IGCT整流器	模块化多电平IGBT整流器	IGBT双有源桥整流器
控制复杂性	低	低	高	中
滤波器	LC	C_i、L_i、C	L_g、C_{in_i}、C_{o_i}	L_i、C_i、C_{oi}
连接高速发电机可能性	否	是	是	是

但对于交流-直流接口变流器，为防止损坏原动机，必须阻止反向功率流（从中压直流母线至发电机）。最重要的是，交流-直流接口变流器应能够缩小开关设备尺寸，减少设备数量，淘汰低频变压器，减轻系统总重量，并实现重构和故障容错功能。考虑不同的拓扑结构方案，对于12脉冲晶闸管整流器、IGCT整流器和IGBT双有源桥整流器，功率流基本上不是双向。因此这些整流器仅限用于不考虑再生的应用场景。

12脉冲晶闸管整流器可实现交流与直流侧的电流隔离，但同时它在系统重量和体积方面性能最差。电力级设备必须包含熔断器或限流装置，以防止损坏中压直流配电系统。由于不再使用低频变压器并缩减了滤波器元件尺寸，IGCT整流器、模块化多电平IGBT整流器以及IGBT双有源桥整流器能够缩减系统总重量，同时也可大大缩减电力系统设备体积。

与模块化多电平IGBT整流器和IGBT双有源桥整流器相比，IGCT整流器具有更低的复杂性和更高的使用质量（得益于更高的可靠性）。但IGCT整流器有一个大缺陷：不具备电流隔离功能。模块化多电平IGBT整流器的主要优势在于拥有电流隔离功能、可扩展性和冗余性。通常整流的部件过多会降低其使用质量，但只需为每个相增加一个冗余单元，就可显著改善。这样，模块化多电平IGBT整流器的使用质量可与基于较少数量电力器件的其他拓扑结构不相上下。模块化多电平IGBT整流器在高故障容错功能方面性能最佳，因为在发生单个单元故障时其他单元仍能保持正常工作状态，从而不会降低电力质量性能。当每个相有一个冗余单元时，可确保系统正常工作，而不会产生性能降级。由于每个双有源桥配有一个中频变压器，这种拓扑结构方案解决了与PWM有源整流器有关的主要缺陷（相对于晶闸管整流器），即直流侧故障管理。通常在发生直流故障期间，每个IGBT桥的作用与不可控二极管桥相似，因此一般要求二极管超定额，且需要交流断路器来切除故障。而在所分析的拓扑结构中,每一个双有源桥变流器实现相关直流母线与交流母线的电流隔离。这意味着整个电力系统对直流侧短路故障具有"容错性",且直流电流故障不会影响交流系统。IGBT 双有源桥整流器兼具 IGCT 整流器与模块化多电平 IGBT 整流器的特点。它像后者一样具有电流隔离功能,但由于受到第一电力变流级中二极管整流器的限制,它不具备可扩展性和总体故障容错功能;其效率比模块化多电平 IGBT 整流器高,但比 IGCT 整流器低。

5.5 小结

本章介绍了基于三种电力半导体器件的四种交流-直流接口电力变流级方案,并对 3 MW 中压直流配电系统进行了实例分析和比较。不同电力变流器拓扑结构与每种半导体技术密切关联,以确保半导体的市场可得性和结构的可行性。与 12 脉冲晶闸管整流器相比,IGCT 整流器、模块化多电平 IGBT 整流器和 IGBT 双有源桥整流器在设备重量减轻方面具有优势,由于其具有比晶闸管整流器更高的开关频率,未来它们可与高速发电机联用。本章所述方案具有功率和电压可伸缩性,比较结果可延伸到更高功率的舰船中压直流配电系统中。

6 综合电力节点中心的性能要求

6.1 电力质量性能要求

6.1.1 输入电力要求

6.1.1.1 交流输入电力兼容性

综合电力节点中心(IPNC)应与符合和超过 MIL-STD-1399-300 特性的交流电源兼容(见表 6-1)。

表 6-1 超过 MIL-STD-1399-300 的交流输入电力特性

特 性	要 求
频 率	
1 频率容差/%	±5.0
2 频率调制/%	2.0
3 频率瞬态容差/%	±8.0
4 最恶劣情况下的频率偏差/%	±10.0
电 压	
5 线电压容差 三相线电压平均值/% 任何一相线电压/%	±10.0 ±15.0
6 最大偏离电压/%	±10.0
电压波形	
7 最大总谐波畸变率/%	10.0
8 最大单次谐波/%	7.0
9 最大偏离系数/%	10.0

6.1.1.2 直流输入电力兼容性

IPNC 应与符合表 6-2 所列的直流输入电力特性兼容。

表 6-2 直流输入电力特性

特 性	要 求
型 式	双线直流不接地
1 稳态电压 　标称值/V 　可调节范围/V	 750 734～800
2 带 0.2 s 恢复时间的瞬态电压/V	654～880
3 电压纹波(p-p)/V	12
4 耐受尖峰电压(峰值)/kV	2.5

6.1.2 输出电力要求

6.1.2.1 440 V 输出电力质量

对 440 V 负载的 IPNC 输出电力质量要求应满足表 6-3 所列的特性。

表 6-3 在输出端上测得的输出电力质量特性(440 V)

特 性	要 求
频 率	
1 频率 　标称值/Hz 　可调节范围/Hz	 60 50～400
2 频率容差/%	±0.5
3 频率调制/%	0.5
4 频率瞬态容差 　在产生瞬态的线路上/% 　在相邻线路上/%	 ±2.0 ±1.0
5 最恶劣情况下的频率偏差/%	±1.5
6 频率瞬态偏差恢复时间/s	0.25

（续表）

特　性	要　求
电　压	
7　用电设备标称电压/V 　　可调节范围/V	440 440～460
8　电压不平衡值/%	2.0
9　电压容差 　　三相线电压平均值/% 　　任何一相线电压/%	±2.0 ±3.0
10　电压调制/%	1.0
11　最大偏离电压/%	±2.5
12　电压瞬态容差 　　在产生瞬态的线路上/% 　　在相邻线路上/%	±5.0 ±3.0
13　最恶劣情况下的电压偏差/%	±5.5
14　电压瞬态偏差恢复时间/s	0.25
15　电压相位移/(°)	在平衡负载情况下±1
电压波形	
16　最大总谐波畸变率/%	3.0
17　最大单次谐波/%	2.0
18　最大偏离系数/%	3.0
负载电流可编程性	
19　可调节的/%	10～100

6.1.2.2　115 V 和 115/200 V 输出电力质量

对 115 V 和 115/200 V 负载的 IPNC 输出电力特性应满足表 6-4 的规定。

表6-4 在输出端上测得的输出电力质量特性(115 V 和 115/200 V)

特性	要求	
	115 V	115/120 V
输出型式	单相或三相三线不接地(三角连接)	单相或三相四线中线或接地(星形连接)
频 率		
1 频率/Hz 标称值/Hz 可调节范围/Hz	60 60 50～400	60 60 50～400
2 频率容差/%	±0.5	±0.5
3 频率调制/%	0.5	0.5
4 频率瞬态容差/%	±1.0	±1.0
5 最恶劣情况下的频率偏差/%	±1.5	±1.5
6 频率瞬态偏差恢复时间/s	0.25	0.25
电 压		
7 电压 标称值/V 可调节范围/V	115 115～120	115/200 115/200～120/208
8 电压不平衡值/%	2.0	2.0
9 电压容差 三相电压平均值/% 任何一相线电压/%	±2.0 ±3.0	±2.0 ±3.0
10 电压调制/%	1.0	1.0
11 最大偏离电压/%	±2.5	±2.5
12 电压瞬态容差/%	±5.0	±5.0
13 最恶劣情况下的电压偏差/%	±5.5	±5.5
14 电压瞬态偏差恢复时间/s	0.25	0.25
15 电压相位移/(°)	±3	±2
16 最大总谐波畸变率/%	3.0	3.0
17 最大单次谐波/%	2.0	2.0
18 最大偏离系数/%	5.0	5.0
负载电流可编程性		
19 可调节的/%	10～100	10～100

6.1.2.3 直流输出电力质量

IPNC 直流输出电力质量特性应符合表 6-5 的规定。

表 6-5 在输出接线端上测量的直流输出电力特性(两线不接地)

特性	要　求			
	375 V	120 V	48 V	24 V
电　压				
1 标称电压/V	375	120	48	24
2 可调节范围/V	370～380	115～125	46～52	22～28
3 电压容差/%	±1.0	±1.0	±2.0	±2.0
4 电压调制/%	±1.0	±1.0	±2.0	±2.0
5 电压瞬态容差/%	±10.0	±10.0	±20.0	±20.0
6 电压瞬态偏差恢复时间/s	0.2	0.2	0.2	0.2
7 电压纹波(p-p)最大值/%	2.0	2.0	3.0	3.0
负载电流可编程性				
8 可调节的/%	50～100	50	100	50

6.1.3 特殊负载特性

若负载不符合 MIL-STD-1399 的规定并具有特殊的输入要求和(或)特殊的故障管理要求,则这类负载的馈电应做出特殊规定。

6.2 监测和数据采集

6.2.1 监测

采用多功能可编程模块(MFPM)的综合电力节点中心(IPNC)应通过机旁人机界面(HMI)进行监测。HMI 功能可被遥控站使用。

6.2.1.1 输入控制

IPNC 应具有能从多个电源接受电力的措施。在使用两个或多个电源时应具有以下控制特点。

1) 电源选择模式——无缝转换

（1）选择正常电源或替代电源。

（2）选择转换准则，包括正常寻求或电源寻求、转换时间和过压或欠压。

2）电源分配模式

（1）选择正常或替代电源。

（2）选择电源分配百分比（电源分配率应是可调的）。

（3）通过 HMI 控制实现/消除电源共享。

6.2.1.2 控制

IPNC 应提供下列控制。

1）IPNC 控制

（1）机旁/远距（控制选择应由机旁 HMI 实现）。机旁/远距控制应能切断或接通 IPNC 的输出，并进行下列调整：

a. 设定输出电压。

b. 设定输出电流。

c. 在设有两个电源时选择哪一个电源是正常电源，哪一个是替代电源。

d. 在设有两个电源时选择电源转换准则。

（2）选择负载卸除准则——设定装置应选择在接到电力系统控制装置发来的信号时自动卸除负载优先次序。操作员应能选择负载的优先次序。

（3）应急断电——IPNC 应具有应急断电控制断开所有输出电路的能力。

（4）选择负载再通电准则——设定装置应选择在接到从电力系统控制装置发来的信号时自动进行负载的再通电优先次序。操作员应能选择负载的优先次序。

2）输出 MFPM 控制

（1）输出电源模块接通/断开。

（2）若采用 440 V 输出模式，对于电压源或电流源模式，选择 440 标称电压输出模式。

（3）选择输出电压等级——输出电压等级应能在表 6-3、表 6-4 和表 6-5 规定的范围内调节。

（4）选择负载电流等级——负载最大电流限度应能在表 6-3、表 6-4 和表 6-5 规定的范围内调节。

（5）针对电动机负载以 5% 的增量在 25%～100% 速度范围内选择电动机转速设定值——电动机转速在电动机上监测，并将信号送入 IPNC。IPNC 应能适应工业部门的标准控制信号。

（6）选择输出频率——输出频率应能在表6-3、表6-4和表6-5规定的范围内调节。

6.2.1.3 显示数据

IPNC应有装置能显示下列信息（若设有遥控装置，则机旁和遥控装置应有相同的数据）。

（1）输入参数［电压(V)、电流(A)、频率(Hz)、功率因数、功率(kW)］。

（2）各个输出MFPM参数（电压、电流、频率、功率因数）。

（3）各个输出MFPM状态（接通/断开或故障状态）。

（4）输入MFPM设定值。

（5）系统配置（模拟图）。

（6）电源选择。

（7）从正常转换到替代设定值和重新转换设定值。

（8）电源分配选择。

（9）输入电力分配百分比。

（10）负载卸除优先次序。

（11）电动机转速设定。

（12）设备性能监测（EPM）。

（13）系统故障和故障形式。

（14）控制状态［主要用电设备控制状态（机旁或遥控）］。

（15）再供电设定。

（16）应急断电。

6.2.1.4 指示器和音响报警装置

指示器和音响报警装置的设置和设计应符合MIL-STD-1472的要求。

6.3 故障管理

6.3.1 系统故障

IPNC应探测、隔离和报告下游故障线路，包括如下几个方面。

（1）过载。

（2）三相故障和线间故障。

（3）线对地故障。

a. 三相三线连续监测。

b. 三相四线监测和断开。

（a）导线断开。

（b）电动机堵转电流。

（c）电动机单相。

6.3.2 故障管理特性(440 V)

在应用于 440 V 电路的情况下，IPNC 应提供表 6-6 所列的输出电力故障管理特性。

表 6-6　故障管理特性(400 V 电路)

特性	要求
故障形式	三相三线不接地
1　过载保护	可调节延时和分断
2　线对线和三相故障保护	可调节延时和分断
3　线对地故障探测	连续监测和指示

6.3.3 故障管理特性(115 V 和 115/200 V)

在应用于 115 V 和 115/200 V 电路的情况下，IPNC 的故障管理输出特性应符合表 6-7 的规定。

表 6-7　故障管理特性(115 V 和 115/200 V 电路)

特性	要求	
	115 V	115/120 V
故障形式	单相或三相三线不接地(三角连接)	单相或三相四线中线或接地(星形连接)
1　过载保护	可调节延时和分断	可调节延时和分断
2　线对线和相故障保护	可调节延时和分断	可调节延时和分断
3　线对地故障探测	连续监测和指示	连续监测和指示

6.3.4 直流故障管理特性

IPNC直流故障管理特性应符合表6-8的规定。

表6-8 直流故障管理特性(两线不接地)

特 性	要 求
故障形式	24 V、48 V、120 V、375 V
1 过载保护	可调节延时和断路
2 短路保护	可调节延时和断路
3 线对地故障探测	连续监测和指示

6.3.5 故障保护设定值

在有规定时,应提供特定的故障保护设定值协调资料。

6.3.6 设备性能监测

IPNC应具备设备性能监测能力,以支持设备的运行和保养。监测装置应能监测IPNC的正常运行模式。

IPNC应能在HMI板上探测和显示下列设备故障信息,并为遥控监测提供输出数据。

(1) 失去冷却风扇。

(2) 失去MFPM运行的输出电力。

(3) 每一个MFPM超过限值温度。

(4) MFPM不能响应运行控制指令。

(5) 内部的通信故障。

(6) 远距的通信故障。

6.4 电气要求

6.4.1 持续电流

IPNC应能承受持续电流定额,任何内部部件均不超过正常工作温度限值,且外壳外部温度不超过 65℃。各单元应满足基于外壳外部环境温度 (50℃)的持续电流要求。

6.4.2 应急状态(输入电力应急状态)

除非另有规定,MIL‐STD‐1399‐300 所要求的 2 min 应急状态应包含不超过 2 s 的启动时间。

6.4.2.1 停电

没有电源也不向负载供电。

6.4.2.2 输入过电压和过频率

向负载供电,但输入电流谐波可能超过 MIL‐STD‐1399‐300 的规定。

6.4.3 电源冲击

IPNC 对电源的冲击应如表 6‐9 所示。

表 6‐9 电源冲击要求

特　　性	要　　求
功率因数控制	当>75%定额时,负载的功率因数>0.97 当>50%定额时,负载的功率因数>0.96 当>25%定额时,负载的功率因数>0.95 当>10%定额时,负载的功率因数>0.80
电流谐波(波形)	对于 2 次和 32 次谐波为 3%最大值 32 次和 20 kHz 为 $100/n$
电流不平衡控制(平均)	3%

6.4.4 绝缘完整性

6.4.4.1 绝缘电阻

IPNC 应满足设备绝缘电阻至少在 25℃下为 10 MΩ 的要求。

6.4.4.2 介电耐久性

IPNC 应满足 MIL‐STD‐202 试验方法 301 关于介电耐受电压的要求。

6.4.4.3 耐受尖峰电压

IPNC 模块和外壳应满足 MIL‐STD‐1390‐300 关于耐受尖峰电压的

要求。

6.4.4.4　爬电和间隙距离

电缆连接的爬电和间隙距离应符合 MIL‐E‐917E 的规定。

6.4.5　漏电流

6.4.5.1　接地故障漏电流

接地故障漏电流应符合 MIL‐E‐917E 的规定。

6.4.5.2　安全漏电流

在 50℃环境温度下,漏电流(输入至输出)在 60～700 Hz 情况下不应超过 0.5 mA。

6.4.6　线滤波器对地电容

除非另有规定,对于每一个输入和输出电路,在输入和输出侧每一线滤波器对地电容每相应不超过 0.1 μF。

6.4.7　电源至负载阻抗

电源至负载阻抗在 20℃的温度下应不小于 1.3 MΩ,在 50℃的温度下应不小于 0.8 MΩ。在这两种试验情况下,输出 MFPM 应处于断开状态。

6.4.8　电源至电源阻抗

除非另有规定,电源至电源阻抗在 20℃的温度下应不小于 1.3 MΩ,在 50℃的温度下应不小于 0.8 MΩ,此时一个电源的最小负载为 25 A,而另一个电源处于备用状态。

6.4.9　电磁干扰

IPNC 应满足 MIL‐STD‐461 规定的水面舰船和潜艇对 CE101、CE102、CS101、CS114、CS116、RE101、RE102、RS101、RS103 以及在有规定时对 CS115 的要求。

6.4.10　耐久性

除非另有规定,在按规定进行试验时应满足耐久性要求。

6.4.11　接地、搭接和屏蔽

IPNC 应包括 MIL - STD - 1310 所列举的接地、搭接和屏蔽措施。在输入和输出电缆接地屏蔽的端接处应可使用这些措施。可用 MIL - HDBK - 454 作为指导标准。

所有能导电的外部部件都应按 MIL - STD - 1310 规定的电位接地。在接受一次电源的任何装配件的导电框架和单元电气搭接接合点测量的直流电阻不应超过 0.1Ω。

6.4.12　直流磁场发射

直流磁场发射应不超过 DOD - STD - 1399 - 070 规定的范围。

6.4.13　MFPM 定额

MFPM 定额应为最大可用电流定额。

6.4.14　效率

输入至输出的总效率在负载大于输入定额 80% 时应为 85% 或更高。

6.4.15　电气接口

6.4.15.1　电源接口

IPNC 应具有经其箱顶部或底部引进和引出的电源和负载电力电缆。接线端的电流定额应与电缆电流一致。电缆电流至少应与 MFPM 电流定额一致（即若输入模块的电流定额是 100 A，则接线端也应为适合 100 A 的电缆），接线端应能从 IPNC 箱的前端通达。电缆引入板的结构应适应布置接线端和穿电缆的填料函。该引入板的密封水准应达到外壳的防护等级。

6.4.15.2　控制接口

1）机旁控制

工作人员应能从 HMI 操作 IPNC，而 HMI 又能从箱的正面通达。

2）远距控制

工作人员应能远距操作 IPNC。远距接口电缆应从箱顶或箱底进入 IPNC。

6.4.15.3　防止静电放电(ESD)要求

当采用对 ESD 损坏敏感的特定部件、模块、连接件/插座或分部件时,该器件应明显标出符合 MIL-STD-1686 规定的 ESD 标记。

6.4.16　高压保护

应按 NSTM 第 300 章的规定,对工作人员提供电压高于 30 V 的安全保护措施。部件或装配件在 30 V(交流标称电压)或更低电压的最长放电时间应为10 s。

7 中压直流区域电力系统分布式控制

7.1 概述

在舰船中压直流电力系统中，直流配电系统需要为推进电动机、雷达、激光、电磁轨道炮、制冷以及生活负载等各种负载装置供电。配电系统的控制目标如下：①根据能源系统管理程序的指令分配电力。②使直流母线电压保持在稳定范围之内。

综合电力节点中心（IPNC）采用低压交流电网产生低压交流电（通常为450 V AC/60 Hz），为区域交流负载供电。为了更好地满足功率需求，舰船电力系统中的多个低压交流区域可以互连，使每个区域负载（ZL）由两个综合电力节点中心供电。因此，互连低压交流网络的控制目标在于有功和无功功率分配以及确保母线电压和频率的稳定性。

直流和交流电力系统的相互作用与交流-直流混合微电网有关，但关于中压直流与低压交流电力系统相互作用方面（特别是针对舰船电力系统应用）的研究并不多见。

如上所述，在舰船电力系统电气和控制行为方面，以前的研究未对低压交流与中压直流网络的相互作用进行分析。在本章中，对这个问题进行深入研究。将以概念性中压直流电力系统（见图 7-1）为例介绍控制方法和具体实施方法。在图 7-1 中，有 4 台燃气轮机发电机（PGM_1、PGM_2、PGM_3、PGM_4）分布在 6 个区域，通过与 12 kV DC 配电系统连接的电力变换模块为大负载（PMM_1、PMM_2、EMRG）以及交流区域负载 ZL_i（$i=1, 2, \cdots, 6$）供电。每两个区域 450 V AC 互连，并相互交换功率。

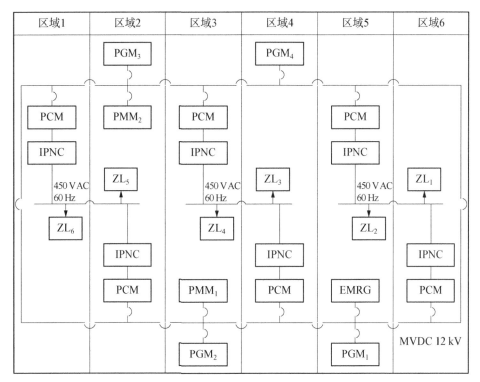

PCM—电力变换模块；IPNC—综合电力节点中心；ZL—区域负载；EMRG—电磁轨道炮；PMM—推进电动机模块。

图 7 - 1　12 kV 中压直流－450 V/60 Hz 低压交流网络

7.2　分布式控制方法

本节将介绍中压直流和低压交流电力系统的分布式控制方法。

7.2.1　中压直流网络分布式自适应控制

采用分布式控制系统，在发电机间按比例分配功率，并使母线电压保持在标称水平。如图 7 - 2 所示，每个发电模块（PGM）上部有两个自适应控制环。每个发电模块的机旁控制装置向其分布式控制器发送电压和电流信息（v_i，i_i），从而根据从能量管理程序收到的额定电压 V^{ref} 和额定功率基准 P_i^{ref} 来计算标幺信息（$x_{V,i}^{pu}$，$x_{I,i}^{pu}$）。在控制结构中，一个控制节点有两个相邻值。控制节点 i 将标幺电流状态（$x_{I,i}^{pu}$）和标幺电压状态（$x_{V,avg,i}^{pu}$，$w_{V,avg,i}^{pu}$）信息与

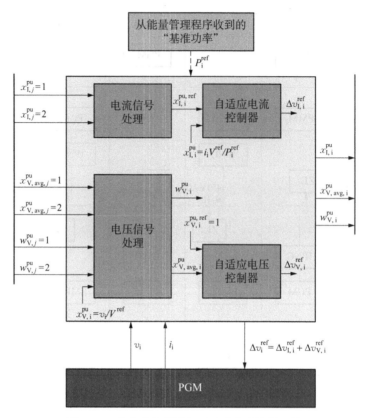

图 7-2 单个发电模块(PGM)分布式控制系统

其在控制网络中的相邻控制节点 j 交换。根据交换的信息,按式(7-1)和式(7-2)计算标幺电流基准 $x_{I,i}^{pu,ref}$ 和平均网络电压反馈 $x_{V,avg,i}^{pu}$。

$$x_{I,i}^{pu,\ ref} = \frac{1}{N_j}\sum_{j=1}^{N_j} x_{I,i}^{pu} \qquad (7-1)$$

$$x_{V,avg,i}^{pu} = x_{V,i}^{pu} + \int \sum_{j=1}^{N_j} (x_{V,avg,j}^{pu} - x_{V,avg,i}^{pu}) + k_{w,i}\int w_{V,i}^{pu} \qquad (7-2)$$

$$w_{V,i}^{pu} = x_{V,avg,i}^{pu} - x_{V,i}^{pu} + \int \sum_{j=1}^{N_j} (w_{V,j}^{pu} + w_{V,i}^{pu})$$

假设电流供给 $x_{I,i}^{pu}$ 与下垂电阻变化 $R_{dli}(u_{Ii}=R_{dli})$ 及平均母线电压 $x_{V,avg,i}^{pu}$ 与发电模块端子电压变化 $\Delta v_{V,i}^{ref}(u_{Vi}=\Delta v_{V,i}^{ref})$ 之间关系的模型可近似为如下一阶系统:

$$\dot{x}_{I,i}^{pu} = a_{Ii} x_{I,i}^{pu} + b_{Ii} u_{Ii}$$

$$\dot{x}^{\mathrm{pu}}_{\mathrm{V,\ avg,\ }i} = a_{\mathrm{Vi}} x^{\mathrm{pu}}_{\mathrm{V,\ avg,\ }j} + b_{\mathrm{Vi}} u_{\mathrm{Vi}} \qquad (7-3)$$

将提出的参考模型自适应控制用于控制系统。根据李雅普诺夫(Lyapunov)稳定性判据更新控制参数 u ($u_{\mathrm{Ii}} = R_{\mathrm{dIi}}$，$u_{\mathrm{Vi}} = \Delta v^{\mathrm{ref}}_{\mathrm{V,\ }i}$) 的自适应机理如图 7-3 所示。使用如下参考模型：

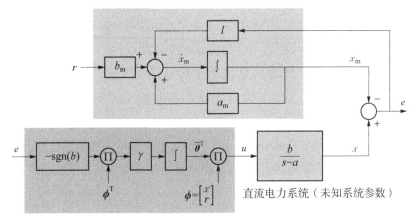

自适应机理（根据李雅普诺夫确定控制参数u）

图 7-3　未知系统参考模型自适应控制算法

$$\dot{x}^{\mathrm{pu}}_{\mathrm{Im,\ }i} = a_{\mathrm{Imi}} x^{\mathrm{pu}}_{\mathrm{Im,\ }i} + b_{\mathrm{Imi}} x^{\mathrm{pu,\ ref}}_{\mathrm{I,\ }i} - l_{\mathrm{Ii}} (x^{\mathrm{pu}}_{\mathrm{I,\ }i} - x^{\mathrm{pu}}_{\mathrm{Im,\ }i})$$

$$\dot{x}^{\mathrm{pu}}_{\mathrm{Vm,\ avg,\ }i} = a_{\mathrm{Vmi}} x^{\mathrm{pu}}_{\mathrm{Vm,\ avg,\ }i} + b_{\mathrm{Vmi}} x^{\mathrm{pu,\ ref}}_{\mathrm{V,\ }i} - l_{\mathrm{Vi}} (x^{\mathrm{pu}}_{\mathrm{V,\ avg,\ }i} - x^{\mathrm{pu}}_{\mathrm{Vm,\ avg,\ }i}) \qquad (7-4)$$

式中，下标 m 表示参考模型。因而，电压输出 $\Delta v^{\mathrm{ref}}_{\mathrm{I,\ }i}$ 和 $\Delta v^{\mathrm{ref}}_{\mathrm{V,\ }i}$ 可以根据式(7-5)和式(7-6)更新。混合电压基准变化 $\Delta v^{\mathrm{ref}}_{i} = \Delta v^{\mathrm{ref}}_{\mathrm{I,\ }i} + \Delta v^{\mathrm{ref}}_{\mathrm{V,\ }i}$ 应用于各发电模块，以实现期望的电流分配以及标称母线电压。

$$\Delta v^{\mathrm{ref}}_{\mathrm{I,\ }i} = -R_{\mathrm{dIi}} i_{i}$$

$$R_{\mathrm{dIi}} = \bar{\boldsymbol{\theta}}^{\mathrm{T}}_{\mathrm{Ii}} \boldsymbol{\phi}_{\mathrm{Ii}}$$

$$\dot{\bar{\boldsymbol{\theta}}}_{\mathrm{Ii}} = -\gamma_{\mathrm{Ii}} \mathrm{sgn}(b_{\mathrm{Ii}}) \boldsymbol{\phi}_{\mathrm{Ii}} e_{\mathrm{Ii}} \qquad (7-5)$$

式中，R_{dIi} 为虚拟电阻，$\bar{\boldsymbol{\theta}}_{\mathrm{Ii}} = [\theta_{\mathrm{Ii}} \quad k_{\mathrm{Ii}}]^{\mathrm{T}}$，$\boldsymbol{\phi}_{\mathrm{Ii}} = [x^{\mathrm{pu}}_{\mathrm{I,\ }i} \quad x^{\mathrm{pu,\ ref}}_{\mathrm{I,\ }i}]^{\mathrm{T}}$，$\gamma_{\mathrm{Ii}} > 0$，$e_{\mathrm{I,\ }i} = x^{\mathrm{pu}}_{\mathrm{I,\ }i} - x^{\mathrm{pu}}_{\mathrm{Im,\ }i}$。

$$\Delta v^{\mathrm{ref}}_{\mathrm{V,\ }i} = \bar{\boldsymbol{\theta}}^{\mathrm{T}}_{\mathrm{Vi}} \boldsymbol{\phi}_{\mathrm{Vi}}$$

$$\dot{\bar{\boldsymbol{\theta}}}_{\mathrm{Vi}} = -\gamma_{\mathrm{Vi}} \mathrm{sgn}(b_{\mathrm{Vi}}) \boldsymbol{\phi}_{\mathrm{Vi}} e_{\mathrm{Vi}} \qquad (7-6)$$

式中，$\bar{\boldsymbol{\theta}}_{\mathrm{Vi}} = [\theta_{\mathrm{Vi}} \quad k_{\mathrm{Vi}}]^{\mathrm{T}}$，$\boldsymbol{\phi}_{\mathrm{Vi}} = [x^{\mathrm{pu}}_{\mathrm{V,\ avg,\ }i} \quad x^{\mathrm{pu,\ ref}}_{\mathrm{V,\ }i}]^{\mathrm{T}}$，$\gamma_{\mathrm{Vi}} > 0$，$e_{\mathrm{V,\ }i} = x^{\mathrm{pu}}_{\mathrm{V,\ avg,\ }i} -$

$x_{Vm, avg, i}^{pu}$。

7.2.2 低压交流网络分布式控制

有文献提出了互连区域间互连分布式控制。每个综合电力节点中心的逆变器的详细算法如图 7-4 所示。综合电力节点中心的机旁控制装置将关于母线电压（$V_{i, AC}$）、频率（ω_i）、有功功率（P_i）和无功功率（Q_i）的标幺信息发送至分布式控制器。分布式控制器 i 也与相邻的控制器 $j(j = 1, 2, \cdots, N_{i, AC})$ 交换这些信息。根据接收到的信息计算平均母线电压（$V_{i, AC, avg}$）、平均频率（$\omega_{i, avg}$）、有功功率基准（P_i^{ref}）以及无功功率基准（Q_i^{ref}）。需要 PI 控制器 $G_{CV}(s)$、$G_{C\omega}(s)$、$G_{CP}(s)$、$G_{CQ}(s)$ 通过改变逆变器基准端子电压 $[V_P \sin(\omega t + \theta)]$ 来调节功率分配、母线电压和系统频率。如果综合电力节点中心的逆变器不同步，需要虚拟阻抗 L_{vir} 和低通滤波器来确保初始系统的稳定性。

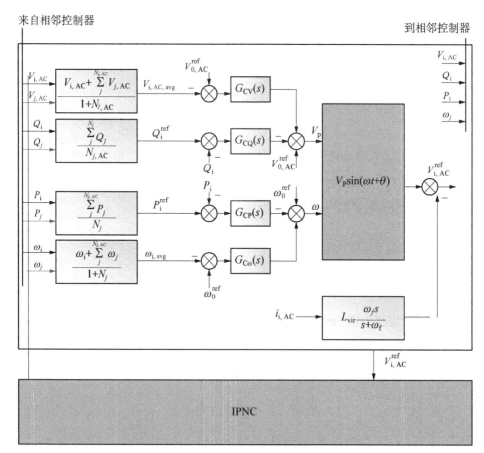

图 7-4 互连低压交流配电系统分布式控制

7.3 实例分析和结果

本节对概念性 12 kV/100 MW 中压直流电力系统进行仿真验证。12 kV 舰船中压直流网络发电模块功率信息如表 7-1 所示。在该中压直流网络中,有6 个区域为推进电动机模块(PMM)、电磁轨道炮以及多个生活负载等装置供电。自适应控制器参数如表 7-2 所示。每个发电模块的初始虚拟电阻设定为 $R_{d0}=0.5\,\Omega$。每一节点的控制时间步 $T_s=1\,\text{ms}$。在低压交流网络中,综合电力节点中心中的每个逆变器额定容量为 1 MV·A,可在端子产生 450 V/60 Hz 的电力。低压交流控制器参数如表 7-3 所示。

表 7-1 12 kV 舰船中压直流电力系统参数

参数	数值	单位
PGM_1 额定功率	25	MW
PGM_2 额定功率	25	MW
PGM_3 额定功率	25	MW
PGM_t 额定功率	25	MW

表 7-2 自适应控制器参数

符号	描述	数值
a_{mVi}	电压参考模型参数	-10
b_{mVi}	电压参考模型参数	10
a_{mIi}	电流参考模型参数	-100
b_{mIi}	电流参考模型参数	100
γ_{Vi}	电压自适应增益	1 000
γ_{Ii}	电流自适应增益	1 000
l_{Vi}	电压反馈增益	$-1\,000$
l_{Ii}	电流反馈增益	1 000

表 7 - 3　低压交流控制器参数

符号	描述	数值
$k_{p,V}$	电压控制比例增益	0
$k_{i,V}$	电压控制积分增益	5
$k_{p,P}$	有功功率控制比例增益	0.003
$k_{i,P}$	有功功率控制积分增益	0.001
$k_{p,Q}$	无功功率控制比例增益	0.015
$k_{i,Q}$	无功功率控制积分增益	1
$k_{p,\omega}$	频率控制比例增益	0
$k_{i,\omega}$	频率控制积分增益	1
L_{vir}	虚拟阻抗/mH	0.2

系统控制验证情景如下。

(1) 时间 $t = 0 \sim 15\,s$。

发电模块电流分配比率：$I_{PGM_1} : I_{PGM_2} : I_{PGM_3} : I_{PGM_4} = 1 : 1 : 1 : 1$。

初始负载条件：$I_{PGM_1} = 833\,A$，$I_{PGM_2} = 833\,A$，$I_{EMRG} = 0\,A$。

当 $t = 5\,s$ 时，综合电力节点中心逆变器功耗从 $480\,kW/45\,kV \cdot A$ 变为 $960\,kW/103\,kV \cdot A$。

当 $t = 10\,s$ 时，推进电动机模块功耗发生变化，I_{PMM_1} 和 I_{PMM_2} 各以 $120\,A/s$ 的速度上升。

(2) 时间 $t = 15 \sim 50\,s$。

发电模块电流分配比率：$I_{PGM_1} : I_{PGM_2} : I_{PGM_3} : I_{PGM_4} = 2 : 2 : 1 : 1$。

I_{PMM_1} 和 I_{PMM_2} 继续以 $120\,A/s$ 的速度上升，直至达到 $2\,040\,A$。

当 $t = 30\,s$ 时，电磁轨道炮点火，每 $6\,s$ 一个 $20\,MW/1\,s$ 脉冲。

当 $t = 40\,s$ 时，PGM_4 发生故障，从母线断开。PGM_4 的控制器也停止与相邻控制器交换信息。

上述情况下的中压直流网络响应如图 7 - 5 和图 7 - 6 所示，区域 1 和区域 2 低压交流网络的响应如图 7 - 7 所示。

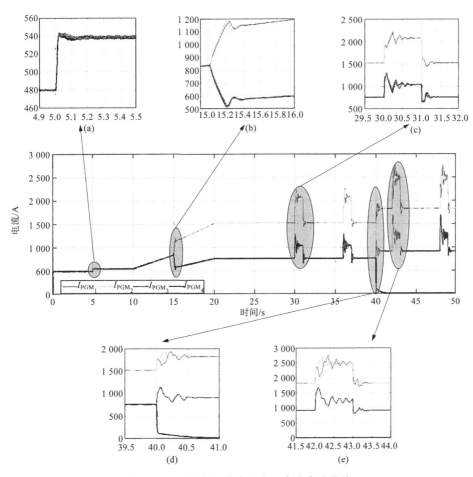

图 7-5 燃气轮机发电机中压直流电流曲线

(a)区域负载功率增加 2.88 MW;(b)改变发电机间电流分配比率;(c)启动 20 MW/1 s 电磁轨道炮;
(d)一台燃气轮机发电机(PGM₄)发生故障;(e)剩余三台发电机为 20 MW 电磁轨道炮供电

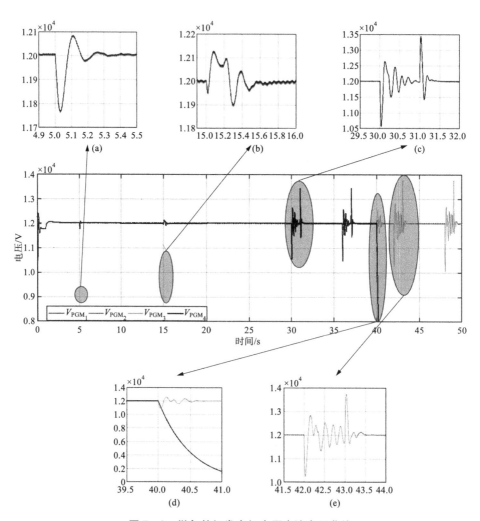

图 7-6 燃气轮机发电机中压直流电压曲线

(a)区域负载功率增加 2.88 MW；(b)改变发电机间电流分配比率；(c)启动 20 MW/1 s 电磁轨道炮；
(d)一台燃气轮机发电机(PGM₄)发生故障；(e)剩余三台发电机为 20 MW 电磁轨道炮供电

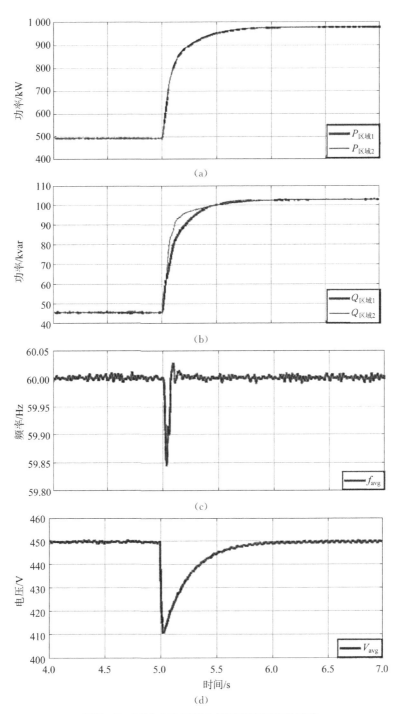

图 7-7　区域 1 和区域 2 低压交流网络的响应

(a)有功功率分配;(b)无功功率分配;(c)系统频率;(d)平均母线电压

7.4 讨论

如图 7-5 所示，随着每个发电模块电流供给从 480 A 变为 540 A，电流分配比率很好地保持了预定比率，未出现过冲。母线电压下降 2%，并在 0.3 s 后恢复至标称值[见图 7-6(a)]。

15 s 时，随着电流分配比率变化，电流响应出现 45% 的过冲，然后在 0.4 s 内达到新的电流分配比率[见图 7-5(b)]。电压出现 1% 的偏离，并在 0.5 s 后恢复至标称值[见图 7-6(b)]。

30 s 时，电磁轨道炮启动，电流消耗变化率符合预期。PGM_1 和 PGM_2 的电流从 1 520 A 变为 2 060 A，PGM_3 和 PGM_4 的电流从 760 A 变为 1 030 A。这些电流的过冲和下冲分别达到约 20% 和 10%。另外，稳定时间为 0.8 s[见图 7-5(c)]。母线电压出现约 20% 的过冲和约 20% 的下冲，接着恢复至标称值[见图 7-6(c)]。

PGM_4 在 40 s 时发生故障，其他三个发电模块的电流供给发生变化，PGM_1 和 PGM_2 为 1 820 A，而 PGM_3 为 910 A[见图 7-5(d)]。母线电压出现 10% 的下冲，但在 0.8 s 后恢复至标称值[见图 7-6(d)]。

由于 PGM_4 及其通信通道发生故障，最严重的过冲出现在 PGM_3，达到 33%，并在 0.7 s 后消除[见图 7-5(e)]。母线电压也出现较严重的 15% 的过冲和 15% 的下冲响应。但电力系统此后仍保持稳定，正常工作[见图 7-6(e)]。

在低压交流网络中，从 480 kW/45 kV·A 到 960 kW/103 kV·A，区域 1 和区域 2 间保持平均有功功率和无功功率分配[见图 7-7(a)和图 7-7(b)]。5 s 时的功率要求变化导致频率响应出现 0.25% 的下冲，系统电压出现 9% 的下冲；但系统频率和系统电压分别在 0.1 s 后和 1 s 后恢复至标称值[见图 7-7(c)和图 7-7(d)]。

这些试验证明了中压直流-低压交流网络分布式控制算法在不断变化的情景下的有效性。该试验采用了大功率装置。

7.5 小结

本章提出了中压直流和低压交流网络分布式控制算法的设计和实施方法。

经过试验,发现在瞬态条件下,低压交流电力系统对中压直流电力系统会产生影响。另外,还发现在 PGM₁ 发生故障时,大功率装置(推进电动机模块和电磁轨道炮)也会对中压直流电力系统产生影响。实例研究和分析结果验证了分布式控制实施的有效性。

8 多区域 MVDC 船舶电力系统的稳定性

8.1 概述

中压直流(MVDC)是由美国海军和其他国家海军研究提出的,作为船舶未来特殊电力负载的解决方案;然而,这种方法对电力控制和系统稳定性提出了许多挑战。本章研究的目标是为提出的 MVDC 架构开发一个分层控制结构,以确保电力系统的稳定性并实现功率潮流的优化。

海军舰船电力系统正朝着更多电子设备、更"关键"电子系统发展,同时电能需求在整个能量需求中所占的比例越来越大。这是由于传感器、未来武器系统和电力推进装置作为负载消耗大量的电能。中压直流技术被广泛应用于全电力船、综合推进系统和直流微电网(MG),带来了设计和运行上更大的灵活性,提高了系统弹性,同时提高了能源利用效率。然而,这些进步依赖于电力电子设备来控制潮流以确保电压稳定。在电网中,电力电子设备可以表现为恒功率负载(CPL),这种负载表现为负阻抗,在其他时候可能需要大的瞬时功率脉冲。设计不当的 MVDC 电力系统会在电力需求大幅波动时变得不稳定,电压崩溃,导致整个电力系统崩溃。通过分层控制结构,即确保电力系统的稳定性控制与在不同控制层的潮流优化控制,上述问题可以得到解决。

典型的 MVDC 船舶结构采用沿船体长度布线的"中压"线作为主电力母线,系统也以此命名。在这种情况下,中压定义为 $1 \sim 20\,kV$。船沿水密边界分为电力区和电力变换模块(PCM),电力变换模块存在于每个电力区与主母线之间的节点处,将电力变换为较低的电压水平,并允许每个区域在紧急情况下本身隔离母线自主运行。图 8-1 描绘了基于该概念的简化系统,具有四个区域和沿着船中心线的单个 MVDC 母线(即主母线)。为整艘船提供电力的较大发电机直接连接到 MVDC 母线。

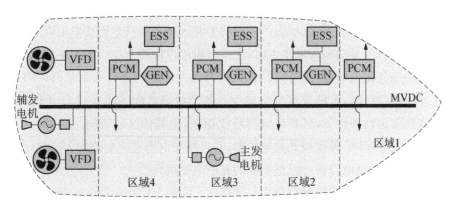

图 8-1 MVDC 架构基本元素的概念图

这里提出的控制结构包括对 PCM、发电机和能量储存系统(ESS)的三层控制,这些组成了完整的电力系统。在控制层次中的每层完成不同的系统目标,并且在连续较慢的时间尺度上执行每个较高层次的控制。第一层为最低层,是每个上述装置的电流和电压控制。第二层是对电流和电压设定点的下垂控制,以确保电力系统的稳定性同时达到功率平衡,并确保每个母线上存在适当可调节的电压。第三层侧重于资源的优化。本章侧重于中层控制。

本章的主要贡献是在区域层定义两种类型的中层控制:下垂控制和电压调节,并建立对这些控制器的稳定性约束。区域网络中的每个设备将处于上述的两种控制模式之一,而可能的设备模式的组合会导致每个区域有四种不同的运行模式。此外,当需要大部分的船舶功率时,主母线上的电压同时由主母线上的主发电机控制,或者由其中一个区域输出的电力控制。发送到 MVDC 母线的电流量由电压下降量确定,输送的极限值由基于允许的 MVDC 下垂百分比控制。

8.2 系统提出

基于图 8-1 所示的 MVDC 架构,所提出的系统由作为独立微电网的各个区域组成,各区域通过 PCM 连接到 MVDC 母线。每个区域可以包括多种负载或专用于特定功能的负载,例如推进。每个区域可以包含其自己的发电系统,其发电容量可以为该区域内的所有重要负载供电,并且能够通过 MVDC 主母线与其他区域共享多余的电力。区域内和主母线上的发电机和 ESS 应根据对稳态潮流的研究和负载情况确定功率大小。

在许多运行条件下,区域内产生的功率和区域之间共享的功率足以满足使用需求,然而,当总功率需求变大时,主发电机可以快速上线。由于主发电机很可能是由燃气轮机驱动,其特点是在接近其最大容量时运行效率最高。因此,当主发电机联机时,区域发电量会减少。各个状态之间的瞬变状态由 ESS 供电。在正常运行条件下,某些区域将吸收功率,而其他区域将输出功率。区域间可以通过 MVDC 母线彼此共享功率,并且船舶电力系统中的较大负载(例如推进电动机)的供电设备可以是船载的发电电源组合。

如前所述,功率流的控制分为三个层次。前两个层次包括电流和电压控制(第一层),以及下垂控制和电压调节(第二层),是分布式控制的形式。控制器彼此独立工作,能够平衡发电和负载,确保系统的稳定性,而无须相互通信。第三层控制可以是集中式控制器,也可以是分布式控制器,使用时可以设置第二层控制器的基准值,以优化资源达到最小损耗的目标。

8.2.1 DC 区域

将每个区域连接到主母线的 PCM 可以根据其不同的工作模式,将电力从主母线输送到区域中,或从区域输出电力,或使区域与主电网隔离。图 8-2 描绘了单个区域的等效电路,其电源为受控电源,具体控制方案随后描述。该等效电路的负载为 CPL,ESS 控制部分的带宽比其他电源更宽,这样它对负载瞬态变化的响应会更快,有助于保持系统稳定而不需要依赖太大的电容 C,下文有分析结果。为了描述系统最坏的稳定情况,负载设为恒功率负载,负载侧电力变流器表示具有无限带宽且无电阻。

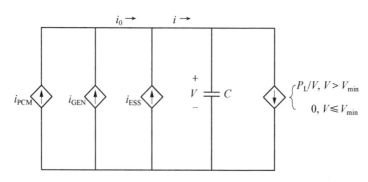

图 8-2 具有 CPL 的单个区域的等效电路模型

8.2.2 工作模式

每个区域将以表 8 - 1 中列出的四种模式之一运行。前两种模式相同,只是在模式 1 中区域发电机不工作时,区域的所有稳态功率都经 PCM 从主母线吸收。如图 8 - 3(a)所示为 PCM 电流控制的框图,其中控制模型是时间常数 τ_P 为一阶延迟,也就是低通滤波器,其确保由 ESS 的功率快速跟踪负载瞬变。在模式 1 中,区域发电机设定点 i_{G0} 为零。在所有模式中,$i_{E0} \leqslant 0$, 是 ESS 的稳态充电电流,该值由第三层控制设置,且取决于 ESS 的充电状态。在这些模式下,PCM 的任务是基于传感电流 i 来调节区域中的电压。

表 8 - 1 单个区域的工作模式

模式	描 述
1	区域发电机关
2	区域发电机开
3	隔离区域
4	区域发电机支持主母线

图 8 - 3(b)和图 8 - 3(c)分别描绘了 ESS 和区域发电机的下垂控制情况。在模式 1 中,区域发电机不工作,因此 $K_g = 0$。 控制器与 PCM 控制相结合的工作情况如图 8 - 3(a)所示,确保稳态电流等于设定点 i_{E0} 和 i_{G0}。 同样要注意 ESS 中的电力变流器具有更高的带宽,因此 $\tau_e \ll \tau_g$ 和 $\tau_e \ll \tau_f$。 参数 K_e 和 K_g 基本上是虚拟的导纳,有助于抑制振荡并确保系统的稳定性。

在模式 3 中,该区域是隔离形式,因此从主母线输入或输出的功率为零。在这种情况下,区域发电机必须投入工作以保证区域的电压稳定,如图 8 - 3(d)所示。在模式 4 中,区域发电机还提供额外的电源,通过 PCM 输出到主母线。图 8 - 3(e)表明了这种情况,因为增加 i_{PCM},而 i_{PCM} 是由 MVDC 中 PCM 侧的下垂控制确定的,所以当主母线上没有发电机运行时,至少有一个区域应处于模式 4。当在主母线上有发电机运行时,区域也可以输出电力,而它们输出功率的大小由下垂系数 K 决定。

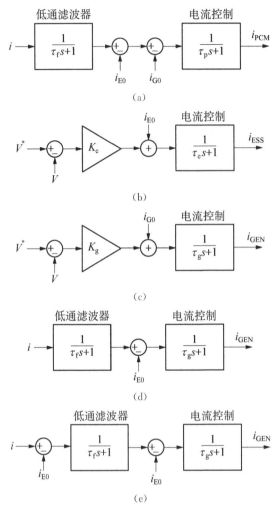

图 8-3　各个区域二次电流控制的简化框图

(a)PCM 电流控制(模式 1 和模式 2);(b)ESS 下垂控制;(c)区域发电机下垂控制(模式 1 和模式 2);(d)区域发电机电流控制(模式 3);(e)区域发电机电流控制(模式 4)

8.2.3　区域电压的稳定性

电压稳定性是指电源系统在受到给定初始的干扰状态后,在系统中的所有母线上保持稳定电压的能力。它取决于维持/恢复负载需求功率与电力系统输出功率之间平衡的能力。可能的不稳定状态以某些母线的电压逐渐下降或上升的形式出现。如前所述,具有负阻抗特性的非线性 CPL 在稳定性方面需要格外注意。现针对这种阻抗提出了几种解决方法,包括主动阻尼。该方法可以在本节提出的结构内使用,寻求建立限制和边界以确保存在期望的平衡点并且是稳定的。这些限制也可以作为约束用作在更高控制层次的优化控制中。

下式中 τ_e 与其他时间常数相比较小,为了确定稳定性准则,i_0 被认为是恒定的。给定 $v = V^*$ 和 $i = P_{L0}/V^*$ 的初始条件,假设 $P_{L0} < K_e V^{*2}$,可以求解下面的等式。

$$i_0 = \frac{P_{L0} - V^* i_{E0}}{V^*} \tag{8-1}$$

在图 8-2 的网络中应用基尔霍夫电流定律,可知 $i = i_0 + i_{ESS}$,在图 8-3 (b)描绘的下垂控制关系中,以 $i(t)$ 和 $v(t)$ 为变量的状态方程为

$$\frac{\tau_e}{K_e} \frac{\mathrm{d}i}{\mathrm{d}t} = -\frac{i}{K_e} - v + \frac{P_{L0}}{V^* K_e} + V^* \tag{8-2a}$$

$$C \frac{\mathrm{d}v}{\mathrm{d}t} = i - P_L b(v) \tag{8-2b}$$

$$b(v) = \begin{cases} \dfrac{1}{v}, & v > v_{\min} \\ 0, & v \leqslant v_{\min} \end{cases} \tag{8-2c}$$

求解稳态解能确定阶跃变化 $P_{L0} \to P_L$ 后的平衡点。二次方判别式可用于确定平衡点是否存在,即

$$2P_{L0} + \frac{P_{L0}^2}{K_e V^{*2}} + K_e V^{*2} - 4P_L \geqslant 0 \tag{8-3}$$

最坏的情况是当 $P_L = 0$ 时,在平衡点的功率需求最大,即

$$P_L \leqslant \frac{K_e V^{*2}}{4} \tag{8-4}$$

在状态方程符合定义[式(8-5b)和式(8-5c)]时,Brayton-Moser 定理确定李雅普诺夫型函数可以从"混合势"函数[式(8-5a)]导出。

$$U(i, v) = -\frac{1}{2} \frac{1}{K_e} i^2 + P_L \int b(v) \mathrm{d}v - iv + \left(V^* + \frac{P_{L0}}{K_e V^*} \right) i \tag{8-5a}$$

$$-C \frac{\mathrm{d}v}{\mathrm{d}t} = \frac{\partial U}{\partial v} \tag{8-5b}$$

$$L \frac{\mathrm{d}i}{\mathrm{d}t} = \frac{\partial U}{\partial i} \tag{8-5c}$$

Brayton 第三定理适用于"混合势"函数具有特殊形式[式(8-6)]的情况,并当 A 为正且 $B(v)+|v| \to \infty(|v| \to \infty)$ 时,且 $\|L^{1/2}A^{-1}C^{-1/2}\| \leqslant 1$,则平衡点是稳定的。

$$U(i, v) = -\frac{1}{2}Ai^2 + B(v) \pm i(v \pm a) \qquad (8-6)$$

这导致以下稳定性的要求,因为 ESS 更快的控制响应需要更少的稳定电容。

$$C \geqslant \tau_e K_e \qquad (8-7)$$

基于 Mathematica 软件包中的 Runge-Kutta 数值求解器,可得到如图 8-4 中所示的结果。由此可知,当不满足稳定性准则[式(8-7)]时,即使平衡点确实存在,系统也不会稳定运行至平衡点状态。

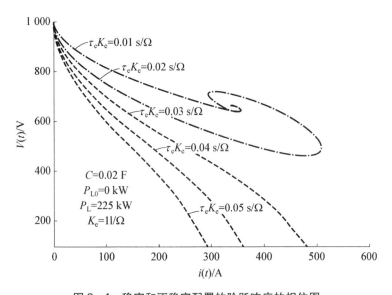

图 8-4 稳定和不稳定配置的阶跃响应的相位图

8.3 仿真研究

本节采用 Matlab 中的 Simscape 模块来模拟搭建通过 MVDC 母线(即主母线)连接两个区域的系统。每个区域由一个本区发电机、一个 ESS 和一个 CPL 组成。MVDC 母线上有一个主发电机,MVDC 母线和区域之间的 PCM

是双向无损电力变流器。使用具有 $10\,\mu s$ 的固定时间步长的显式反向欧拉法来求解完整的微分方程组。MVDC 母线电压选择 12 kV,区域电压为 1 kV。表 8-2 显示了时间常数、下垂系数及其他仿真参数的数值,并且所有数值都在稳定性限制范围内设定。对于每次仿真运行,在两个区域都使用相同的负载图。负载图包括了每个区域中 CPL 的几个步长变化,系统对这些负载变化做出的响应。下面具体论述区域在四种工作模式下的仿真结果。

表 8-2 仿真参数设置

参数	数值
V_{M0}/kV	12
K_{MG}/Ω^{-1}	0.1
K_P/Ω^{-1}	0.1
τ_{mg}/s	0.5
C_M/F	1
V^*/kV	1
K_g/Ω^{-1}	0.1
K_e/Ω^{-1}	1
τ_p/s	0.1
τ_p/s	0.5
τ_e/s	0.001
τ_f/s	1
C/mF	10

第一种模式是只有 MVDC 母线上的主发电机运行,其仿真结果如图 8-5 所示。每个区域和主母线上的电压显示在顶部,各种输出电流和功率在下面。在主母线上,随着对区域的功率输出增加,电压也相应地下降。在这些区域中,ESS 对负载功率的阶跃变化具有更快的响应,并且 PCM 也输出功率以降低 ESS 的输出并将区域电压恢复到 1 kV。主母线的功率输出到区域,并且发电机逐渐增加其输出以满足区域的需求,但是不受区域瞬态的影响,瞬态由区域内部调节。

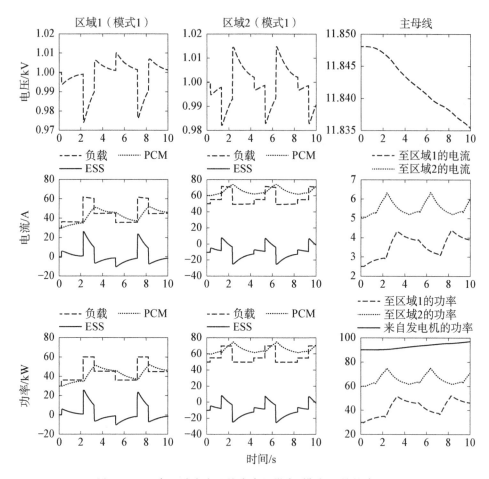

图 8-5 两个区域由主母线发电机供电(模式 1)的仿真结果

第二种模式增加了区域发电机,并降低了 MVDC 发电机的输出功率,仿真结果如图 8-6 所示。由于区域发电机的下垂系数 K 低于 ESS 的下垂系数,并且时间常数较长,因此 ESS 仍然对负载变化响应最快。在这种情况下,并非所有的功率需求都由区域发电机提供,因此主母线上产生的功率仍会输出到区域。此时主母线输出到区域的功率小于第一种模式下的输出功率,因此主母线的电压下降量也较小。

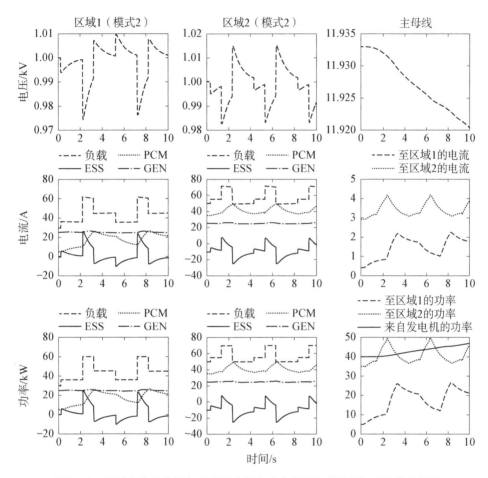

图 8-6 区域内的发电机与主母线上的主发电共用负载(模式 2)的仿真结果

第三种模式是区域 1 与主母线隔离,该区域所需的功率全部由该区域的发电机提供,并自动运行,仿真结果如图 8-7 所示。在这种模式下,MVDC 发电机仅为区域 2 供电,并且当主母线上的电压下降时,可以离散地看到区域 2 的负载跃变。

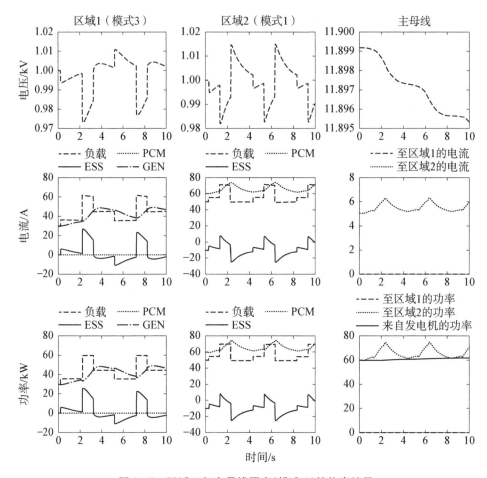

图 8-7 区域 1 与主母线隔离(模式 3)的仿真结果

最后一种模式的仿真结果如图 8-8 所示,展示了区域 1 为区域 2 供电的能力。在这种模式下,主母线上的发电机关闭,而区域 1 的发电机是所有功率的来源。电流从区域 1 流入主母线再流到区域 2 中,该电流由 PCM 中下垂控制器来控制,该 PCM 连接在区域 1 和主母线之间。在这种模式下,区域 1 的 PCM 控制电流方向与之前仿真中的方向相反。

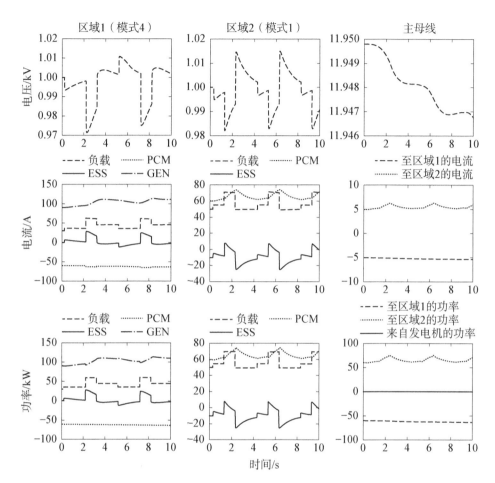

图 8-8 主发电机未运行,区域 1 给区域 2 供电(模式 4)的仿真结果

8.4 小结

仿真表明,所提出的分布式控制系统能够保持区域中系统的功率平衡、电压稳定性和电压调节性能,同时将主母线电压保持在其规定的限度内。该系统还能够以多种模式运行,因此并非所有发电机都需要运行,只需以最有效的工作模式运行即可。鉴于 CPL 的独特特征,导出的约束条件是系统保持稳定性的充分条件,并且能作为更高控制层次下的优化约束条件。

本章的主要贡献是在区域层确定两种类型的第二层控制,并对这些控制器建立稳定性约束。所提出的控制方案涉及对电流和电压设定点的下垂控制,以确保系统的稳定性,直到功率平衡,并将母线上的电压调节到合适的范围。该系统的发电和配电十分灵活,对大脉冲负载能稳定响应,各个区域也能隔离运行。建立这种控制架构为未来海军舰艇的发展铺平了道路,既支持具有大型电子负载的现代系统,又改善了在船上集成这些系统的便利性以及系统的整体能效。

9 耐故障的舰船中压直流结构

9.1 概述

故障事件期间的生命力是设计下一代舰船综合电力系统结构首先需要考虑的问题。"故障"指线间(LL)、线间对地(LLG)或线对地(LG)任何意外低阻抗路径。下一代舰船综合电力系统的主要目标是确保无故障系统部分不受故障影响或能够在系统自动重构消除系统故障过程中容许短时断电。

故障保护策略是构建综合电力系统结构的基础,因为故障期间的行为最终会影响电力变流设备和所有保护设备的峰值电流定额。电流定额、馈电冗余及相关保护方法将影响电力系统尺寸、重量、效率和成本。在电力电子系统中,由于电力半导体装置载流能力有限,峰值电流定额对设备尺寸和重量有最直接的影响。因此,峰值电流定额决定着并联装置的数量或并联电力变流模块的数量。峰值电流定额也直接影响系统中所有电感器的尺寸和重量,这些电感器可能具有较大(重)的尺寸和重量。电感器散热难以管理,在解决这一难题时还会增加辅助冷却系统的尺寸和复杂程度。这一点对故障管理非常重要,因为电感器限制着电流的上升速率(di/dt),为避免电感器在大电流故障事件期间饱和,在管理电感器散热情况时,会造成电力系统尺寸的进一步扩大。

未来舰船电力系统的发展离不开电力半导体技术的进步,特别是用于高功率应用的宽带隙电力半导体。

本章以采用 13.8 kV AC 馈电的中压直流电力系统为例。根据整个电力系统的结构,中压直流电压将为 15～20 kV DC。确定适合的中压直流结构并加以改进。以概念性 4 区域 40 MW 舰船来评估结构的生命力、总尺寸和重量。结构的尺寸和重量基于双 MOSFET 10 kV/120 A 模块,预估未来额定电流为240 A,确定电力变流级占用面积。概念性滤波器和变压器尺寸、重量、机柜辅助设备、机柜总体尺寸和重量根据现有设备缩放估算。

9.2 基本综合电力系统经验

直流区域配电系统(DCZEDS)是耐故障综合电力系统很好的实例。基于传统直流区域配电系统的综合电力系统如图9-1所示。在该电力系统的每个电力区域中,一台由变压器馈电的相控整流器(PCR)将中压交流电变换为直流电。相控整流器输出端可以连接到一条或两条直流区域间母线上,向每个电力区域中的低压交流(LVAC)和低压直流(LVDC)负载供电。低压交流和低压直流配电系统从每个电力区域中的区域间母线分段呈放射状展开。当任一条

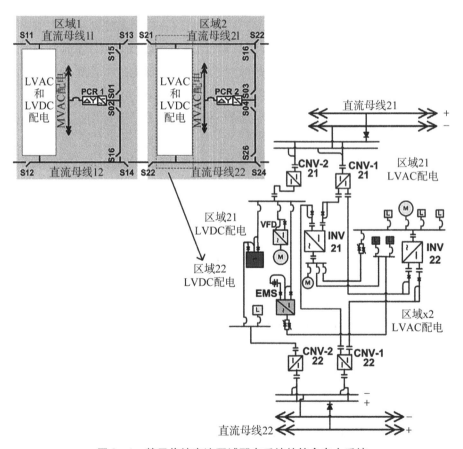

图9-1 基于传统直流区域配电系统的综合电力系统

1 kV DC 母线上发生故障时,图 9-1 所示电力系统通过 S11、S12 等开关的自动故障定位、隔离和重构(FLIR)来达到生命力要求。当发生故障时,任何连接到故障母线的区域内部件,以及未通过二极管信号选择电路冗余连接至无故障母线或本区储能管理系统(EMS)的区域内部件都会失电。FLIR 序列捕捉故障开始时出现的故障电流快照,通过关闭受影响的相控整流器使故障母线断电,利用逻辑定位故障至受影响的 1 kV 直流母线的分段,重构 S11、S12 等开关以隔离发生故障的母线部分,然后使母线重新上电。

以下局限性使这种传统直流区域配电系统结构的生命力下降。

(1) S11、S12 等开关必须能够承载大电流量(大于 2 000 A),因而需要电动开关对重型汇流排进行气隙隔离。由于这一局限,再考虑到相控整流器较慢的响应速度,导致 FLIR 时间增加到大于 20 s。显然,由于低压关机,在故障被隔离后大部分低压交流与低压直流负载不会恢复。

(2) 每个电力区域内低压交流与低压直流配电系统之间无变压器(电流)隔离。由于这一局限,再考虑到系统未接地(浮接)以在单接地故障时确保供电连续性,在发生双接地故障时,会导致船上大量失电和产生高电压应力。

为分析第 2 点局限,考虑同一系统内不同位置处正端对地(PG)或负端对地(NG)端子处的线对地故障。在非隔离系统中,这两种线对地故障构成线间故障。发生这种情况时,由于图 9-1 中的信号选择二极管处于正常差动模式,故障电流路径被阻断。如果正端对地和负端对地故障出现在图 9-1 中任意两台非隔离变流器内反向二极管的节点侧某处,当故障路径中的 IGBT 导通,能量通过负端侧电缆电感聚积;当故障路径中没有 IGBT 时,能量通过反向二极管释放到电容器。当信号选择二极管两对侧的直流母线上发生正端对地和负端对地故障,会出现最坏情况。在这些情况下,会出现超过两条直流母线电压水平之和的电压应力。如图 9-2 所示,直流母线 21 发生负端对地故障,接着直流母线 22 发生正端对地故障。由于无法通过关闭两个线对地故障路径中的任何有源电力半导体来断开故障电流路径,因此出现大的负端侧电流浪涌,仅通过直流-直流变流器内部直流环节电容器内的组合电缆和故障电阻限制,直至直流环节电容器上的电压超过直流母线 21 和直流母线 22 的电压之和(即大于 2 kV)。在图 9-2 中,产生的电压应力出现在 CNV-1 22 中的直流环节电容器上。正端对地和负端对地故障造成的电压上升只能通过用气隙隔离开关(如图 9-1 直流-直流变流器输入和输出端的触点)断开故障路径来停止。对于极低阻抗故障,这些触点无法在有载条件下断开,在需要断开大电流(图

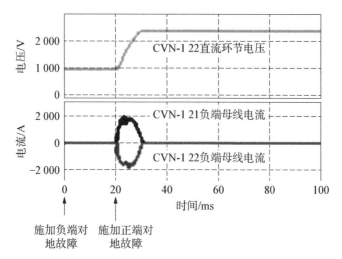

图 9-2　正端对地和负端对地故障对相对二极管信号选择母线的影响

9-2下部曲线)时很可能会失效。

　　显然,上述两点局限会对综合电力系统的生命力产生不利影响;换而言之,无法在故障被隔离后完全恢复无故障系统部分(第1点局限),也无法隔离故障事件对无故障系统部分的影响(第2点局限)。在下一代综合电力系统中压直流结构中,这两点局限的影响会更严重,因此必须彻底解决。从根本上讲,这两点局限可通过采取措施分别阻断正、负端侧电流来解决。第2点局限可通过相对二极管信号选择母线间以及电力区域间的电流隔离来解决。

　　传统直流区域配电系统的综合电力系统的另一个局限在于低压交流和低压直流系统中储能管理系统的次优布置。美国海军下一代舰船综合电力系统路线图通过引入储能舱概念来解决这一问题,这一概念把储能管理系统在电力系统中的应用推上了更高层次。

9.3　中压直流电力系统的考虑因素

　　中压直流结构设计需考虑如下因素。

9.3.1　电流隔离

　　利用固态变压器可提高微电网的功率密度。当应用于中压直流电力系统时,固态变压器用作隔离直流-直流变流器,将中压直流变换为低压直流,并通过其内部高频变压器实现电流隔离。采用如图 9-3 所示的 10 kV 模块的固态变压器(其中 $n=3$),双有源桥(DAB)电路在中压侧串联,在低压侧并联。固态变压器标称定额为 3 MW,采用 10 kV/240 A SiC MOSFET/JBS 二极管模块。

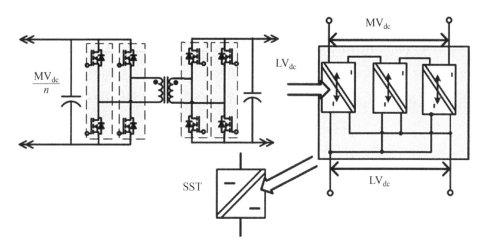

图 9-3　用于 20 kV 电力系统的中压直流/低压直流固态变压器

为实现耐故障中压直流电力系统,固态变压器也将起到故障隔离的作用。例如,固态变压器双有源桥可通过发生故障的变压器一侧的 MOSFET 开关来限制其输出电流,并通过故障对侧桥中 MOSFET 的开关来控制输送到故障点的能量。这样固态变压器可使故障电流降至零,使下游空载触头能够断开以隔离故障。固态变压器的双向性使结构中的固态变压器能够隔离中压直流与低压直流之间以及电力区域之间的故障。

9.3.2　有断路器结构

有断路器直流结构源自传统交流电力系统保护方式,采用固态保护装置的组合将故障电流降至零,并采用空载触头对故障进行气隙隔离。需要用气隙隔离的方法来阻断可能出现在固态保护装置上的反向漏电流,除非固态保护装置可在所有故障情况下有效阻断这些电流。为将故障与电力系统其余部分隔离,通常也需要采用气隙隔离的方法。

直流电力系统不具有交流电力系统的逆阻抗特征,因此非瞬态故障电流取决于上游变流器的电流限制,并且在与故障串联的每个点上其大小都相同。突然施加的短路故障会导致大的电流浪涌,其峰值仅受与电网连接的变流器的电容以及电源与故障间电缆阻抗的限制。在 20 kV DC 电力系统中,这些浪涌电流可在毫秒级时间内达到 20~500 kA。因此,需要保护装置(PD)在微秒级时间内动作来切断故障电流。此外还需要采取控制方法,使上游和下游保护装置协调应对瞬态电流。

有断路器系统的概念性部件如图 9-4 所示。与发电机输出端连接的电压源变流器(VSC)为中压直流母线供电。概念性电压源变流器为 5 电平中性点钳位式(5LNPC)有源整流器。输入滤波未显示。如果线间故障直接施加到电压源变流器的中压直流端子,直流环节电容器将首先放电到故障点。随后故障

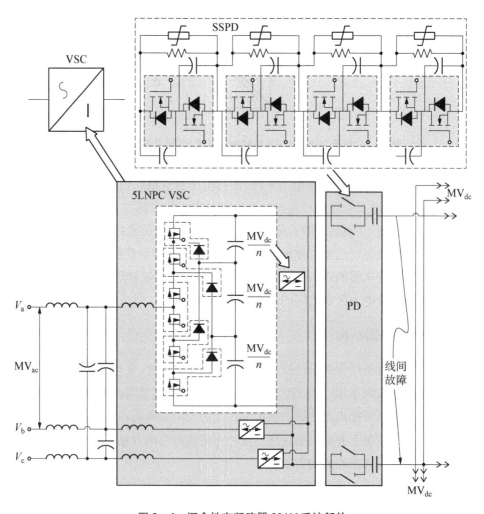

图 9-4　概念性有断路器 20 kV 系统部件

电流将流经反向二极管,仅由上游交流阻抗限制。因此,必须在电压源变流器与故障之间插入保护装置,由保护装置承担全部故障缓解功能。图 9 - 4 展示了电压源变流器一个相的局部结构以及固态保护装置正臂的细节布局。所有部件均使用 10 kV/240 A SiC MOSFET/JBS 二极管模块实现。所示部件足以实现 4 MW 馈电。电压源变流器和固态保护装置模块需要并联,以组成功率更高的电力系统。保护装置必须包括用于故障气隙隔离的空载触头。当发生故障时,固态保护装置以极快速度的动作(微秒级时间内)将故障电流限制至零。固态保护装置和空载触头相互协调,当电流达到安全水平时,触头断开。

有断路器结构在电压源变流器馈电端和每条中压直流支路均配有保护装置。每个保护装置会在此处做出协调,然后可通过使用限制信号与上游、下游和并联支路保护装置进行协调。有断路器结构的优点如下:降低电容器放电产生的高峰值电流,最短供电中断(取决于空载触头的断开速度)。目前用于气隙隔离的解决方案的开断时间通常大于 100 ms。美国海军资助了一项快速空载触头的开发项目,据报道,该项目开发的 6 kV/2 000 A 连续电流定额开关在空载状态下可在不足 3 ms 内断开。

9.3.3 无断路器结构

在理想的中压直流结构中,电力变流器可集成系统保护功能,不需要直流区域配电系统上的固态保护装置,从而实现耐故障性,保持生命力。这样可避免加装固态保护装置所增加的设备尺寸和重量以及开发风险,并可利用电力变流器固有的电流限制和电压抑制功能。在舰载环境中,考虑到电力变流器间的距离以及始终存在的单个线对地故障的可能性,这种理想结构似乎不太可能实现。但这些无断路器结构能够通过使用固态变压器实现每个区域的电气隔离,从而使每个区域免受其他区域线对地故障的影响。

与发电机连接的电力变流器必须能够在发生故障时抑制其输出,并与下游空载触头协调隔离故障。

无断路器系统概念性部件如图 9 - 5 所示。中压直流母线由电流源变流器供电,电流源变流器能够限制自身输出电流并可隔断上游发电机的故障影响。电流源变流器同样采用 10 kV/240 A SiC MOSFET 模块(由三个这样的装置串联封装在一起)。JBS 二极管与 MOSFET 串联。如果将线间故障直接施加到电流源变流器的中压直流端子,则电流源变流器将限制其电容器放电电流,再

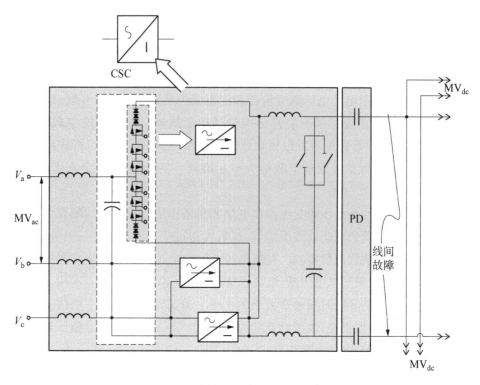

图9-5　概念性无断路器16kV系统部件

崩溃其输出电压。此时需要下游保护装置来隔离故障,但这些保护装置只需要由气隙隔离装置组成。电流源变流器与保护装置间需要通信,以协调故障隔离,并使母线重新上电。由于电流源变流器是一种电压抵消拓扑结构,输出必须低于峰值交流输入。因此,13.8kV AC 输入可实现的最高中压直流电压为16kV DC。

9.4 中压直流结构鉴别与评估

对可能适用于舰船中压直流电力系统的直流配电结构,通过检索,对备选概念性中压直流结构进行鉴别。假设要求如下:在故障造成除一台发电源外其他发电源均失效且一条配电母线失电的条件下,从所有旋转发电源向中压直流配电系统内所有物理位置供电。假设发生故障时,系统必须能够自动恢复,并将电能重新从至少一个发电源输送至负载。根据以下采用的保护系统设计标准对备选结构进行评估,以1~5评分,满分为5分。对于具有完全生命力的结构,生命力评分为5分。

(1)可靠性——故障协调高选择性。

(2)速度——故障隔离和恢复期间最短断电持续时间。

(3)性能——在发生故障隔离和恢复后对所有负载的使用质量。

(4)经济性——低实施风险。

(5)简单性——对集中的装置间通信的低依赖性。

未隔离区域的双环形母线如图9-6所示。这种结构源自图9-1中的结构,只是将中压交流换成中压直流,通过电压源变流器与中压交流源连接,使用固态变压器实现降压,仅在采用固态保护装置的区域间将两条低压直流母线互连。该电力系统具有高可靠性,但高度依赖于固态保护装置之间的通信,速度会非常高。区域之间没有电流隔离,因此在发生多个线对地故障情况下会影响性能,但固态保护装置有助于缓解电力系统的应力,并最大限度地减少对无故障系统部分的影响。这一结构高度依赖于高功率密度固态保护装置的开发。一个区域内的低压交流和低压直流配电系统如图9-7所示。在这一情况下使用固态保护装置可简化图9-1所示的电力系统,减少损耗并提高性能。级联固态保护装置间的选择性将取决于电流馈电的宽裕量或固态保护装置间的通信。

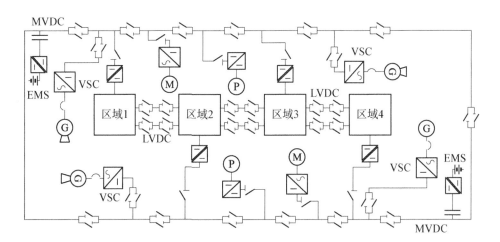

图9-6 双环形母线(未隔离区域)

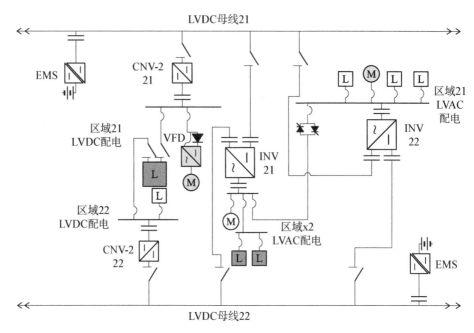

图9-7 一个区域(未隔离)内的低压交流和低压直流配电系统

图9-8显示的是采用固态变压器的单环形母线,去掉了区域互连,将固态变压器隔离延伸到区域内每条母线,从而提高了性能。区域2配电系统如图9-9所示。

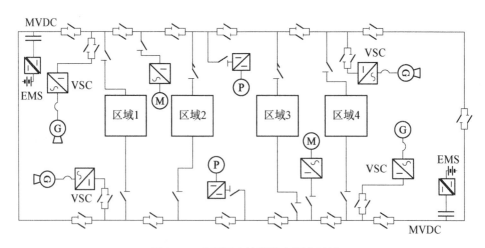

图9-8 电压源变流器馈电隔离区域

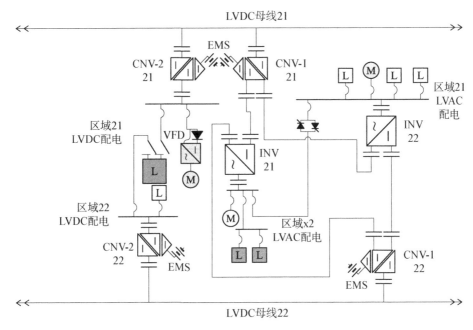

图 9-9   区域 2(隔离)配电系统

"一个半断路器"结构如图 9-10 所示。这是一种完全不同的结构,旨在解决选择性问题,以提高系统可靠性。根据分析,这种结构具有高生命力。图中浅色支路的电流馈电低于深色支路,因此这一结构在中压直流情况下实现一定程度的选择性。双中压直流环形母线结构(见图 9-11)是一种源自"一个半断路器"的新结构。这种结构也保留了图 9-8 所示结构的性能优点。图 9-10 和图 9-11 中的结构具有与图 9-9 中相同的低压交流/低压直流配电系统结构。

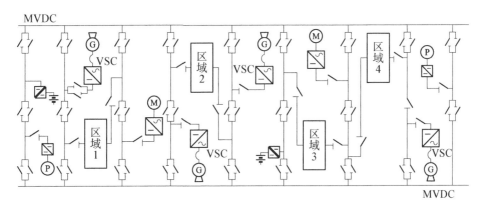

图 9-10   "一个半断路器"结构

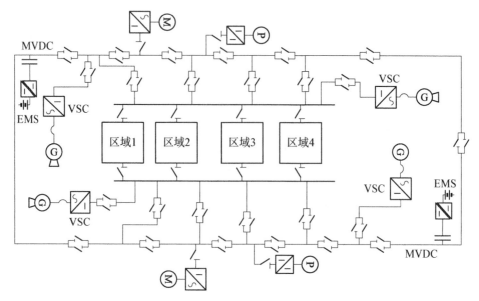

图 9-11 双中压直流双环形母线(隔离区域)结构

所有上述结构都采用了断路器。通过将电压源变流器替换为电流源变流器,并将固态保护装置替换为小型简易的隔离触头,图 9-8 中的单环形母线结构可转换为图 9-12 所示的无断路器结构。中压直流母线故障隔离和恢复会与图 9-1 中的非常相似,只是用电流源变流器(在故障隔离后使母线重新上电的速度比相控整流器更快)以及新的气隙隔离装置提高了速度。该结构的速度将远慢于有断路器结构。同时,由于去掉了固态保护装置,性能也有一定下降。

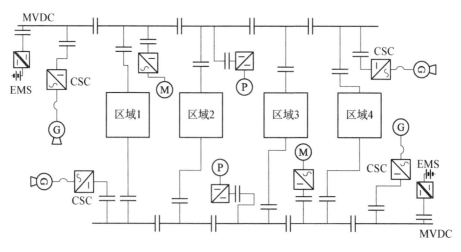

图 9-12 电流源变流器馈电隔离区域结构

可增加相关部件,但那样就不再是纯粹的无断路器结构了。

图9-13和图9-14显示的新拓扑结构采用创新的隔离方式解决速度问题。图9-13是一种发电机隔离结构,使用来自多绕组发电机的单独馈电线为直流区域配电系统馈电。这一结构的性能高度依赖于如何利用发电机绕组,但似乎性能与简单性之间存在直接的此消彼长关系。发电机失效时会断开供电路径,而这在其他结构中不会出现。图9-14进一步扩展了固态变压器的使用

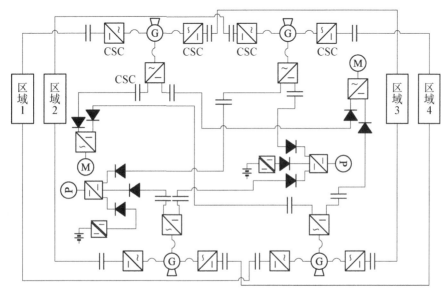

图9-13 发电机隔离结构

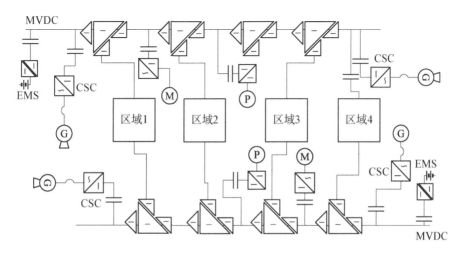

图9-14 固态变压器隔离结构

范围,在每个区域接口处将横向和级联固态变压器组合,利用固态变压器的电流限制能力解决速度问题,并显著降低对用于缓解故障的快速气隙隔离装置的需要程度。这种结构目前尚在开发中。

对所有中压直流结构的生命力、体积和重量进行评估,如表9-1所示。很显然,无断路器结构具有最高功率密度,但生命力较低。固态保护装置的重量功率密度(kW/kg)约为电力变流器的20倍。但若假设采用中压开关设备相关的封装技术,体积功率密度约为电力变流器的12倍。这归因于结构中重量与体积的分布差异:即使配有大量固态保护装置,双中压直流环形母线的总重量也并不显著;但总体积则要显著得多。随着20 kV固态保护装置的开发,关于固态保护装置的尺寸和重量假设也会修改。

表9-1　中压直流结构评估

结构	评估		
	生命力(1~5分)	体积/m³	重量/t
双环形母线(未隔离区域)	3.8	483	341
电压源变流器馈电隔离区域	3.5	500	379
"一个半断路器"	4.2	488	388
双中压直流环形母线(隔离区域)	4.2	489	335
电流源变流器馈电隔离区域	3.4	338	280
发电机隔离	2.5	396	342
固态变压器隔离	3.2	382	241

9.5　小结

本章从故障性能角度对各种可能的中压直流结构进行了比较,从中鉴别最有前景的结构。研究表明,维持和提高综合电力系统的生命力将以更大的设备尺寸和重量为代价。但随着单个部件功率密度的不断提高,这种代价将越来越小。正如固态变压器开发领域中那样,SiC模块的发展将为设备功率密度的提高注入动力。

10 无断路器中压直流结构

10.1 讨论

　　美国海军研究局开展了一项旨在开发无断路器中压直流结构的研究。早先的下一代综合电力系统(NGIPS)研究已发现中压直流结构所拥有的诸多潜在优势。其中一项优势是研究的基础：由于电力电子装置相对于机电断路器的速度优势,中压直流结构可实现更快的保护系统响应并降低故障电流。而包含机电断路器的结构都无法实现这点。

　　之前的研究也发现与中压直流结构有关的潜在风险,本章的研究将对其中一个进行分析：每一台发电机的整流将降低冗余度和生命力。除开发真正的直流发电机外,交流发电机输出整流将是开发舰船中压直流电力系统的唯一现实方法。但单块整流器的故障下游隔离将需要至少暂时关闭由整流器供电的所有负载。在 4 台燃气轮机发电机(TG)结构中,这将占所有电力负载的 25%。从运行的角度来看,这将是不可接受的。

　　这种无断路器中压直流结构有 4 个发电模块(PGM),每个发电模块包括 1 台多相(15 相)发电机,各有 5 个三相输出组为每台相控 6 脉冲整流器馈电,如图 10-1 所示。这些整流器的下游故障可通过暂停至可控硅整流器的控制脉冲来进行隔离。因此,该电力系统提供 20 路独立控制的电源,因而在发生故障时,任何整流器停止运行,故障只会对总可用功率造成很小的影响。通过从 2 路这样的替代电源(来自 2 台不同或物理隔离的发电机)为 4 个电气区域中的舰船日用负载供电,这些整流器其中任何一个停止运行都不会对舰船的运行能力造成任何影响。为推进电动机和武器负载提供多路(12 路)馈电,可保证在 1 台整流器停止运行时,这些关键使命系统继续以满功率或接近满功率状态运行(应注意,多路馈电将需要额外的敷设电缆)。在 1 台、2 台或 3 台发电机停止

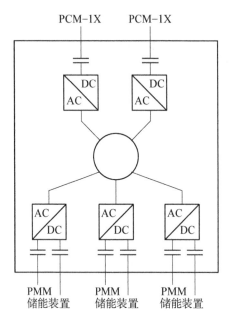

图 10-1 多相多整流器发电模块结构

运行时,该电力系统能以低功率运行。

在整流器 PCM-4 的下游,对于占其余舰船日用系统较大部分的 PCM-1 和 PCM-2 以及专用于武器、推进装置和传感器系统的变流器/控制器,其故障保护方式与当前美国海军设计相似。主要区别在于,在这一多相多整流器结构中,通过仅关闭系统的较小部分来隔离故障,造成较小部分的或根本不发生使用中断;在故障被纠正前,被隔离的部分不需要重新启动。在燃气轮机发电机下游使用单个整流器的系统中,电气区域或系统的很大部分必须关闭,直至故障被定位和隔离,此后系统其余部分方能恢复供电和运行。

该结构的设计采用了一种保守的方法,仅需要较少的主要部件或改进性研制。

(1) 多相电机已在美国海军和工业中广泛应用,目前在美国海军产品清单中有合适的燃气轮机发动机。

(2) IFTP 舰船日用系统与美国海军目前正在使用的舰船日用系统非常相似(包括各种变流器和基本保护方案)。

(3) 系统电压和电流水平符合美国海军和工业标准及规程要求。

(4) 禁用发电机并联运行,采用传统 I^2t 故障检测和控制方法,从而简化系统控制。

(5) 在电力变流器下游采用空载分断接触器断开的形式,从而变流器关断,实现电流隔离,达到隔离故障或维护的目的,确保工作可靠(但此时系统性能下降)以及可维护性。它们也用于在 2 台或以上发电机停机时实现电气区域互连。即使只有一台发电机保持运行,系统也能以低功率运行。

10.1.1 仿真和验证

进行基于物理特性的计算机仿真,以验证系统的故障隔离性能。

除满足上述各种故障保护和运行条件的目标电气要求外,还对该结构的运行灵活性、生命力、工作可靠、可维护性以及可购性和寿命周期/运行费用等主观性特点进行评估。

10.1.2　运行灵活性

所述结构采用 4 台 30 MW 发电机组成的发电模块，每台发电机各有 5 组三相绕组，不需要断路器。每个三相组为一台整流器（PCM-4）供电，利用可关断整流器来隔离下游故障。这种结构实际上提供 20 路可单独控制的独立电源。

10.1.3　生命力

通过从孤立燃气轮机发电机提供多路单独控制的馈电，这种结构可最大限度地提高生命力。燃气轮机发电机从不并联运行。各区域的舰船日用负载通常由 2 台互相斜对的燃气轮机发电机供电，以实现最大分离和生命力。负载分配至各燃气轮机发电机，在一台燃气轮机发电机发生故障和转移其关键性负载时，确保接收这些负载的燃气轮机发电机不会过载。在一台以上燃气轮机发电机发生故障时，区域 1 和区域 2 中及区域 3 和区域 4 中 PCM-1 间的接触器可闭合，允许一台燃气轮机发电机从相应侧为 3 个或所有 4 个区域供电。4 台燃气轮机发电机向所有推进电动机和使命负载供电。

10.1.4　工作可靠

推进电动机和使命负载由所有 4 台燃气轮机发电机供电，这种 4 台相同规格燃气轮机发电机结构可在任何一台燃气轮机发电机发生故障时继续为这些负载提供至少 75% 功率，从而实现虽系统性能下降但仍保持工作可靠的性能。在一台燃气轮机发电机发生故障时，舰船日用负载自动由舰船对侧燃气轮机发电机供电。

10.1.5　可维护性

尽管旨在利用电力电子装置高速关断性能来实现系统保护，但在关断后仍需电流隔离，这不仅有助于系统保护，也便于维护。在每一台 PCM-4 下游配备空载断开接触器，在其停机时进行电流隔离，从而实现故障隔离或维护。

10.1.6　可购性和寿命周期费用

这一无断路器结构基于 4 台大型相同规格燃气轮机发电机。根据历史经验,燃气轮机发电机是非核动力舰船最昂贵的部件,因此任何影响其尺寸和选择的因素都至关重要。由于批量采购以及相关的工程和安装费用,这种由 4 台相同规格燃气轮机发电机组成的结构的通用性可最大限度降低采购费用。由于通用部件和训练要求,寿命周期费用也会降低。节省了断路器费用,也将大大降低系统采购费用。所述结构使用 4 台大型定速燃气轮机发电机组,这会降低低功率需求期间的效率。对此,可通过采用调速燃气轮机发电机组来解决这一问题,在舰船电力负载功率需求变化时,最大限度地提高效率。

尽管这会在一定程度上降低供电冗余度,但这种结构可在一台或多台燃气轮机发电机停机时继续保持舰船的运行(包括在舰船停泊时仅凭一台燃气轮机发电机运行)。

10.2　结构

所述中压直流电站结构无断路器,通过暂停至上游相控整流器的触发脉冲隔离中压直流故障。每个发电模块各包括 1 台 30 MW 发电机,每台发电机有 5 组三相绕组(15 相)和 5 台 6 MW 6 脉冲相控整流器。发电机作为"孤立"电源,无须发电机并联运行。6 脉冲相控整流器将发电机输出变换为 3 000 V DC,用于推进电动机模块、舰船日用电力变流器和使命系统负载。

10.2.1　正常运行

在正常的 4 个发电模块结构中,无断路器中压直流配电系统通过区域配电系统为舰船日用负载供电。区域配电系统通过左舷和右舷纵向电缆线路经舰船水密舱壁供电。纵向电缆线路间隔为最大甲板和横向舰船的长度,以确保系统拥有最佳的生命力。该结构有 8 条纵向电缆线路(4 前 4 后)。每个发电模块各为 1 前 1 后纵向电缆线路供电。通常每艘舰船日用电气区域由 2 个发电模块供电。选择用于为每一电气区域供电的发电模块,确保两路电源尽可能相互独立。某一给定电气区域内的 PCM-1 由前推装置中的一个发电模块供电。该电气区域内的其他 PCM-1 由后推装置中的斜对发电模块供电。一台相控整流器因故障停电会使受影响的电气区域内的舰船日用负载转移到未受影响侧的 PCM-1。受影响侧的 PCM-1 可从邻侧 PCM-1 重新通电,为重要负载提供冗余电力。这种结构可为舰船电力负载最大限度地提供连续供电。

在每个电气区域中,由 PCM-1 内的舰船日用变流器模块(SSCM)为不同用电电压的各种直流负载供电。非重要直流负载由最近的负载中心供电,以最大限度减少电缆长度。重要直流负载由左舷和右舷馈电线路经信号选择二极管供电,可在一路电源停电时提供不间断电力。

对于交流用电设备,各电气区域中 PCM-1 所供直流电经 PCM-2 中的舰船日用逆变器模块(SSIM)及变压器变换,从而为各种用电电压的交流负载供电。每一电气区域中有 2 个 PCM-2。每个 PCM-2 由位于该电气区域的左舷和右舷 PCM-1 经信号选择二极管供电,可在一路电源停电时提供不间断电力。非重要交流负载由最近的负载中心供电,以最大限度减少电缆长度。重要交流负载的正常和替代电力来自交流负载中心,而交流负载中心由该电气区域的内左舷和右舷 PCM-2 经母线转换装置供电。

推进电动机模块由 12 台 6 MW 6 脉冲整流器直接馈电。推进电动机通过推进电动机模块供电。

脉冲功率负载(PPL)由储能模块和电力变流器构成的储能系统供电。

两台应急柴油发电机组(EDG)构成无断路器中压直流电力系统的一部分。一台应急柴油发电机位于电气区域 1 前部,另一台应急柴油发电机位于电气区域 4 后部。应急柴油发电机连接至发电模块 1 和发电模块 4 的整流器模块以及应急配电盘。柴油发电机组用于启动燃气轮机发电机并在启动期间为部分重要负载供电。

发电模块 2 和发电模块 3 的整流器模块分别配有前后岸电连接。岸电连接用于当舰船在码头停靠时为舰船电气系统供电。

10.2.2 单个发电模块失效

发电模块 1 停机导致 PCM-1-11 和 PCM-1-31 失电。电气区域 1 和电气区域 3 内通过信号选择二极管供电的重要直流负载,以及未受影响的 PCM-1 上不可转移重要直流负载,由 PCM-1-12 和 PCM-1-32 分别供电。PCM-1-12 和 PCM-1-32 为电气区域 1 和电气区域 3 内 PCM-2 的全部重要负载供电;PCM-2 内的所有非重要负载被切断。为推进负载和储能系统供电的 3 个馈电线路被断电,导致这些负载损失 25% 的可用功率;但其余 3 个发电模块可实现舰船持续航行。剩余 3 个发电模块可为其他推进装置或脉冲功率负载提供足够可用的功率。

10. 2. 3　2 个发电模块失效

2 个斜对发电模块停机导致电气区域 1(2) 和电气区域 3(4) 暂时失电。位于 PCM-1 同侧前方(PCM-1-11、PCM-1-21 或 PCM-1-12、PCM-1-22)和后方(PCM-1-31、PCM-1-41 或 PCM-1-32、PCM-1-42)的空载隔离开关会闭合,使受影响区域重新通电。同侧的或同一推进装置内 2 个发电模块停机会导致舰船日用负载发生与单个发电模块停机相似的调整状况。6 个为推进装置供电的馈电线路及储能系统将断电,导致这些负载损失 50% 的可用功率。但其余 2 个发电模块可实现舰船持续航行。剩余的 2 个发电模块可为其他推进装置或武器负载提供足够可用的功率。

无断路器中压直流电站具有与现有平台相似的可操作性、可靠性和生命力。多相发电机、多整流器发电模块拓扑结构可提供 20 路独立电源,使整个电力系统即使性能下降仍能保持可靠运行。这使系统即使在降级运行模式下,也能继续为舰船辅助装置、传感器、武器和推进负载供电。发电模块多相发电机、多整流器设计仅产生 1/5 的故障电流(与单一变流器相比),提高了系统故障容错;同时在发生故障后,允许支路保持关闭,而仅会对性能造成很小的影响或没有影响。

10.3　发电模块

每个发电模块包括 1 台燃气轮机发动机(与 1 台同步发电机耦合连接)。为节省与开发新的原动机设计相关的成本,研究仅对现有燃气轮机进行评估。研究考虑的现有燃气轮机发动机包括罗尔斯-罗伊斯 501K、MT5、MT30、LM2500、LM2500+及 LM2500+G4。选择输出定额为 35 320 kW 的通用电气 LM2500+G4 燃气轮机发动机作为发电模块原动机。

中压直流配电系统的一大优势在于原动机转速与中压直流母线电压无关。由于发电机不与恒频(60 Hz)配电系统直接连接,因此不要求恒速运行。电力变流器(PCM-4)作为发电机输出与舰船中压直流配电系统间的接口。这使发电模块能以 3 600 r/min 以上的转速运行。发电模块在相同输出功率下以更高转速运行,可降低转矩,从而缩小电机尺寸和重量。同时,舰船电力负载功率需求变化时,可通过调整发电模块转速来最大限度地提高效率,从而提高燃料效率。因此,应考虑开发能够高速运行的变速发电模块。

发电机为多相设计,包括 5 组三相绕组(15 相)。每组三相绕组与一个相控整流器(PCM-4)连接,作为与中压直流母线的接口。多相发电机的定子绕组由多相(*n*)组成。与传统三相设计相比,多相发电机有诸多优势,包括拥有更好的故障容错性能、更高功率定额(通过电力部分实现)以及在效率和转矩纹波方面的更优性能。多相发电机已用于之前的海军平台。

每个发电模块包括 5 个相控整流器(PCM-4)。发电模块每组三相绕组与 5 个相控整流器中的其中一个直接连接。相控整流器额定功率均为 6 MW,足以应对最高负载状况(包括损耗)。3 个相控整流器为推进和储能系统提供 3 000 V DC 输出。2 个 PCM-4 为舰船日用负载提供 3 000 V DC 输出。每一相控整流器在直流输出端配有空载断开接触器,以实现电流隔离。使用多整流器三相发电机结构可实现系统冗余度和拥有更好的故障容错能力,因为所用的整流器模块数量越多,整流器故障对系统性能的影响就越小。

10.4 系统电压

确定中压直流电力系统电压时,要考虑设备最高载流量和总电站负载。

设备最高载流量取决于规定温升条件下从载流设备排除热量的能力。根据 IEEE C37.20.2 标准确定所述系统中载流设备的最高载流量。IEEE C37.20.2 标准规定,铠装开关装置中主母线连续电流定额为 1 200 A、2 000 A 和 3 000 A。铠装开关装置设备最高载流量为 3 000 A(强制冷却时可为 4 000 A)。根据 IEEE C37.20.2 标准表 3,铠装开关装置的母线、断路器和其他主要载流部件的容许温升为 65 ℃(环境温度为 40 ℃)。设备预期工作舰船环境温度设为 50 ℃。在 50 ℃ 环境温度下,设备可降额使用:设备最高载流量 3 000 A 乘以降额因子 0.92(IEEE C37.20.2 标准表 10)。因此,在环境温度为 50 ℃、容许温升为 65 ℃ 的条件下,设备最高载流量为 2 760 A。出于保守设计的考虑,设备最高载流量选为 2 000 A。

计算概念舰船的总电站负载。这些功率由 6 MW 相控整流器(PCM-4)提供。选择的系统电压应确保在为电站负载提供足够电力的同时,不超过额定电流 2 000 A。功率为 6 MW,电流为 2 000 A,因此所需的中压直流电力系统的电压为 3 000 V DC。

IEEE 1709 标准表 1 列出了推荐船用中压直流电压分级。无断路器中压直流结构推荐标称中压直流额定电压为 3 000 V DC,符合 IEEE 1709 标准推荐的额定中压直流电压。选择标称额定电压 3 000 V DC 是一个低风险方法,因为这一中压直流电压级别已在工业应用上得到验证。

采用超过 3 000 V DC 的更高中压直流系统电压,将减小系统电流和降低电缆费用。需要与电缆、发电机和电力变流器制造商进一步讨论,以确定采用更高电压的费用平衡点,从而降低电缆尺寸和改进热性能。

10.5 故障保护

防止直流母线故障是采用舰船直流配电系统存在的一大挑战。无断路器中压直流结构在相控整流器(PCM‑4)中采用固态开关(可控硅整流器)来保护中压直流母线。如果中压直流母线(无论是否用于舰船辅助装置或推进装置)发生故障,可通过抑制至可控硅整流器的触发脉冲隔离故障。

采用多相发电机、多整流器拓扑结构的发电模块,可在故障隔离后为同一电气区域内的舰船重要日用负载提供冗余电源,使受影响的中压直流母线保持断电状态。舰船日用负载由 8 个(4 个在左舷,4 个在右舷)独立的中压直流母线供电。与单一整流器的设计相比,产生的故障电流显著降低,因此提高了故障容错性能。每一电气区域内的舰船日用负载由斜对发电机通过 2 个独立的整流器供电。

无断路器中压直流结构故障保护策略与其他海军平台使用的类似。当检测到中压直流母线故障时,相控整流器控制器抑制至可控硅整流器的触发脉冲来切断故障。故障切断后,空载断开机电开关,使受影响的相控整流器(PCM‑4)与连接的 PCM‑1 间的中压直流母线电流隔离。因无须确定故障位置、调整开关或对受影响的中压直流母线重新通电,所以无断路器中压直流结构是一种更易控制的系统。受影响的中压直流母线可保持断电状态,直至故障切除且中压直流母线恢复正常。

相控模块集成这种断路器功能,无须单独的断路器,从而缩减设备尺寸、重量、维护费用和成本。

10.6 储能

根据美国海军电力系统技术发展路线图,未来海军电力系统需要储能装置来支持先进武器和传感器、负载平衡、应急电力、发电机瞬态支持以及燃料节省计划。尤其是，将储能装置与舰船电力系统组合为"储能系统"有望减少总储能设备占用的船上空间。

为满足不同功率等级和电压的先进传感器和武器负载的使用需求，提出一种概念性储能系统，通过提供相应的功率变换和储能，可满足多个负载的使用。

储能系统可作为无断路器中压直流结构的一部分。所述储能系统包含多个飞轮储能电动发电机组。每个飞轮由一个相控整流器供电。对每个飞轮的输出进行整流，为使命负载供电。在这种结构中，可调整整流器输出，从而为有变化功率和电压要求的多个使命负载供电。采用多个飞轮（电动发电机组）可将输出电路并联为使命负载供电，提高系统冗余度。飞轮（电动发电机组）数量和定额可根据所安装平台的功率要求增大或缩小。另外，可利用储能系统支持舰船日用负载的功率管理、负载平衡和应急电力供给。

建议编写电气接口文件，确定未来传感器和武器负载的要求，以规范储能系统概念。

10.7　小结

进行的详尽分析表明，所述无断路器中压直流系统结构能够满足海军战舰严格的作战和性能要求。系统可利用电力电子装置的快速响应实现故障保护，而无须关闭电力系统的主要部分来隔离故障。

11 直流配电保护固态变流器的故障电流处理

11.1 概述

由于分布式电容器和直流源引起的直流故障电流快速上升,直流配电需要快速直流电流中断或限制。在直流配电系统中,固态保护装置能够以极快速度限制上升的直流故障电流并能减少下游故障,因而备受青睐。在文献中曾提到,因为可通过中断来限制峰值故障电流,所以固态故障电流中断装置(如固态断路器)还可被视作固态故障电流限制装置。但与故障电流中断装置不同的是,故障电流限制装置限制故障电流并允许其他保护装置中断或隔离故障。本章讨论的固态故障电流限制装置为固态变流器。

11.2 变流器故障电流处理

变流器可主动限制或旁通直流故障电流。在不同变流器故障电流处理技术中,变流器拓扑结构和控制至关重要。有些变流器不仅能够限制故障电流,还能进一步将直流故障电流降至零。因此低成本空载直流开关可与这些变流器一起用于隔离故障和维护电路。对某些系统应用而言,这种系统保护方案是可行的,并可能比其他保护方案更具成本有效性。

11.2.1 变流器故障电流限制

出于经济和效率因素的考虑,低压直流(不大于 1 kV)和低端中压直流(不大于 10 kV)配电系统中的商用变流器多数为 2 级或 3 级电压源变流器(VSC);而在高端中压直流(不小于 20 kV)配电系统中,多级变流器和模块化多级变流器(MMC)更具优势。

为了防止装置被击穿,传统 2 级电压源变流器通常通过关断所有 IGBT 来处理直流故障。IGBT 关断后,2 级电压源变流器和半桥模块化多级变流器(HBMMC)的故障电流路径如图 11-1 所示。由于续流二极管,来自上游源的

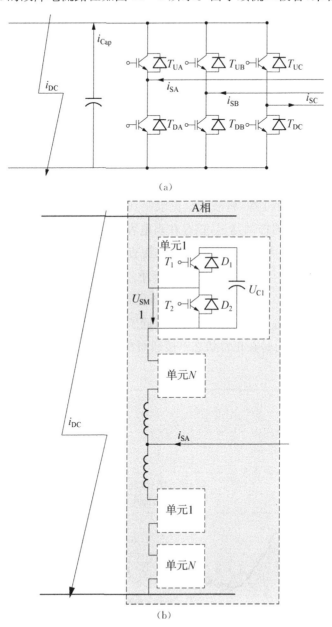

(a)

(b)

图 11-1 电压源变流器和半桥模块化多级变流器直流短路路径

(a)2 级电压源变流器;(b)半桥模块化多级变流器

直流故障电流不可控。在 2 级电压源变流器中,电容器在直流故障期间放电。在半桥模块化多级变流器中,电容器因 IGBT 关断被阻止放电;但由于臂电感器,存在循环故障电流。总之,传统 2 级电压源变流器和半桥模块化多级变流器无法限制直流故障电流,这就需要直流断路器来中断故障电流。如果不对变流器拓扑结构或半导体装置进行修改,这些变流器大多不具有故障电流限制能力。

更复杂但也更昂贵的先进变流器拓扑结构和控制设备可实现有效的故障电流限制。这些故障电流限制变流器包括晶闸管整流器、直流-直流降压变流器、全桥模块化多级变流器(FBMMC)以及钳位双子模块化多级变流器(CDMMC)。用直流-直流降压变流器限制故障电流和能量,如图 11-2 所示。在检测到直流故障后,降压变流器做出反应来限制直流故障电流。可采取两级故障限流策略。在第 1 级,将故障电流限制到低值,这有助于准确确定直流故障位置。由于变流器控制延迟,仍存在高电容器放电情况。在第 2 级,故障电流被进一步降低,使离故障位置最近的低流直流开关断开。在第 2 级,故障电流常被降至零,以使空载直流开关快速断开。直流电力系统不同位置处(第 3 级、第 4 级和第 5 级)测到的故障能量也随直流故障电流降低而降低。这样,下游设备承受的故障电流得以减小,从而降低了设备成本。应注意,如果降压变流器上臂的 IGBT 总是在正常状态下接通而在故障状态下关断,它就成为无浪涌直流断路器。

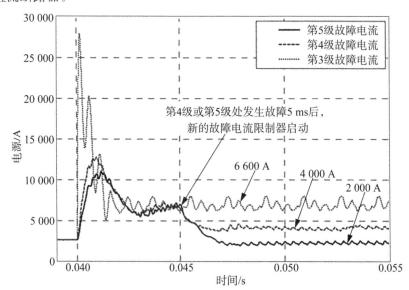

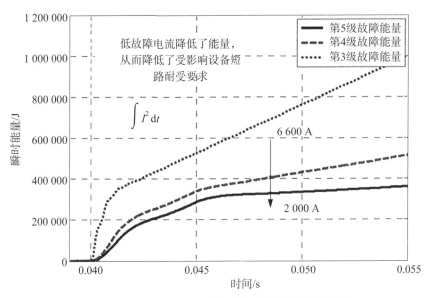

图 11 - 2　直流-直流降压变流器限制故障电流和能量

直流故障路径上应有主动或可控开关,以实现变流器故障电流限制。例如,故障路径上的半桥模块化多级变流器的反并联二极管可用晶闸管替代,来控制故障电流。另外,与传统变流器开关相比,事件开关对半导体开关提出了不同设计要求。更高的设计要求、更多可控半导体开关、更复杂的拓扑结构导致变流器成本更高,而效率和可靠性更低。因而,尽管保护功能可组合到变流器设计中,但变流器故障电流限制可能还不如单独的固态故障电流限制装置更具有成本有效性。

11.2.2　变流器故障电流旁通

变流器故障电流处理也可通过故障电流旁通实现。使用变流器的主动开关人为造成交流电路短路。2 级电压源变流器的旁通电路如图 11 - 3 所示。将一个上臂的 IGBT 接通,而交流源短路。交流源故障电流无法流入直流系统。在变流器电容器放电电流变为零后,直流故障电流变为零。故障旁通方案也可在半桥模块化多级变流器中实施。例如,在每个半桥模块化多级变流器子模块处加一个双晶闸管开关,通过同时短路上臂和下臂产生三相交流故障。通过自然阻尼,臂电感器循环电流阻尼至零时,直流故障电流也变为零。与变流器故障电流限制相似,可对传统 2 级电压源变流器和半桥模块化多级变流器进

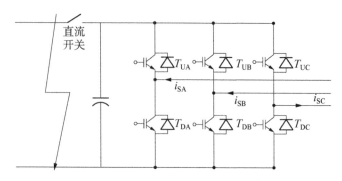

图 11-3　2级电压源变流器直流故障电流旁通电路

行某些修改,就可以采用故障电流旁通。这些修改应使变流器能够旁通直流故障电流,并容许高交流故障电流。

为了验证半桥模块化多级变流器故障电流旁通,将两种直流故障电流旁通方法与直流故障时关断所有 IGBT 开关的传统方法进行比较。三种方法的半桥模块化多级变流器等效电路如图 11-4 所示。在图 11-4(a)中,所有 IGBT 关断时,交流源和臂电感器都贡献直流故障电流。通过短路上臂所有装置,仅由臂电感器贡献直流故障电流,如图 11-4(b)所示。通过连接上臂电感器和下臂电容器,下臂电容器和电感器均贡献了直流故障电流,如图 11-4(c)所示。

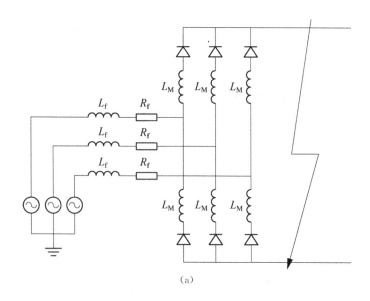

(a)

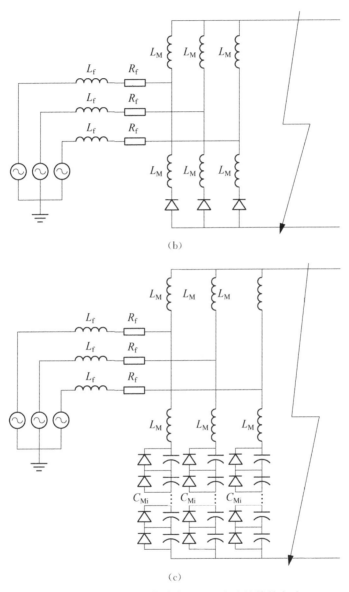

图 11-4 不同直流故障电流处理方法的等效电路

(a)关断 IGBT;(b)旁通直流故障(1);(c)旁通直流故障(2)

三种方法的仿真直流故障电流如图 11-5 所示。因为模型中无阻尼,所有直流故障电流均达到稳态值。稳态直流故障电流由臂电感器引起。在实际系统中,由于故障路径上存在自然阻尼,直流故障电流会逐渐变为零。在关断所有 IGBT 的传统方法中,由于上游交流源持续贡献故障电流,直流故障电流最

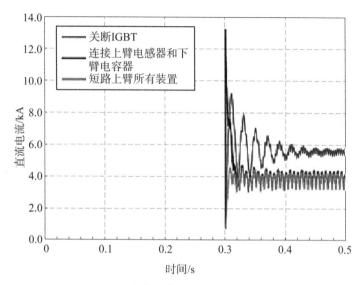

图 11-5 三种直流故障处理方法仿真直流故障电流

高。在短路上臂所有装置的方法中,所有上臂的半导体开关应具有高定额,因为它们需要耐受持续一定时间的交流故障电流。如果连接上臂电感器和下臂电容器,直流电容器在初始瞬态放电。因此,为了对这些电容器充电,系统恢复时间更长。因为存在高电容器放电,可能对系统和设备造成损坏,这种方法不建议用于实际应用。

11.2.3 故障定位和系统恢复

一个完整的变流器故障电流处理过程从故障发生开始,于系统恢复结束。在本章中,基于通信的故障定位方法非常有效,因为在直流故障电流被快速限制或旁通后,保护速度要求较为宽松。在直流故障电流变为零后,离故障位置最近的空载直流开关能够隔离直流故障。故障被隔离后,系统可恢复。应注意,由于需要关闭或旁通受影响的变流器,以使空载开关以零电流断开,变流器故障处理方法失去了选择性。在环形配置系统中,功率损耗出现在环形系统直流故障下游,因为在发生故障后,所有变流器均贡献了直流开关故障电流。与使用固态故障电流限制器来限制直流故障电流相比,这是采用变流器的一大缺点。

变流器用于限制或旁通直流故障电流的时间越长,高直流故障电流对系统造成的应力就越大。因此,限制直流故障电流的最长容许时间取决于高直流故障电流时系统最长故障承受时间。故障定位、隔离和系统恢复的最长容许时间取决于低直流电压或高交流故障电流时系统最长故障承受时间。在变流器故障限制技术中,最长故障承受时间为系统耐受低电压的最长容许时间。在变流器故障电流旁通技术中,高故障电流继续流经变流器及其上游系统,直至变流器恢复正常工作。变流器及其上游系统交流故障时最长故障承受时间,决定着故障定位、隔离和系统恢复的最长容许时间。

传统差动和电流方向保护方法可用于检测和定位直流故障。由于直流故障电流在检测到故障后被快速限制,变流器故障电流限制技术不再要求高速故障定位和隔离。与交流差动和电流方向保护相同的硬件和软件仍可用于变流器故障电流限制技术。因为高故障电流继续流经变流器及其上游系统,甚至直流故障电流被旁通后仍然如此,变流器故障电流旁通技术需要比变流器故障电流限制技术更快地进行故障定位和隔离。因此在采用变流器故障电流旁通技术时,需要快速故障定位、隔离和恢复系统,以降低变流器及其上游系统的电应力。

11.3 小结

故障保护方案可以是固态故障电流限制技术与故障隔离技术的适当组合。由于固态开关的快速故障电流限制性能,直流保护与受保护系统故障承受时间相关的速度要求就没那么严格。故障保护方案的选择取决于具体应用,并需考虑系统保护性能要求。

可在上游使用固态故障电流限制器限制故障电流而在下游使用传统机械式断路器脱扣和隔离故障方法,来实现直流配电保护。选择适合的限流电感器是设计固态故障电流限制器的关键。

也可使用本章论述的变流器将直流故障电流降为零,并用空载开关隔离故障,从而实现直流配电保护。变流器拓扑结构和控制设备对于故障电流限制和旁通都至关重要。变流器故障电流处理的主要缺点如下。

(1)由于来自电容器和电感器的不可控放电,可能无法完全限制直流故障电流。

(2)由于关闭多台变流器,会失去选择性。

(3)需要对拓扑结构和(或)半导体开关进行修改,在故障路径上加入可控开关,这通常会增加成本。

（4）变流器需要在故障被隔离后重新启动和恢复正常工作。

在这两种变流器故障电流处理技术中，与变流器故障电流旁通相比，变流器故障电流限制对变流器装置定额以及故障定位、隔离和系统恢复速度的要求更低。

12 高速中压直流隔离装置性能

12.1 概述

与当今类似规模的舰艇相比,未来的海军舰艇对动力的需求将显著增加——需要先进的中压直流结构把产生的电力有效地输送到推进以及先进的武器和传感器中。中压直流结构需要在隔离系统故障部分的同时快速断开并清除故障。本章以 IAP Research, Inc. 公司针对中压直流结构开发的中压直流高速隔离装置为例,介绍中压直流高速紧凑型隔离装置及其运行情况和验证试验结果。

中压直流隔离研究是在一项小企业创新研究项目(SBIR)中进行的,旨在实现海军配电系统故障电路的快速断开和隔离。其概念如下:用电磁力高速启动触头,然后制动,并保持足够间隔以承受系统电压。通过将触头置于高压环境中来保持电压隔离,使静触头和动触头间的间隔距离与低电压应用相似,从而实现隔离装置紧凑型化。本章介绍这种装置及其验证性试验结果;试验结果证明其可行性,并验证能在数百微秒内隔离故障电路。

12.2 美国海军的应用和优势

电路保护是实施直流配电的一大难题。海军系统需要具备快速重构能力(能够切除和隔离系统发生故障的部分以维持全船电力)并具有高功率密度(因尺寸约束)。直流保护有多种可选方案。有的用变流器限流,有的用直流断路器提供电路保护。这些方法各有优劣,但无论是哪种方法都需要快速作用系统来限制故障电流大小。因此,为实现直流配电的优势,高速空载隔离装置不可缺少。

该装置可用于 DDG - 1000 上,替代综合持续作战电源系统的现有部件,可显著缩短电力重构的时间。隔离装置也可与未来固态开关断路器或电力变流器一起使用,隔离系统故障部分,并可在某些情况下替代下游断路器,从而缩小配电系统的总体尺寸。通过增加故障响应时间(因为各个装置将不需要应对其目前因无隔离装置而会出现的较大故障电流),可减小总体系统尺寸。

例如,交流电力系统响应时间一般为 60 Hz 波形的 1/4 周期(4 ms),在其检测故障和开始切除故障的时间内,需要保护设备来承受故障电流。如果有更多断路器需要协调,随着需要承受的故障电流的增加,所需时间也会增加,特别是上游断路器。对于海军使用的断路器,这种电流要求一般为 100 kA。这种隔离装置与上游断路器或电力变流器一起使用能够显著缩小电力系统的尺寸和减小电路需要承受的故障电流。

12.3 装置介绍

高速紧凑型中压直流隔离装置的样机如图 12 - 1 所示。这种 6 000 V/2 000 A 装置包括 2 个并排的极以及必要的电路和控制电路。每个极包括静触头和动触头、用于断开和闭合装置的执行机构、电压隔离机构以及热管理系统。极的详细模型如图 12 - 2 所示。电气控制框图如图 12 - 3 所示。

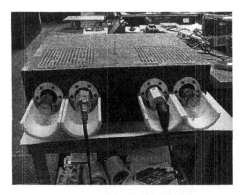

图 12 - 1 6 kV DC/2 000 A 高速紧凑型
中压直流隔离装置样机

图 12 - 2 中压直流隔离装置单极

控制电路包括测量电压、电流、散热片和极内压力的传感器。该样机由通过光纤与装置连接的人机界面(HMI)控制。在舰船上,可从中心配电系统控

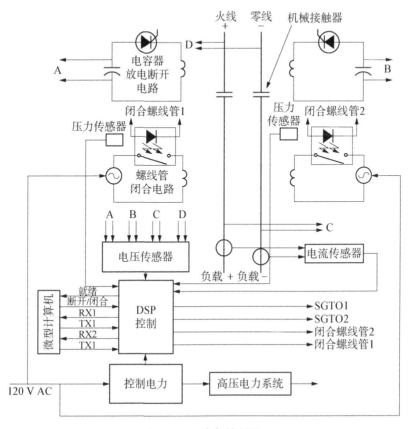

图 12-3 电气控制图

制器远程控制该装置。人机界面通过微型计算机与该装置进行数字通信,微型计算机向各执行机构发出命令并处理来自传感器和装置安全监测器的数据。该装置用螺线管执行机构闭合,以汤普森(Thompson)线圈提供的电磁力断开。汤普森线圈中的电流由线圈中的脉冲电容器放电产生。

隔离装置总体尺寸为 22 in(宽)×30 in(长)×11 in(高),功率密度为 100 MW/m³(约为 SBIR 项目招标要求的 3 倍),装置总重量为 185 lb。

通过调整脉冲放电电容器电压,该装置能够在 100 μs 内隔离电路(仅为 SBIR 要求时间的 1/10)。

该装置效率为 99.99%。静触头和动触头间有大量触点,可实现低损耗。损耗通过线路和载流部件负载侧上的环形翅片消散(见图 12-2)。冷却通过自然对流实现。

12.4　验证试验

通过一组验证试验来验证装置主要子系统的设计。先在 IAP 对样机装置进行一组验证试验,接着在先进电力系统中心(CAPS)将装置置于现实高压环境中进行试验。在 IAP 进行介电强度试验、耐电压试验、断开速度试验、生命周期试验和效率试验等。在先进电力系统中心,采用 6 kV DC 电源和高达 200 A 电流进行了断开和闭合试验。此外,还进行了正反电流试验,以验证装置的双向性能。高速隔离装置试验结果如下所述。

12.4.1　绝缘电阻试验

使用兆欧表测量极与底盘间以及两极间的绝缘电阻。兆欧表电压设定为 1 kV DC 时,绝缘电阻大于 999 MΩ(即测量装置读数上限)。在所有条件下实测电阻均如此。

12.4.2　耐电压(高电压)试验

使用高电压测试设备在极与底盘间以及两极间施加 13 kV DC 电压 1 min。在所有条件下,装置均通过了高电压试验。

12.4.3　断开速度试验

9 V 电池连接每极两端,1 kΩ 电阻器与电池串联作为极断开指示器。接着命令装置断开,用示波器记录电池电压。试验结果显示,在发出断开命令后的第 50 μs 至第 60 μs,动触头开始分开(电池电压开始从零点上升到高值)。还可以看到,动触头在第 80 μs 至第 100 μs 完全断开。项目要求的断开时间是不超过 1 ms,而验证结果显示,装置断开时间不到 100 μs。断开速度可通过调整在汤普森线圈中放电的电容器电压来调节。

12.4.4　生命周期试验

在装置开发阶段,对样机进行了生命周期试验,包括装置断开和闭合。生命周期试验 PLC 自动进行,成功进行了 35 000 个循环。在本阶段,又进行了一组生命周期试验,成功地在隔离装置上进行了 5 000 个循环。试验频率为每 3 min 1 个循环。

12.4.5 发热试验

隔离装置样机与低电压高电流电源连接,对装置通以 2 000 A 电流。记录整个试验过程中极的端子温度,在装置达到热平衡时停止试验。试验结果显示,装置达到热平衡时相对于环境温度的温升为 55℃。这意味着,环境温度为 50℃时,峰值温度达到 105℃,这完全在材料(铜和绝缘材料)性能以内。

在这些试验过程中,还对每个极两端的电压降进行了测量,结果如图 12-4 所示。在发热试验中,电压降约为 50 mV(端子间)。这说明极电阻为 25 μΩ。这么低的电阻可与机电断路器媲美。由于电阻低,中压直流隔离装置可通过自然对流冷却,不需要采用强制风冷或液冷。如果使用强制风冷,隔离装置额定电流还可增加 2 倍。

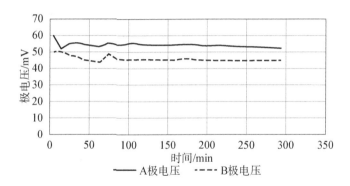

图 12-4 2 000 A 直流发热试验过程中每个极两端实测的电压降

12.4.6 损耗/效率试验

通过极两端所测电压降计算效率。在 2 000 A 发热试验中,每个极计算的损耗为 100 W,总损耗为 200 W,效率高于 99.99%。

12.5 美国先进电力系统中心中压直流隔离装置试验

研究人员还在美国先进电力系统中心中压直流配电试验中对中压直流隔离装置样机进行了试验。隔离装置安装在电源和负载间,电源和负载都是变流器。试验装置示意图如图 12-5 所示。试验场景照片如图 12-6 所示。装置被断开和闭合,以验证其在该环境中的性能。此外还进行了反向电流试验,以

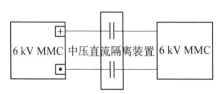

图 12-5　先进电力系统中心试验装置

图 12-6　先进电力系统中心高压直流配电实验室中压直流隔离装置试验照片

验证其双向性能。

试验结果显示,尖峰±2 kV 由模块化多电平变流器(MMC)造成。在此试验中,每极电流为 200 A。反向电流通过切换电力变流器和负载变流器来实现。电流反向时间为 0.1 s。

上述试验验证了中压直流隔离装置在额定电压环境下的性能。

12.6　尺寸确定

目前开发的技术可用于设计更高电流和电压应用的中压直流隔离装置,也可用于中压交流电力系统。对三相交流系统,需要第三个极。基于本试验中的样机,可对各种电压下的装置尺寸和重量以及一些主要工作参数进行评估。

(1)断开时间:在 150 μs~1 ms(或更高)范围内可调。

(2)闭合时间:样机为 16 ms。但通过重新设计可使其闭合时间达到 1 ms 以上。

(3)尺寸与电压和电流的关系如表 12-1 所示。

表 12-1　中压直流隔离装置尺寸、重量与电压、电流的关系

电压 /kV	电流 /A	长度 /in	宽度 /in	高度 /in	功率密度 /(MW/m³)	重量 /lb
6	2 000	22	32	10	110	150
12	2 000	25	34	12	150	225
20	2 000	28	36	14	180	300
6	1 000	20	32	10	60	140
6	4 000	22	60	10	115	300

12.7　小结

在 SBIR 项目下开发了高速紧凑型中压直流隔离装置技术，并对隔离装置进行了性能验证。该隔离装置可为海军电力和能源系统技术发展提供配电技术支持。

13 大电流直流固态断路器

13.1 直流固态断路器设计

本章将首先分析舰船直流配电系统的特性，并确定大电流直流固态断路器的技术要求和规范。接着，设计电路拓扑结构并选择最有效的电力半导体器件来满足要求。最后，通过规定故障电流分断时间、系统电感范围和系统时间常数，为能量消散装置设计提供设计方程。

13.1.1 低压直流配电系统要求

图 13-1 显示了采用多个固态断路器（SSCB）的舰船直流电力系统，这个舰船中压直流电力系统有多个低压直流区域。右舷直流母线连接至左舷直流母线。发电机通过 AC-DC 整流器连接至中压直流母线。推进电动机通过 DC-AC 逆变器同时连接至右舷和左舷中压直流母线，以便在一条中压直流母线故障时仍能确保可靠供电。有些军用负载（如电磁轨道炮）要求连续电源应有中压母线转换（BT）开关，当主供电路径中出现故障时，可在主电源和替代电源之间转换。一个储能模块也连接至这种负载，以进一步提高电力系统的供电可靠性。右舷/左舷中压直流母线连接至右舷/左舷低压直流母线，几个区域可同时连接至两条低压直流母线，相邻区域可以通过低压直流母线上的断路器进行隔离。以图 13-1 所示的低压直流区域为例，在该区域中，可以连接多个负载。一个关键负载中心可以同时连接至两条低压直流母线；也可用一个低压母线转换开关，将主电源转换至替代电源。在一些负载的前面安装信号选择二极管，以防止故障电流从负载流向故障位置。

表 13-1 列出了美国海军研究局规定的直流断路器技术要求。舰船电力系统中的部件通过短电缆或电线连接，因此舰船直流电力系统往往具有较低的

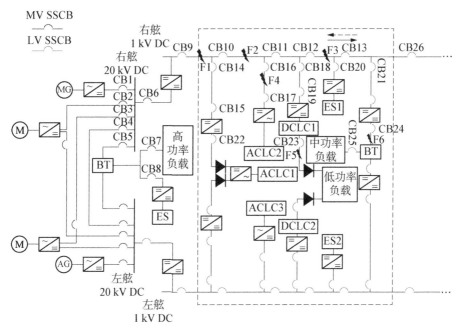

图 13-1 采用固态断路器的舰船直流电力系统

系统电感。如果故障发生在电缆或电线的起点,电感会低至数微亨;对于内部汇流排中发生故障,电感甚至低于 $1\,\mu H$。由于故障电感低,这些电力系统中的直流源(如电容器和储能装置)会产生较高的故障电流变化率。电容器的放电电流可以在数微秒时间内达到峰值,从而导致电流变化率高达数百安培每微秒。因此,舰船直流电力系统保护实际上要求小于 $1\,\mu s$ 的超快故障分断时间。此外,由于快速直流断路器的快速故障电流隔离,与传统较慢的机电式断路器相比,在故障持续期间和故障之后需要的电力及能源支持都更少。

表 13-1 直流断路器技术要求

参数	数值(每极)	参数	数值(每极)
响应时间/ms	<1	连续标称电流/kA	1
功率密度/(MW/m³)	>18	标称电压/kV DC	1
效率/%	>99.7	最大浪涌电压/kV	3.5
预期故障电流/kA	>80	系统电感/μH	$1\sim500$

由于舰船内空间有限,舰船电力系统的电气设备和装置的设计应尽可能紧凑。直流断路器需要有高功率密度,设计规范要求功率密度至少应为 $18\,MW/m^3$。

为了在少于 $500\,\mu s$ 时间内分断故障电流,必须使用基于电力半导体技术的断路器。实际上,电力半导体器件关断时间可达 $100\,ns\sim 10\,\mu s$(取决于其采用了何种半导体技术),这比所有基于机械触点的开关或半导体/机械混合解决方案快 $2\sim 4$ 个数量级。

由于半导体开关器件的导电功率损耗比传统机电触点高得多,因此半导体技术和部件的选择对于固态断路器应用至关重要。

13.1.2 电力半导体器件和拓扑结构的选择

对于基于半导体技术的双向开关的设计,有多种可选器件都能满足电压和电流要求。但不同的器件应该采用不同的拓扑结构,且不一定满足本应用的效率和功率密度要求。高功率 IGBT 和高功率 IGCT 是完全可控双向开关的理想选择。IGBT 是一种不对称器件,需要反并联二极管来防止电压反向偏置。传统的不对称 IGCT 也是一种不对称器件,需要串联一个二极管来阻断反向电压,或反并联一个二极管来提供一个反向导电路径。新的反向阻断 IGCT(RB - IGCT)具有极低导通损耗以及正向和反向阻断能力,无须附加二极管。

基于半导体技术的 IGBT 和 IGCT 双向开关的拓扑结构如图 13 - 2 所示。基于不同半导体器件的双向开关的功率损耗如图 13 - 3 所示。注意,IGCT 开关和标准非对称 A - IGCT 开关的功率损耗要比优化 RB - IGCT 的高得多。

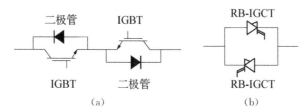

图 13 - 2 基于半导体技术的 IGBT 和 IGCT 双向开关的拓扑结构
(a)双向 IGBT 开关;(b)双向 IGCT 开关

直流固态断路器采用的 RB - IGCT 双向开关拓扑结构如图 13 - 4 所示;每个极仅需要反并联配置的两个 RB - IGCT。

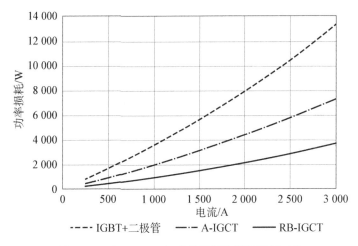

图 13-3 RB-IGCT 与其他半导体导通损耗对比

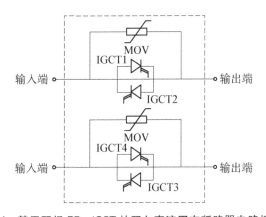

图 13-4 基于双极 RB-IGCT 的双向直流固态断路器电路拓扑结构

RB-IGCT 电气特征如下:

(1) 正向阻断电压:250 V。

(2) 反向阻断电压:-2500 V。

(3) 电压降(1000 A 时):0.9 V。

因此对于低传输损耗和双向电流应用,该直流断路器设计选择 RB-IGCT 半导体。该器件可实现极低的导通损耗,并在单极电流不超过 1500 A 时保证大于 99.9% 的效率,如图 13-5 所示。双极直流固态断路器在电流不超过 1500 A 时效率大于 99.8%。由于 RB-IGCT 在效率方面性能一流,可满足高功率密度和低冷却强度要求。

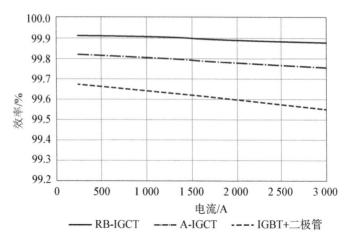

图 13-5　RB-IGCT 与 A-IGCT 及 IGBT 的效率比较(电流在 3 000 A 内)

13.1.3　能量消散装置设计

电路断开时的能量消散和电压钳制是直流断路器面临的一大挑战。由于直流电力系统的特性,必须消散电路断开时系统中的电感能量,以使直流电流降至零。

尽管有多种方法可以用来消散断路器断开时的系统能量,但其中许多方法不一定可行有效。例如,系统能量可以通过半导体器件消散,但这会导致半导体器件过度设计而推高成本。还有一种选择是通过并联电阻器消散能量的,但这也不是非常可行,因为电阻器对半导体上产生的过电压的控制作用非常有限,并且在断开后会留下很大的剩余电流。阻容性或带二极管的阻容性缓冲器常用作电压钳制装置。断路器应用的缺点是缓冲器与负载大小相关;对于不同的系统电感和负载电阻,往往会在开关事件中产生不同水平的过电压。而金属氧化物压敏电阻(MOV)可以方便有效地消散大量能量,并能有效地将电压钳制到不会损及半导体器件的水平。此外,由于具有高度非线性,MOV 在电路断开时的漏电流很小。

在设计直流固态断路器(MOV)时,需要针对安装断路器的电力系统和应用了解周围系统元件和工作模式。通过 MOV 特性建模可了解其主要参数对系统的影响,有助于电路设计和元件选择。大多数 MOV 是高度非线性的,MOV 电压/电流特性可以用多种方法以不同的精度来近似计算。例如,将MOV 电压建模为恒定电压,既可以得到粗略的近似值,又能给出非常简单的设计公式。一定电流范围内的线性近似和幂近似可以得到更准确的结果,但是设计公式要复杂得多。因此,可使用恒定近似来设计 MOV 所需的钳制电压,然后通过电路仿真用线性近似或幂近似来验证设计。通过使用 MOV 恒定近似电压/电流特性,对于给定的系统参数,可以计算出实现特定断开时间所需的钳制电压,如式(13-1)所示。在图 13-6 所示的固态断路器简化等效电路中,由电力半导体器件与 MOV 并联用作能量消散装置。

$$V_{\text{MOV}} \geqslant V_{\text{sys}} - I_0 R_{\text{load}} \frac{\text{e}^{-\frac{R_{\text{load}}}{L}T}}{\text{e}^{-\frac{R_{\text{load}}}{L}T} - 1} \tag{13-1}$$

式中,I_0 为断开时系统电流;V_{sys} 为断开时系统电压(源电压);R_{load} 为断开时等效负载电阻;L 为断开时等效系统电感;T 为所需断开时间。

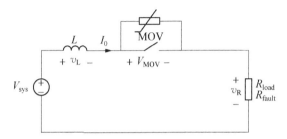

图 13-6　固态断路器简化等效电路(电力半导体器件并联 MOV 作为能量消散装置)

如果考虑最坏情况,即直流固态断路器断开时,系统电压为 110% 标称电压且分断电流最大,相关参数值如表 13-2 所示。当负载断开时,应使用等效负载电阻 R_{load},系统电感 L 为电源与负载间的等效电路电感。分断故障电流时,式(13-1)中应使用等效故障电阻 R_{fault},而系统电感 L 为电源与故障位置间的等效电路电感。

表 13-2　MOV 设计、要求及参数

参数	值(每极)
$V_{\text{sys}}(110\%)/\text{V}$	1 100
I_0(最大分断电流)/A	3 000
R_{load}(等效负载电阻)/Ω	1
R(等效故障电阻)/Ω	0.012 5(80 kA 预期电流)
L(等效系统电感)/μH	20～200
T(断开时间)/ms	0.5
$V_{\text{MOV\_MAX}}$(最高 MOV 电压)/V	<2 500(3 000 A 时)

这样,可以用式(13-2)估算和验证直流固态断路器的故障分断时间或电流熄灭时间 T,即

$$T = -\frac{L}{R_{\text{load}} + K} \ln \left[-\frac{V_{\text{sys}} - A}{(R_{\text{load}} + K)\left(I_0 - \dfrac{V_{\text{sys}} - A}{R_{\text{load}} + K}\right)} \right] \qquad (13-2)$$

其中,MOV 电压按以下线性近似确定:

$$V_{\text{MOV}} = A + KI_0 \qquad (13-3)$$

式中,A 和 K 是 $1 \sim 10\,\text{kA}$ 范围内 MOV 电压/电流特性的线性近似系数。图 13-7 显示了一种 MOV 电压/电流特性和线性近似,断路器预期分断电流范围为 $1 \sim 10\,\text{kA}$。作为 MOV 设计的一级近似,可将钳制电压设置为电流在 $2 \sim 2.1\,\text{kA}$ 时的常数。线性近似参数 $A - 1952$,$K = 0.0282$。

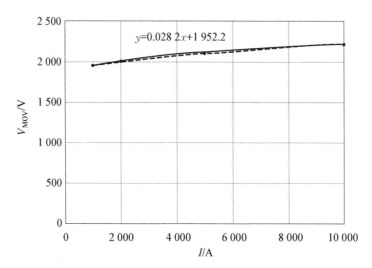

图 13-7　$1 \sim 10\,\text{kA}$ 范围内 MOV 电压/电流特性和线性近似值
(资料来源:Cairoli 等于 2019 年发表的论文,详情见参考文献[19])

断开过程中通过 MOV 消散的能量也可以用 MOV 特性的线性近似来计算。可根据系统条件按式(13-4)估算该能量。

$$E_{\text{MOV}} = \left[\frac{A(V_{\text{sys}} - A)}{R_{\text{load}} + K} + K\left(\frac{V_{\text{sys}} - A}{R_{\text{load}} + K}\right)^2 \right] T + \left(AC_1 + 2KC_1 \frac{V_{\text{sys}} - A}{R_{\text{load}} + K} \right) \frac{e^{p_1 T} - 1}{p_1} + KC_1^2 \frac{e^{2p_1 T} - 1}{2p_1} \qquad (13-4)$$

式中,T 为根据式(13-2)计算得到的电流熄灭时间;A 和 K 为所选 MOV 电压/电流特性的线性近似系数,$C_1 = I_0 - \dfrac{V_{sys} - A}{R_{load} + K}$,$p_1 = \dfrac{R_{load} + K}{L}$。

固态直流断路器应用选用的 MOV 残余电压在电流为 3 kA 时为 2 037 V,在电流为 5 kA 时为 2 118 V。所选 MOV 的电压/电流特性如图 13-8 所示。从图中可以看出,在标称电压下 MOV 吸取极少的漏电流,并在电流为 3 kA 时将电压钳制至约 2 100 V。这样,我们有理由认为 IGCT 最高阻断电压可达 2 500 V。

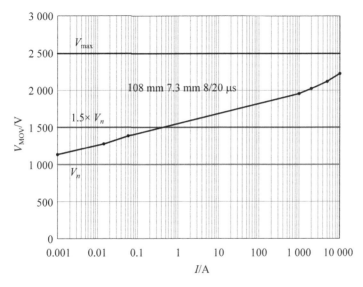

图 13-8 直流固态断路器所采用的 MOV 的电压/电流特性
(资料来源:Cairoli 等于 2019 年发表的论文,详情见参考文献[19])

13.2 设计的仿真验证

在各种系统状态下通过 Matlab 仿真对设计进行了验证。当系统电感为 500 μH 时,负载开关与故障电流分断情形下电流分断时间与 MOV 钳制电压的变化关系如图 13-9 所示。MOV 产生的电压越高,电流分断时间就越短。分断时电流分断时间与系统电压变化关系如图 13-10 所示。分断时电流分断时间与电流幅值变化关系如图 13-11 所示。电流分断时间与总等效系统电感变化关系如图 13-12 所示。

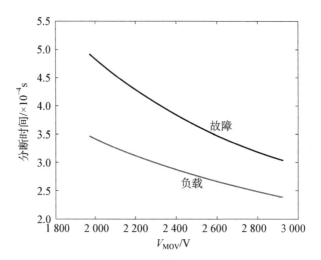

图 13-9　电流分断时间与 MOV 钳制电压的关系
（系统电感＝500 μH）

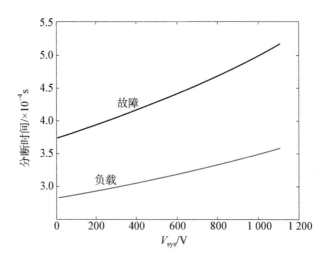

图 13-10　电流分断时电流分断时间与系统电压的关系

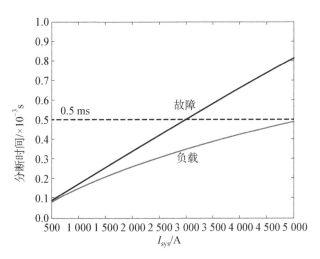

图 13 - 11　电流分断时间与分断电流的关系
（系统电感 = 500 μH）

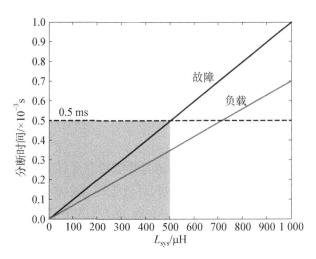

图 13 - 12　电流分断时间与总等效系统电感的关系
（负载开关和故障电流开关时）

　　MOV 在故障电流分断和负载开关期间消散的能量如图 13 - 13 所示，可以看到，在要求的系统电感范围内，MOV 具有最低能量消散要求。所选 MOV 的最高能量密度为 95 J/cm³。在设计中为最大能量预留了 20% 的工程裕度，以保证工作寿命超过 20 000 次。

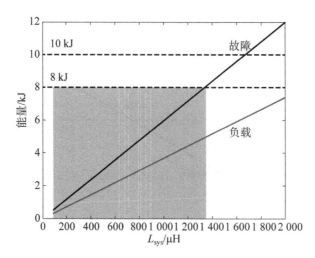

图 13-13 MOV 能量消散与总等效系统电感的关系
（负载开关和故障电流开关时）

如图 13-13 所示，最大系统电感为 $500~\mu H$ 时，直流固态断路器采用这种 MOV 可以保证故障电流分断时间少于 $0.5~ms$，并可应对超过 $20\,000$ 次的短路动作。如果断开时间可大于 $0.5~ms$，系统电感不超过 $1.3~mH$ 时，直流固态断路器可保证分断故障电流，并可应对超过 $20\,000$ 次的短路动作。用于直流固态断路器的 MOV 经过精心选择，并采用针对该特定应用的封装。但实际上 MOV 在该领域应用广泛，并且具有很高的可靠性指标。如果封装得当，MOV 可以很好地耐受恶劣的环境条件。

极的机械配置如图 13-14 所示，通过相邻冷却元件对 MOV 进行有效冷却。因而，这种 MOV 或者系统设备的尺寸比无有效冷却条件下的 MOV 的更小，或者断路器分断频率更高。注意，MOV 温升与其耗散的能量多少直接相关，而与所采用的冷却方法无关。因此，对 MOV 进行冷却并不会降低每次的温升，而是会使之更快地降温。

本试验采用了一种简单的热回路，评估冷却方法对 MOV 热恢复的影响。由于 MOV 的峰值温度会出现在其内部，因此 MOV 用有单个中央节点（有合适的热容）及单个热阻（将节点连接至冷却系统）的回路来表示。假设 MOV 的热容等于其质量与比热的乘积，而热阻则由 MOV 的一半厚度除以其热导率和横截面积得出。冷却方案对 MOV 热性能影响的仿真结果如图 13-15 和图 13-16 所示（MOV 消散能量为 $10~kJ$），从中可以看出两种不同工作频率和两

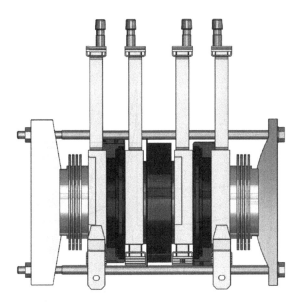

图 13-14 电源组组件机械配置(2 个 RB-IGCT 和 1 个 MOV)

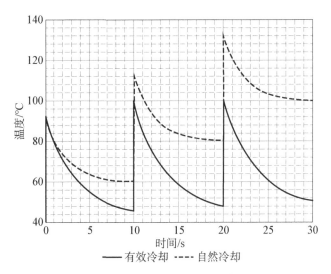

图 13-15 有/无有效冷却条件下 MOV 多次工作后的温升比
较(环境温度为 40℃)(1)

种不同时间条件下的影响。很显然,与自然冷却相比,增加有效冷却使 MOV
能够应对更严苛的工作条件。

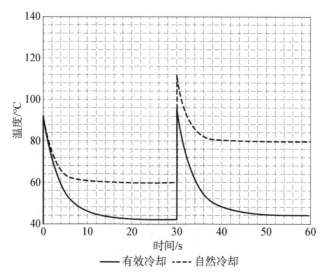

图 13-16 有/无有效冷却条件下 MOV 多次工作后的温升比较(环境温度为 40℃)(2)

13.3 设计的试验验证

在完成直流固态断路器主要电力部件的设计后,在满电压条件下进行短路电流分断试验,并与根据前述设计公式建立的 Matlab-Simulink 模型进行比较。直流固态断路器样机短路试验电路如图 13-17 所示,用单个电流脉冲电路进行试验,电容器组 C_s 与电感器 L_{sys} 串联,验证 RB-IGCT 与 MOV 组件的短路电流分断。

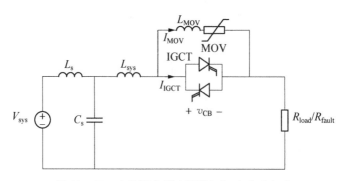

图 13-17 直流固态断路器样机短路试验电路

电容器组充电至 1 kV 后,IGCT 将导通,并根据系统电感的选择产生电流斜率为 di/dt 的短路电流。一旦达到故障电流阈值,RB-IGCT 就会关断,故障电流通过 MOV 消散。图 13-18 显示的是一个故障电流分断电路仿真示例,系统电压为 1 kV,系统电感为 65 μH。图 13-19 显示的是一个代表性短路试验和故障电流分断示例,系统电压为 1 kV,系统电感为 65 μH。

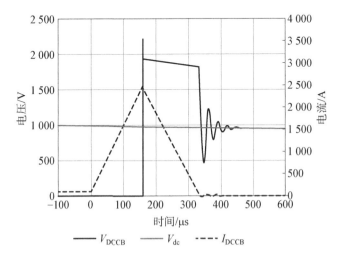

图 13-18 直流固态断路器电路仿真(采用 MOV 与反并联的 RB-IGCT 并联的线性近似模型)

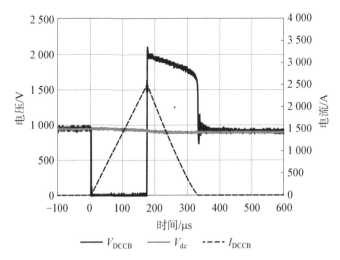

图 13-19 短路电流分断试验验证(系统电压为 1 kV,分断电流为 2.6 kA)

可以看到，从短路事件发生起，故障电流在少于 $10\,\mu s$ 的时间内被检测到，电流在少于 $160\,\mu s$ 的时间内被限制，故障能量在少于 $350\,\mu s$ 的时间内被完全消散。当 RB-IGCT 关断时，MOV 将电压钳制到约 $2\,kV$，从而实现故障能量的快速消散，并保护 RB-IGCT 免受过电压击穿。

13.4 小结

固态二极管断路器能为舰船高功率密度直流配电系统提供超快速的故障检测、保护和隔离。与其他电力半导体器件相比，RB-IGCT 半导体技术具有极快电流分断能力和最高效率。对于各种不同的系统电感和系统时间常数，MOV 可与 RB-IGCT 并联产生反电压，限制故障电流并在少于 $500\,\mu s$ 的时间内消散故障能量。本章研究内容为基于 RB-IGCT 的直流固态断路器的设计提供了设计指南，并为实现特定电流分断时间提供了 MOV 的设计公式。此外，通过电路仿真和满电压试验对设计该方法进行了验证。

14 限制故障电流的一次保护和后备保护

14.1 概述

　　中压直流电力系统的一般拓扑结构如图 14 - 1 所示。该系统采用的是多端直流舰船电力系统(SES)。它有几台通过整流器变流器向直流环形母线馈电的交流发电机。直流环形母线的电压定额为 5 kV，两台主发电机的定额均为 47 MV·A，两台辅助发电机的定额均为 5 MV·A。电压控制整流器的定额均为 4 MW，它们把 4 160 V 三相交流电压变流为 5 kV 直流电压。这些整流器具有内置故障保护模式，将在检测到故障时限制电流。在中压直流电力系统中，在环形母线每根电缆段的各端以及与环形母线相连的支路上的电缆连接端

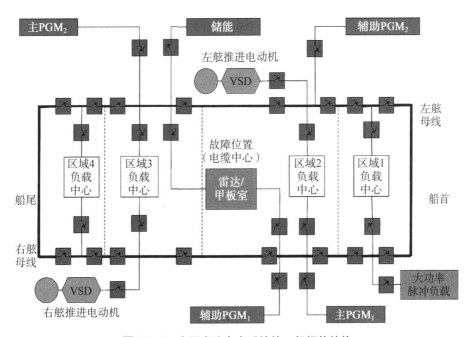

图 14 - 1　中压直流电力系统的一般拓扑结构

放置分段隔离开关(直流隔离开关),因此故障部分可以与系统剩余部分隔离。区域内的负载通过直流-直流变流器供电。

为应对用直流断路器消除直流电力系统短路问题的挑战,提出了一个不同的方法:电力变流器和机械接触器的协调控制可以使中压直流电力系统的整个受影响部分完全断电,断电时通过隔离开关重构(即隔离故障部分),最后通过使整个系统重新通电的方法解除系统故障。图 14-2 显示该故障解除过程中电源处的一般电压和电流波形:故障检测和故障定位、系统完全断电、故障支路的隔离及系统的重新通电。具体方法是使电力变流器首先进入限流模式(t_0),[通过中央故障管理和(或)局部故障管理]确认故障位置(t_1),在确认故障位置(t_3)后,关闭所有电源(即使系统断电),断开适当隔离开关(t_4),最后使剩余安全系统(t_6)重新通电。已将目标全部系统响应时间(SRT)选定为 8 ms(相当于约 60 Hz 周期的一半),该时间包括整个故障解除过程。然而,即使系统响应时间是目标值的 10 倍,仍将为基于直流或交流侧断路器动作的系统提供可行替代方案。不仅故障电流限制在接近变流器的额定电流,而且与直流固态断路器相比,非断流的隔离开关更紧凑、更高效。通过模块化多电平变流器限制故障电流的功能已在中压电平实验室得到验证。

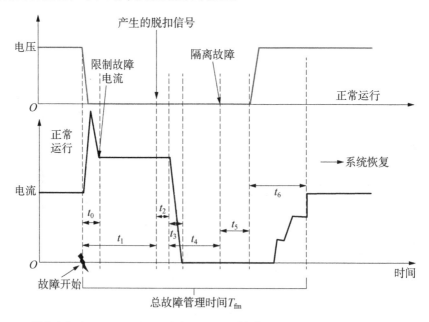

t_0—限流响应延迟;t_1—CFM/LFM 响应延迟;t_2—脱扣信号延迟;t_3—变流器断路延迟;t_4—隔离开关打开延迟;t_5—停机时间;t_6—电力恢复时间;$T_{fm} = t_1 + t_2 + t_4 + t_5 + t_6$。

图 14-2 中压直流电力系统保护程序的概念视图

中压直流电力系统的中央故障管理(CFM)和局部故障管理(LFM)都依靠该协调方法。CFM 依靠通信实现快速、高选择性的重构,优先用作一次保护装置。但是,由于 CFM 要依靠完整的通信网络,需要一种后备方法。因此,研究人员已提出了本章所述的 LFM 作为后备方法,预计在 10~20 ms 内动作。本章的研究挑战是如何使 CFM 和 LFM 作为主方案和后备方案共同工作,且它们之间没有负面的相互作用。例如,LFM 的动作会导致 CFM 控制器的反作用,反之亦然,因此,整个系统或部分系统可能会在两个不同状态之间快速持续地切换。相互作用问题在多端闭环舰船中压直流电力系统中尤其突出。

中压直流电力系统构成一个带多个电源和相关电力电子变流器的环形结构,以实现更高的效率和可靠性。然而,与开环环形母线系统比较,该新结构还带来了以下保护系统设计方面的挑战。

(1)第一个挑战源自带多个电源的环形结构。此类结构将显示不同的动态性能,例如,与传统配电系统(通常在径向结构中)相比,故障状态期间电流方向会发生改变。

(2)第二个挑战是如何保证故障保护的可靠性和准确性,考虑到故障电流受到电力电子设备(PED)和系统参数的严重影响。

(3)第三个挑战是中压直流电力系统的快速保护要求。SRT 限制了故障对发电机和负载的影响。

本章的贡献在于为应对这些挑战和分析结果提供可能的解决方案。有两个 CFM 作为一次保护实现对故障的极快响应,也有一个 LFM 位于每个直流开关上,以在通信故障时,提供 CFM 的后备支持。两个保护方法将独立工作;同时,通过动作速度的差异来执行两者之间的协调工作,以保障可靠性及选择性要求。此外还规定了由 CFM 和 LFM 方法采用的单个故障解除程序。

CFM 装置用适应比率差动算法管理舰船中压直流电力系统的多个保护区域,其中把流入和流出区域的电流和比作零,以确定区域内是否存在故障。相比之下,LFM 装置分布在局部开关上,用协调时间阻抗算法管理系统局部故障,其中隔离装置接线端可见的视在电阻用于确定故障是否为局部故障。

本章阐述了 Matlab-Simulink 环境中多端闭环舰船中压直流电力系统的 CFM 和 LFM 仿真结果。首先,推导出闭环系统直流开关接线端的视在电阻数学表达式。然后,分析系统参数对两种方法性能的影响。此外,在仿真模型的帮助下,测试了 CFM 和 LFM 对中压直流电力系统内不同故障位置的不同故障情景响应,还评估了导出的数学表达式的正确性。最后,对实时数字仿真系统(RTDS)进行了初步的硬件在环试验,以确认仿真结果。

14.2 保护设计

如何对故障事件做出响应以及故障解除程序的一般概念对获得整个保护方案来说非常重要。

14.2.1 故障解除的保护程序

由于中压直流电力系统具有无断路器的特征,故障解除顺序规定如下。

(1) 故障检测和故障定位——故障发生时,向环形母线馈电的所有电力变流器将因其内置的过电流保护方案由正常工作状态变为限流模式。然后,CFM 和 LFM 装置都将独立工作,以检测故障并确定故障位置。

(2) 系统完全断电——在确认故障位置后,系统将完全断电。

(3) 故障支路隔离——将启动对应隔离开关,以在来自中压直流电力系统的所有电容的初始放电电流减为零时打开,从而隔离故障部分。

(4) 系统重新通电——在通过适当操作各个开关来隔离故障后,变流器重新向系统通电。

14.2.2 一次保护和后备保护

图 14-3 显示了如何在中压直流电力系统中执行所提出的保护方案的概况。首先,环形母线被直流开关分为几个部分,以使环形母线在一个部分线路与整个系统断开的情况下仍能够保持为从发电机单元至主要负载提供配电路线的功能。此外,应注意,前提是假设这些直流开关在零电流状态下切断电路,而不是直接分断故障电流。这要求变流器按照 14.2.1 节所述的(2)和(3)把故障电流减为零。在此方式下,开关在动作期间将不承受高电流电弧。其次,CFM 和 LFM 控制器部署在不同位置。由直流开关远程执行的两台 CFM 控制器(或更多,取决于中压直流电力系统的规模)依靠通信实现其中央决策能力,而每个直流开关处执行的 LFM 控制器在仅依靠局部获得数据的同时,实现其局部决策能力。图 14-3(b)显示中央故障管理控制器和局部故障管理控制器在系统的丁字形交叉处的执行情况。通过传感器获得的测量数据都发送至中央故障管理控制器和局部故障管理控制器。每台控制器单独做出保护动作决策,生成的脱扣信号分别发送至对应开关。中央故障管理控制器与其所覆

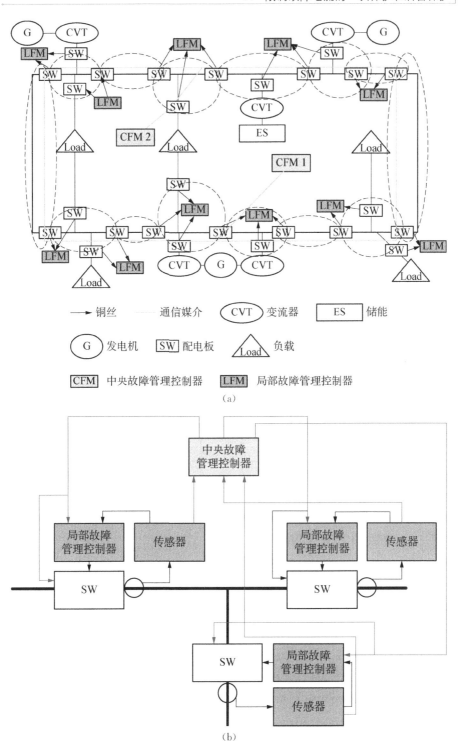

（a）

图 14-3　CFM 和 LFM 的执行情况

（a）保护方案概况；（b）中央故障管理控制器和局部故障管理控制器在系统丁字形交叉处的执行情况

盖的局部故障管理控制器之间存在相互连接,因此局部故障管理控制器知道中央故障管理控制器是否处于值班状态。最后,两个保护方案将以协调的方式独立运作。通过不同的动作速度来执行两个方案之间的协调工作。当出现故障时,CFM 应在最短时间内确定是否存在故障。目前的目标时间约为 5 ms。如果失败,LFM 将在预定时间延迟后接管任务,然后确定是否存在故障(预计在下一个 10～20 ms 内)。

表 14-1 把 CFM 和 LFM 的特性进行了归类以便比较。应注意 CFM 和 LFM 都是独立的故障保护方案,仅在每个直流开关处共用电压传感器和电流传感器,以获取数据。虽然 LFM 不需要像 CFM 一样在开关之间的远端通信,但它仍需要在电压传感器、电流传感器和局部控制器之间进行局部通信,因此,测量所得数据可以发送至局部故障管理控制器。

表 14-1　CFM 和 LFM 的比较

特性	CFM	LFM
启动时间	一检测到故障	预定时间延迟后
脱扣时间	目标为 5 ms	目标为 10～20 ms
装置	2 台或 3 台中央控制器	20～40 台分布式控制器
算法	适应差动保护	适应距离保护
通信媒介	需要专用通信系统	局部,仅针对传感器。简单、直接

14.3　一次保护方法:CFM

CFM 装置由带保护程序的控制器、遥感器和相关通信网络组成。如图 14-3 所示,整个系统被分隔成许多保护区域,以进行故障定位和隔离。有两台 CFM 装置(或更多,取决于中压直流电力系统的具体规模),每台装置用差动方案管理多个区域。当发生故障时,差动方案将通知控制器故障是在区域内还是区域外。可以用这种方式确定故障位置。

图 14-4 显示了 CFM 装置的详细布置,遥感器分布在开关上,它们测量电流并将数字化的电流数据发送至其相应的控制器。这样,CFM 装置可以通过在其范围内的所有区域执行保护方案来保护大部分的中压直流电力系统。

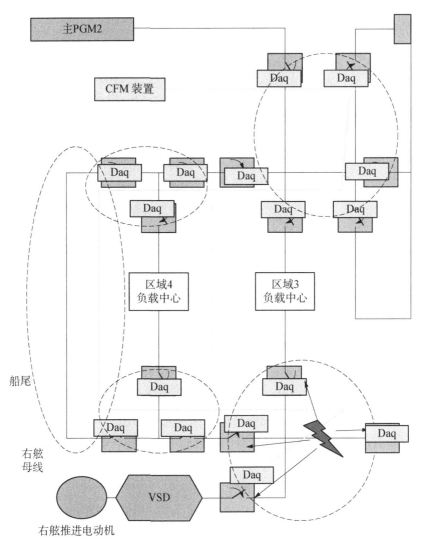

图 14 - 4　CFM 装置的详细布置

采用适应比率差动保护(APDP)方案进行 CFM 的故障识别。与现有的比率差动保护(PDP)方案相比,APDP 是基于样本点的瞬时值,而不是均方根值。因此,CFM 系统能够在毫秒的时间范围内为中压直流电力系统工作。否则,APDP 方案与现有的 PDP 方案类似,可以表达成以下方程式:

$$\left| \sum I_k \right| - s \sum \left| I_k \right| > I_{\mathrm{op}} \tag{14-1}$$

式中,k 为测量点的总数;I_k 为 k 点的电流值;s 为斜率系数;I_{op} 为最低动作电流值的阈值。

APDP 方案的计算程序如下:

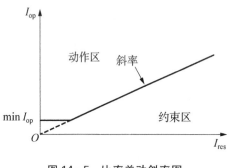

图 14-5　比率差动斜率图

(1)计算动作数量——所有电流的矢量和,以及约束数量——所有电流的量值和。

(2)把两个数量映射到比率差动斜率图上,如图 14-5 所示。如果结果位于动作区内,可以确定区域内是否存在故障。如果结果位于约束区内,就没有故障。

14.4　后备保护方法:LFM

在 LFM 情景中,直流开关基于其对脱扣时间曲线的局部解释(作为视在电阻的函数)来自动决定是否打开。在陆上电力社群内,该方法也称为"远距离保护"。不过舰船系统上的实际距离非常短。该故障保护算法的最终目标是确保与配电系统最近的开关(环形母线上电缆两端的两个最近开关,或支路电缆一端的一个最近开关),在系统剩余部分保持完全功能的同时,可以隔离故障段。每个直流开关需要查看其自身的电流和电压状态,同时做出相同的决定:故障是否离自身非常近,或离另一个开关更近。该过程可以分为以下两个步骤。

(1)接线端电阻计算。电压传感器和电流传感器安装在每个直流开关的输出端,以获得电压和电流值。这些实时数据通过局部线路传输至控制器(该控制器也已经与开关一起放置),以根据式(14-2)计算每个取样循环输出端的实时视在电阻。

$$R_n(t) = \frac{V_n(t)}{I_n(t)} \tag{14-2}$$

式中,V_n 为开关 n 输出端的电压值;I_n 为开关 n 输出端的电流值;R_n 为开关 n 视在端电阻。

(2)阈值电阻计算。把实时视在电阻值 R_n 与局部控制器的预定阈值进行比较。如果控制器确认视在电阻超过预定阈值，局部开关将从局部控制器获得启动信号，在系统断电后知道打开(参见图 14 - 1 所示的时间 t_4)。注意，这里用两个阈值，而不是单一阈值。这是因为对于多端闭环环形母线中压直流电力系统，位置、类型和阻抗值等故障特性可能不仅对电流值产生影响，也对电流方向产生影响，从而形成在接线端的预定方向所看到的对应视在电阻负值。因此，故障检测的正阈值必须比与来自预定正方向最大功率流对应的视在电阻更小，然而负阈值必须比与来自预定负方向最大功率流对应的视在电阻更大。

$$R_{\text{th}+} < \frac{V_r^2}{P_{r+}} ; \ R_{\text{th}-} > \frac{V_r^2}{P_{r-}} \qquad (14-3)$$

式中，V_r 为限流模式下的电压值；P_{r+} 为来自正方向的最大功率流；P_{r-} 为来自负方向的最大功率流；$R_{\text{th}+}$ 为故障检测的正阈值；$R_{\text{th}-}$ 为故障检测的负阈值。

显然，不同区域/位置的直流开关具有不同的打开优先权。仅当每个直流开关的接线端视在电阻达到其自身的脱扣阈值时，该直流开关可以打开。因此，需要适当选择这些阈值，以确保该远距离保护方案的鲁棒性和选择性。

LFM 相对于 CFM 的最大优势在于其对应网络通信的独立性。在每个直流开关局部操作 LFM 控制器，并局部进行所有测量和数据处理。在此方式下，每个开关能够基于其局部 LFM 装置做出自己的动作决定，即使是在通信系统受到严重干扰或损害且 CFM 装置很可能已经瘫痪的情况下。然而，LFM 的劣势是由于其预置更新率更慢，因而对快速变化的系统的适应性非常有限。

14.5　仿真结果

为了分析所提出的一次保护系统和后备保护系统的性能，建立了简化中压直流电力系统的 Matlab-Simulink 模型，如图 14 - 6 所示。它被描述为包括两个发电机组和两个负载(每个额定功率为 4 MW)的 5 kV 系统，同时所有设备都因为配电之目的而共用一个闭环环形母线。试验台电缆阻抗采用的是全尺寸舰船上预期中压直流母线阻抗的成比例表示。电缆电阻都是毫欧姆级，比负载电阻(6.25 Ω)低得多。因此，主要电压降是在负载上，环形母线的每个节点能够在正常运行模式期间使其电压电平保持在额定电压(5 kV)左右。此外，它还解释了为什么引入短路和低阻抗故障将使环形母线中的电流轻易改变方向。

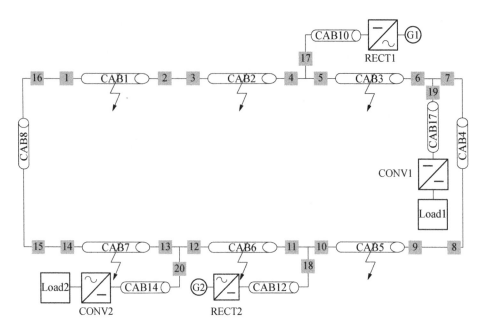

Load—负载；CONV—变流器；CAB—电缆；RECT—整流器。

图 14-6 环形母线/支路上的低阻抗故障模型

电缆电感和电容以及电力整流器的内部电感和电容对故障电流的瞬变性能产生巨大影响。图 14-7 显示当电缆 1 的中心出现低阻抗(0.1 Ω)故障时的电力整流器 1 输出处的电压和电流波形仿真结果。在 10 ms 的故障事件处，同时开始出现电压下降和电流上升。整流器进入限流模式，迅速将故障电流降至安全值(在此概念情况下，降至额定值的 150%)。注意，此处故障电流受到两个主要因素的影响：由于电容器放电而出现的快速峰值电流和由于电感器放电而出现的缓慢衰减电流。由于假设直流开关仅在零电流时打开，线路电容和电感值会对开关可以实际响应前故障保护方案需要的停机时间产生影响。

图 14-8 显示了五种不同情景下开关接线端 1～20 处视在电阻的比较结果。这五种情景分别是故障位于 CAB1、CAB2、CAB5、CAB6 中心(见图 14-6)以及无故障状态。当环形母线发生故障时，所有开关接线端的视在电阻(除了负载支路处的开关外)将受低阻抗接地线的影响而显著下降，因此所有这些开关都检测到故障事件。同时，图 14-8 显示视在电阻会受到在 14.4 节讨论的某些故障状态下的电流方向改变的影响而降至零以下。与传统远距离保护的脱扣特性不同，开关接线端的视在电阻并没有一直显示最近故障的最低值。以开关 9 和开关 10 为例，CAB6 中心出现故障时的开关接线端的视在电

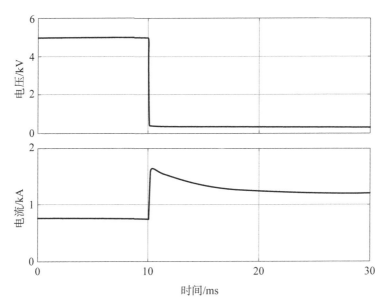

图 14 - 7　与电缆 1 中心的低阻抗故障(0.1Ω)对应的电力整流器 1 的输
　　　　　出电压和电流

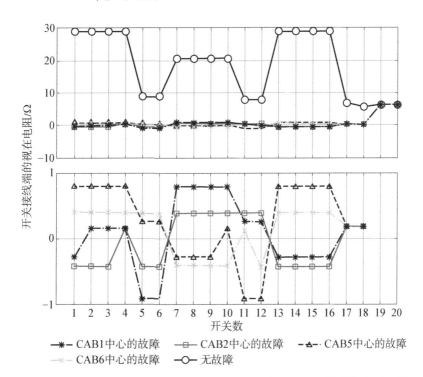

图 14 - 8　故障位于 CAB1、CAB2、CAB5、CAB6 中心以及无故障状态时开关
　　　　　接线端 1～20 处的视在电阻比较

阻比 CAB5 中心出现故障时的视在电阻更小。这一结果进一步巩固了在 14.4 节所做出的假设,即正阈值和负阈值都是必需的,而不是仅仅需要其中一个值。

图 14-9 显示了 CFM 和 LFM 对 CAB1 中心故障的响应。当 10 ms 处出现故障时,流过开关 1 的电流(I_1)和流过开关 2 的电流(I_2)出现显著变化,分别如图 14-9(a)的上部两图所示。图 14-9(a)下部两图显示 CFM 对故障做出快速响应,在故障事件后 5 ms 启动其保护区域 1 的脱扣信号,包括开关 1 和开关 2。同样,LFM 能够以适当方式对该故障做出响应。发生故障时,开关 1 的视在接线端电阻(R_1)和开关 2 的视在接线端电阻(R_2)几乎立即降至更低值,如图 14-9(b)上部两图所示。因此,LFM 能够基于 14.4 节所提出的算法检测并确定故障位置,并在开关 3 和开关 4 保持关闭状态的情况下,在 10 ms 内向开关 1 和开关 2 发送脱扣信号,如图 14-9(b)所示。然而,值得注意的是,LFM 能够和 CFM 一样快速检测并确定故障位置。LFM 增加 5 ms 的额外延时是为了完成 CFM 和 LFM 的预定故障保护任务:用作一次保护的 CFM 将在 5 ms 内对故障做出响应,然而如果响应失败,LFM 将作为后备保护在下一个 5 ms 内接管任务。

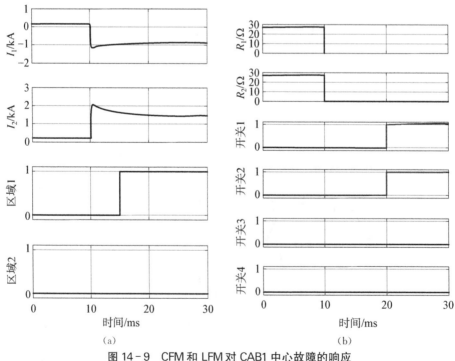

图 14-9 CFM 和 LFM 对 CAB1 中心故障的响应

(a) CFM 响应;(b) LFM 响应

　　图 14 - 10 显示了 CFM 和 LFM 对 CAB2 中心故障的响应。CFM 能够通过启动其保护区域 2 的脱扣信号来对故障做出准确响应,包括开关 3 和开关 4。此外,LFM 能够及时检测并确定故障位置。这进一步验证了 CFM 和 LFM 能够在中压直流电力系统中发挥适当作用,并且彼此完全兼容。

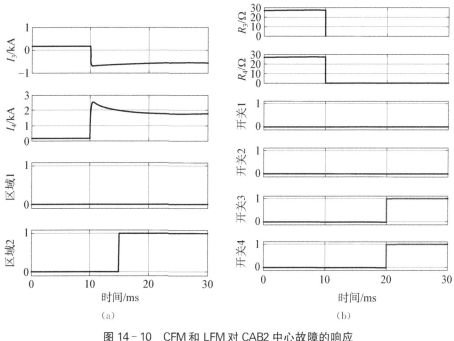

图 14 - 10　CFM 和 LFM 对 CAB2 中心故障的响应

(a) CFM 响应;(b) LFM 响应

14.6　实时数字仿真系统上的硬件在环验证

14.6.1　RTDS 上的 HIL 试验台

　　为了完整地评估和检验 CFM,在硬件在环(HIL)试验台上对其进行了验证,现有的简化中压直流仿真在实时数字仿真系统(RTDS)上运行,然后通过将 RTDS 的模拟输出与 CFM 输入相连,把 CFM 应用于中压直流电力系统上。这样有助于获得 CFM 的实时模拟信号。该信号反映出中压直流的仿真结果。RTDS 上的 HIL 试验可以使研究人员在与实际运行状态非常接近的实时环境下验证所提出的保护方案。

14.6.2 CFM HIL 试验结果

建造 CFM 装置是为了用 EtherCAT 通信在 National Instruments 微控制器上进行验证。有 3 台 AMU 从动装置,每个 AMU 上有 4 个数据采集点,因此,共有 12 个数据采集点。还有一台计算机用于监控 CFM 装置。主 AMU 和从动 AMU 之间的通信采用专用确定性 EtherCAT 协议。主装置与计算机之间的通信是普通 TCP/IP 以太网协议。CFM 的程序在区域内实时执行 APDP 方案,该程序在 LabVIEW 平台实现。

图 14-11 所示的中压直流仿真模型在 RTDS 准备就绪的情况下,可以将 CFM 应用于 RTDS 的中压直流仿真。在这个初步 CFM 方案中,可以用 12 个数据采集点形成 4 个区域。

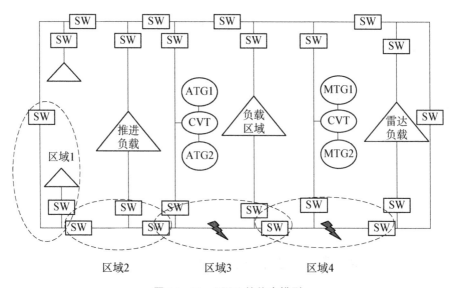

图 14-11　RTDS 的仿真模型

HIL 试验结果如图 14-12 所示,它是图形用户界面(GUI)的监控板屏幕截图。左侧 4 台巨型 LED 显示器显示 4 个区域的脱扣信号,右侧的 4 台显示器显示 4 个区域的电流。当区域 3 发生故障时,CFM 装置确认故障区域。当故障信号产生时,打开脱扣 LED,此时其他 3 个区域保持静默且不受影响。如图 14-12 所示,故障电流波形发生严重畸变,然而,CFM 克服了这一问题。研究人员已经对不同位置的故障进行了反复试验。试验结果显示 CFM 可清楚地区分区域内和区域外的故障。HIL 试验结果证明所提出的 CFM 方案作为舰船中压直流电力系统一次保护具有高准确度和可靠性。

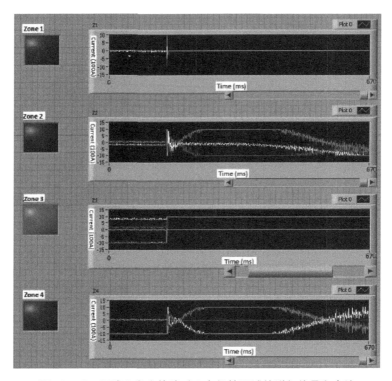

图 14-12   区域 3 发生故障时 4 个保护区域的脱扣信号和电流

14.7   小结

本章阐述了限制故障电流的舰船中压直流电力系统的一次保护(CFM)和后备保护(LFM)。比较并详细讨论了两种保护方案的概念。远距离脱扣设定的 LFM 特性可能会为在闭环环形母线系统中采用远距离保护提供指导。

简化舰船系统仿真结果验证了 CFM 和 LFM 在故障检测和故障定位中的良好性能和兼容性。CFM 能够在故障发生 5 ms 内确定故障位置,LFM 能够在故障发生 10 ms 内确定故障位置。然而,在 RTDS 上所进行的初步 HIL 试验结果显示,CFM 保护方案具有令人满意的实时性能。

15 中压直流电力系统接地故障定位

15.1 概述

本章介绍一种确定船舶中压直流电力系统最佳接地的分析方法。研究分析许多海军和电气工程方面的问题,从而确定最可行的方法,并进一步进行硬件在环(HIL)测试来验证并确定方法的局限性。在分析接地方法时不仅基于技术的可接受性,还基于系统是否有益于最终用户。这些数据将用于创建军事标准,在第一艘中压直流船开发之前为船舶设计者提供指导。

目前船舶应用中线对地故障定位的技术在中压直流架构中存在潜在的缺点,因为越来越多的大功率电子变流器给测量网络阻抗以确定接地故障位置带来了挑战。本章针对不接地船舶配电系统的接地故障,提出一种基于噪声模式分析的故障定位方法,并评估该方法对采用所选择的接地方法的中压直流架构的适用性。作为高频谐波源的电力电子变流器与配电系统内的寄生耦合元件之间的相互作用产生了每个系统独有的特征高频噪声。当发生接地故障时,这种背景噪声会发生改变,从而影响下面的配电系统的特征环形电路发生改变。通过仔细分析与各种故障位置相关的噪声模式,即可以区分接地故障的位置。

15.2 船舶中压直流电力系统的接地方法

由于研究针对的是海军舰船,故需要对上述方法进行特殊分析和测试。在分析过程中,还必须考虑制造 DC 中性点的方法。

15.2.1 假设

在分析开始之前,需要做出两点假设。首先是供电母线是由双极直流电源组成的双轨电路。这是因为单根导轨需要额定电压高得多的绝缘电缆,过度杂散电流导致腐蚀和安全问题的可能性很高,并且线对壳电压也可能较高。其次,排除了线对中性点之间的负载,线对中性点之间的负载会限制可用的接地方法,并且具有高杂散电流风险。虽然这些负载仍然可以存在于区域架构内部,但它们不会直接连接到主配电母线。此外需要注意的是,美国海军目前不使用线对中性负载,因此这种限制对船舶设计者的影响最小。

15.2.2 分析方法

设计了一种分析方法,该方法将确定一种不仅具有技术可行性,而且还可以实际应用于海军舰船以实现拥有长期可靠的使用寿命的接地方法。研究时采取了许多步骤来确定应该探索哪种接地方法以进行进一步的评估和硬件测试:首先选择要研究的接地方法和分析标准,然后针对所有分析标准对每种候选接地方法进行广泛的研究。根据分析结果,以及适当的建模和仿真来支撑得到的结论,选择一种最合适的接地方法。本研究考虑了近50个分析标准。这些标准分为5类:船舶设计、安全、性能、实施和物流。替代方案分析编制了所有的7种接地方法的相关数据,不仅显示每种方法的不同之处,而且还显示它们的等效之处。该替代方案分析能够选择最有前景的中压直流接地方法,通过硬件测试进一步评估后,可以确定其在纳入设计标准之前的性能限制。

15.2.3 接地方法

研究人员评估了7种候选接地方法:二极管接地、主动接地、直接接地、低电阻接地(LRG)、浮动/不接地、阻抗接地和高电阻接地(HRG)。这些方法都不是专门为舰船中压直流与电力系统设计的,并且测试结果的适用性有限。

(1)主动接地:主动接地方法即采用可变电阻器,它使配电系统的性能可以满足所需的条件。例如,在和平时期运行时可以使用低电阻接地方法来限制故障发生时对设备产生的应力并为人员提供最大的安全保障,但是操作时可以使用高电阻接地来确保电路的可用性和电力系统的容错性。但是,这种方法可能大大提高船舶集成的复杂性并影响其他组件的可靠性。

(2)直接接地:直接接地广泛用于低压应用中,它能够使故障期间的电压升高值达到最小并降低绝缘应力。然而,故障电流过高不仅会损坏导体,而且还因产生电弧闪光导致船舶存在爆炸危险。因此,直接接地方法主要应用于低电压和低功率的敏感电子设备以及与人员直接接触的应用中。

（3）低电阻接地：低电阻接地主要用于在故障期间需要电压升高值最小的中压（MV）电路，并且该电路不能承受在直接接地系统中存在的接近无限的故障电流。虽然低电阻接地可以为军舰提供许多好处，但不允许在单一线路对地故障时进行操作，因为这在运行时是有害的。

（4）浮动/不接地：浮动系统是当今大多数三角形接法低压交流供电的海军舰船采用的主要接地方式。该系统允许单线路对地故障运行，并能够最大限度地减少杂散电流。但是为承受故障期间的电压升高，该方法需要最高的绝缘等级。另外如果底盘和船体没有正确黏合，还有可能会增加对人员的危害。

（5）二极管接地：二极管接地的方法可以解决电气化铁路系统的许多问题。早期系统直接接地，但会有明显的杂散电流，导致铁轨和紧固件受到腐蚀。后来系统转而采用浮动接地系统，但是真正的浮动系统在实际中是不可能实现的，并且在故障期间平台和列车之间存在明显的电压差。通过在中性点和地之间放置二极管，可以阻止低压杂散电流，从而消除大量腐蚀。选择二极管击穿电压可将平台与列车电压限制在可接受的水平。

（6）阻抗接地：中压直流的阻抗接地是将 LRG 或 HRG 与电容器或电感器相结合，以提供额外的滤波。目前尚不清楚直流电力系统采用该配置的优缺点，但作为一种备选方案，本章对该方法进行了研究。

（7）高电阻接地：这种接地方法限制了故障期间的电压上升，显示出了不接地系统的优点。但是，由于系统可以在单个线路对地故障的情况下运行，因此必须使用精确的接地故障检测系统来通知操作员故障的发生，以防止腐蚀和对人员造成危害。

15.2.4　中性拓扑结构

对于除浮动接地之外的其他所有接地方法，中性拓扑结构在系统的性能上起着关键作用。图 15-1 给出了具有自然中性点双极直流的整流器的简化示例，图 15-2 给出了基于中性点的电阻分压器。自然中性点可以最大限度地减少寄生损耗，但需要更复杂的发电机和整流器设计。电阻方法可以与标准三相电源一起使用，并且可以使用可变电阻器来校准任何漂移的中性点（但会增加电气系统的寄生损耗）。每种方法都有益处，但是也都存在限制，研究人员将开展进一步的测试，以确定其在船上应用的可行性。

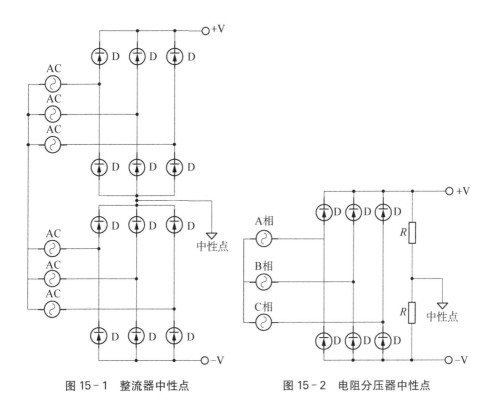

图 15 - 1 整流器中性点   图 15 - 2 电阻分压器中性点

15.3 基于噪声模式分析的故障定位方法

美国专利 8067942 B2 提供了一种使用新型噪声模式分析方法定位直流配电系统中的线对地故障的方法。传统应用于接地故障检测的技术在特定的船舶直流应用中可能不太理想,该方法与这些不同。该方法无须信号注入,而是通过测量直流配电系统中发生接地故障导致的噪声信号模式的变化来检测故障位置。

15.3.1 噪声模式分析方法的基本原理

直流电力系统中存在的振荡接地回路将产生如图 15 - 3 所示的特征环形电路。在电力电子变流器开关过程中,能量储存在电路内的寄生元件中。这种能量在接地回路内振荡,直到最终消散。当发生接地故障时,配电系统的特征环形电路会发生改变。该故障定位方法在得到整个船舶的各个位置发生接地故障时产生的每个独特的环形电路基础上,利用了与其相关联的特征噪声模式进行故障定位。

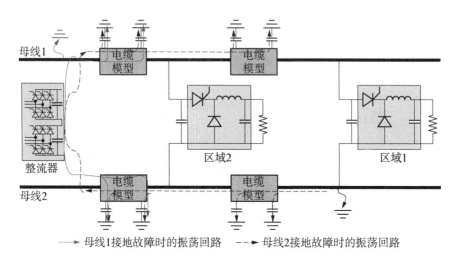

图 15-3　船舶配电系统内的特征接地回路

15.3.2　小波多分辨率分析

为了区分故障位置,需要对每个环形电路相关的特征噪声模式进行频域分析,多种技术均适用于此分析。由于测量噪声模式中的频率范围很大,且为了表示离散的能量分布从而进行合理的分类,本章选择了小波多分辨率分析(MRA)。

在获得信号频率特性的同时还需要保留某些时间信息的情况下,小波分解已广泛替代傅里叶分析。在电力系统领域内,小波通常用于检测由诸如短路的瞬态故障导致的高频信号分量。在本研究中,采用了计算成本较低的 Daubechies 或 Harr 小波分析方法,分析了所测噪声信号模式的变化。在实际操作中,故障定位方法必须能够快速确定正确的故障位置,如果使用计算成本更高的小波分析方法,噪声信号处理时间会显著增加。被测量的噪声信号分解为如表 15-1 所示的离散频带,使用了 10 个小波分解等级,且出现了特征信号能量模式。正如预期的那样,接地故障期间噪声信号能量模式的频率和幅度发生了变化。本章模拟并比较了在代表性系统模型中出现不同故障位置的情况,结果将在 15.4 节中进行讨论。

表 15-1　小波分解频带

频　带	频　率	频　带	频　率
1	12.5～25 MHz	6	390～780 kHz
2	6.25～12.5 MHz	7	195～390 kHz
3	3.13～6.25 MHz	8	98～195 kHz
4	1.56～3.13 MHz	9	49～98 kHz
5	780 kHz～1.56 MHz	10	24～49 kHz

15.3.3　系统模型描述

研究在 PSCAD/EMTDC 软件中建立了一个概念性的两区域配电系统模型,如图 15-4 所示。右舷和左舷母线是双极性的,工作在 12 kV 直流电路上。每个电缆长度为 100 m,参数取自有关文献中描述的共模等效电路模型。为了更准确地表示与该系统相关的频率,研究中使用了与频率相关的电缆模型。该

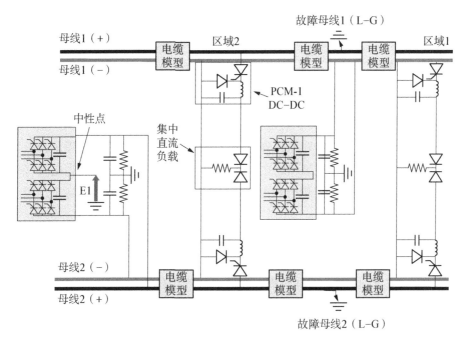

图 15-4　用于敏感度分析的概念双区域船用 MVDC 配电系统 EMTDC 模型图

电缆模型本质上是分布式 RLC 行波模型,其每个电参数中均包含了频率依赖性。每个直流母线由两个 6 脉冲二极管整流器供电,为系统噪声测量创建了一个自然中性点(见图 15 - 4 中的信号"E1");每个区域内的负载由两个 DC 母线通过 DC - DC 变流器(PCM - 1)供电。每个 PCM - 1 被建模为开关模式 DC - DC 变流器,这些变流器在切换时充当谐波源,产生可在配电系统内测量的高频振荡。这些变流器与系统的寄生元件的相互作用产生了一种特征噪声模式,当在不同位置发生接地故障时,该噪声模式是独特可区分的。

15.4 故障定位方法的敏感度分析

基于噪声模式的接地故障定位方法是提取中压直流配电系统内的测量电压的频谱特征,这些特征在不同接地故障位置的特性也会不同。在前述专利提到的方法中,主要假设是系统内与地的寄生耦合主要由电缆决定。如果 EMI 滤波器放置在中压直流配电系统内,或者如果源和负载的对地电容耦合与电缆电容耦合相近似,则这种假设可能不成立。通过研究检测方法可以允许的最大额外源-地耦合,分析研究源处附加耦合对地的影响,从而为未来的船舶接地设计提供指导。

15.4.1 研究描述

本节将前述接地故障定位方法应用于 15.3 节描述的系统中。在单独的时域仿真中,在母线 1 和母线 2 的正轨上施加接地故障,并且使用小波 MRA 对测量的噪声模式进行后期处理和分析。研究的目的是确定这种故障定位方法对二极管整流器输出端的源和地之间增加电容耦合以及所提出的高电阻接地方案的敏感度。附加电容耦合和电阻接地方案显示在图 15 - 4 中每个二极管整流器的输出端。

15.4.2 附加源-地电容耦合的敏感度

为了评估增加的源-地电容耦合对接地故障定位方法的敏感度,在每个二极管整流器输出端的两个直流轨之间附加连接电容来进行模拟。如果这种附加电容耦合可以影响配电系统的特征环形电路(而不是电缆电容),则无法区分与不同故障位置相关联的噪声模式。

图 15-5 给出了在母线 1 正轨上出现接地故障时,测量得到的噪声信号的小波分解。在这种情况下,附加电容的最小值为 4.7 nF。在随后的测试中,电容每次增加 10 倍,最大附加电容为 4.7 μF。在母线 1 发生接地故障和附加电容值为 4.7 μF 的情况下,得到的小波分解如图 15-6 所示。正如所料,附加的电容耦合接地会显著改变系统噪声特性。信号中的大部分高频能量被消除,如图 15-5 所示,频带 1~4 中包含的信号的能量急剧下降。虽然这些信号的能量大小对于模式分类很重要,但更重要的是分析由于故障位置变化引起的模式差异。

图 15-7 和图 15-8 给出了对于不同频带,在母线 1 和母线 2 接地故障期间测量的信号能量大小之间的百分比差异。作为惯例,将母线 1 接地故障模式作为参考。对于图 15-7 和图 15-8 的场景,频带 3 对于故障位置确定是最有用的。应当注意的是,尽管频带 10 中的信号能量看起来在很大程度上取决于故障位置,但是该较低频带中包含的信号能量明显低于许多较高频带。因此,不太可能基于频带 10 模式确定接地故障位置。

随着源和地之间的电容耦合进一步增加,高频信号能量的差异开始减小。图 15-9 和图 15-10 分别显示了最大附加电容为 470 nF 和 4.7 μF 情况的结果。在每种情况下,频带 3 不能再用于区分母线 1 和母线 2 的故障位置。相反,仿真结果表明,频带 6 现在与确定接地故障是否位于母线 1 或母线 2 上最相关。

15.4.3　对高电阻接地方案的敏感度

通过 14.2 节所述,图 15-4 所示的高电阻接地方法,模拟了前面描述的相同的数个场景。其中,最大附加电容为 4.7 nF 和 47.0 nF 情况的结果如图 15-11 和图 15-12 所示。当源电容耦合较低时,对高电阻接地系统的仿真结果进行了仔细研究,可以看出不接地和高电阻接地系统之间有较好的对应关系。然而,最大附加电容为 470 nF 和 4.7 μF 情况下的信号噪声模式的差异(分别为图 15-13 和图 15-14)不太明显。在最坏的情况下,如图 15-14 所示,信号能量值仍然相差最大约 50%。如果与较高频带的信号能量模式结合使用,则仍然可以使用该方法确定接地故障位置。

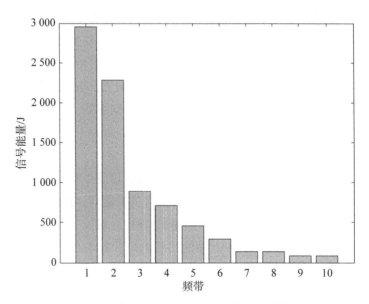

图 15-5　母线 1 正轨接地故障时噪声信号的小波分解(4.7 nF 电容耦合)

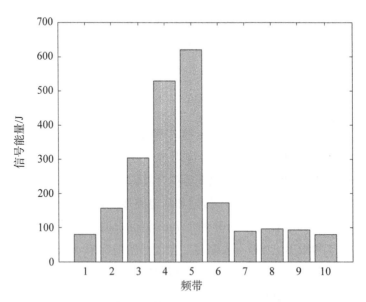

图 15-6　母线 1 正轨接地故障时噪声信号的小波分解(4.7 μF 电容耦合)

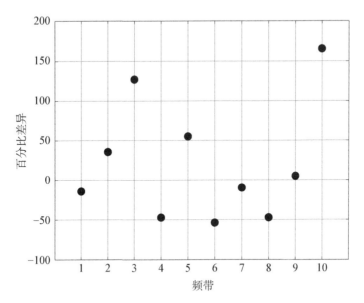

图 15-7 母线 1 和母线 2 接地故障时信号能量大小的百分比差异
（4.7 nF 电容耦合）

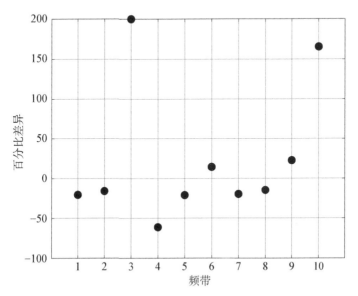

图 15-8 母线 1 和母线 2 接地故障时信号能量大小的百分比差异
（47.0 nF 电容耦合）

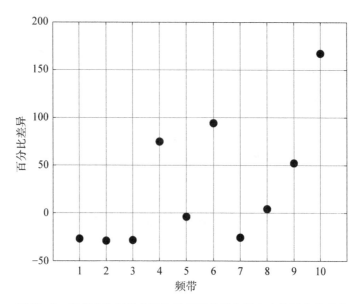

图 15-9　母线 1 和母线 2 接地故障时信号能量大小的百分比差异
　　　　（470 nF 电容耦合）

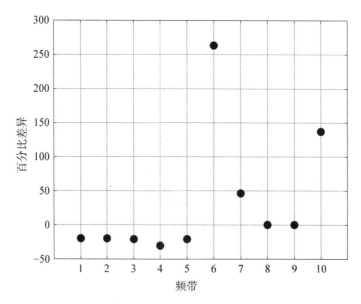

图 15-10　母线 1 和母线 2 接地故障时信号能量大小的百分比差
　　　　异（4.7 μF 电容耦合）

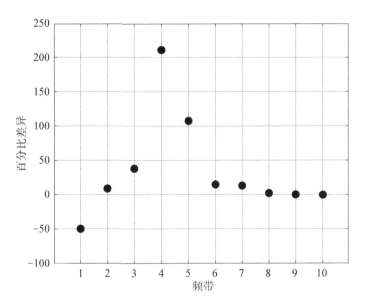

图 15-11　母线 1 和母线 2 接地故障的信号能量大小的百分比差异(高电阻接地,4.7 nF 电容耦合)

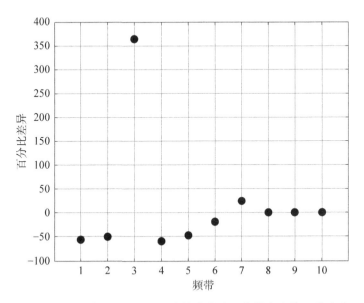

图 15-12　母线 1 和母线 2 接地故障的信号能量大小的百分比差异(高电阻接地,47.0 nF 电容耦合)

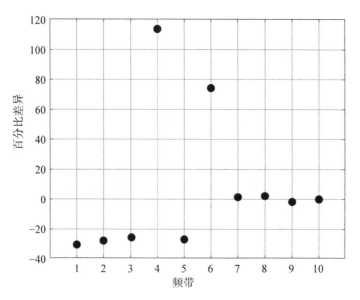

图 15-13 母线 1 和母线 2 接地故障时信号能量大小的百分比差异(高电阻接地,470 nF 电容耦合)

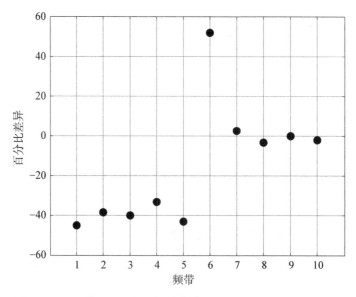

图 15-14 母线 1 和母线 2 接地故障时信号能量大小的百分比差异(高电阻接地,4.7 μF 电容耦合)

15.5　小结

本章通过一个船舶中压直流配电系统的 EMTDC 模型来模拟增加的源-地电容耦合以及高电阻接地方案,评估了基于美国专利 8067942 B2 提出的基于噪声模式的线对地故障定位方法在 DC 配电系统中的适用性。研究发现,基于噪声模式分析的这种故障定位方法对增加的源-地电容耦合以及所提出的高电阻接地方案具有一定的敏感度。研究同时表明,即使在源处对地集中电容明显高于分布电缆电容,该方法仍然适用。此外,虽然建立高电阻接地中压直流配电系统所需的电阻分压器的额外阻尼确实减少了噪声模式的差异性,但该差异仍然可区分。因此,即使所提出的高电阻接地方案会引起附加阻尼效应,该方法仍然是用于确定船舶中压直流架构中接地故障位置的可行选择。

16 中压直流区域电力系统的功能故障模式和影响分析

16.1 故障风险的降低

船上故障处理控制系统的合适的出路应该是降低与故障有关的风险。风险可以从监督控制、保护和自动化出发来探讨。

16.1.1 与监督控制有关的风险

在预期的舰船上,人员减少而电力系统又更加复杂,意味着需要通过可靠的诊断加强对船员的决策支持。与传统的数据完备的交流电力系统相比较,直流区域配电系统的领域比较新,还处于概念设计阶段,很少或几乎没有系统/分系统级的故障数据。因此,不使用故障模式和影响分析,就不能从监督控制的角度出发来评估实际应用对船员的要求。

16.1.2 与保护和控制有关的风险

主要控制措施之一就是协调电力电子器件的控制,限制短路电流和隔离系统中发生故障的分段。这些要求是基于直流断路器有限的可用度和技术上的缺点(电流额定值、尺寸和重量)而提出的。电力电子器件,诸如二极管、晶闸管、GTO 等,具有较低的过电流能力,其能通过的过电流远小于现有的类似交流产品。

16.1.3 与自动运行有关的风险

新的电力电子技术为采用插入式运行提供了可能,即能采用基于电力电子模块(PEBB)的器件和实施快速切换(包括数量和方向),因此有利于采用分布式电力和能量管理方案。这种分布式方案的自动运行,也会带来电力波动、不稳定和电力系统部件恶化等风险。

16.2 故障影响的降低

重要的是要理解故障及其影响，以便予以定位、识别和处理。由于舰船中压直流配电系统目前尚处于开发阶段，这里还没有基准系统，可供理解故障及其严重后果。

借助于功能故障模式和影响分析可以得到不同运行情况下元件故障及其对系统的影响数据，以及相反，得到系统故障对元件影响的数据。这提供了在舰船不同运行模式下对故障的理解。故障模式的数据库即将建成，这将有助于故障按其危害性"排队"，并为将来的分析提供一个基准。希望能借助于实时数字仿真系统（RTDS）进行研究，提供系统正常和反常行为的相关知识。与危害性特别相关的故障模式将被进一步用于降低中压直流电力系统风险。预期未来舰载工作人员将减少70％（或以上），因此自动化程度将显著提高。为此可以应用诊断技术，并借以迅速有效地采取补救措施。故障自动诊断有一系列的优点，其中主要的如图16-1所示。在拟议中的直流区域配电系统中，有几个电力变换模块（PCM）将并联运行。在某些情况下，这种配置会导致不稳定的控制运行。

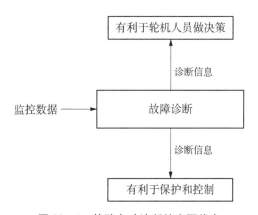

图16-1 故障自动诊断的主要优点

早期故障检测和相应的重构动作能强化电力系统保护、控制和自动化程度。准确检测元件或系统/分系统级的故障将总体改善电力系统的可靠性和生命力，从而防止重大灾难的发生。

通过利用诊断和状态监控系统提供的信息对控制加以重新配置,可以处理所发现的故障。

16.3 故障处理

故障处理控制系统和传统的鲁棒控制的差异如下:故障处理控制系统力图精确地识别故障,并提供附加的信息来达到整个电力系统的可靠性。在诊断出故障并知道其位置后,控制系统可以采取相应的控制动作来降低该故障的影响。为了避免或减小这一故障产生的后果,希望能改变控制器参数或将系统重新配置。虽然系统的性能可能被劣化,但可以相信故障处理控制系统可以在任何给定的情况下获取可能得到的最佳的性能。可以预期,通过故障诊断、状态监控和系统监督控制的综合与自动化,对故障做出响应而采取补救动作的时间可显著缩短。

故障处理控制系统的主要目标:在检测和隔离潜在的故障后,要采取必要的行动防止系统失去稳定性,并保持有效的使命控制。像故障诊断研究工作一样,大多数故障处理方案中主要是在有力的和被充分理解的线性控制方法的基础上发展起来的。成功的故障处理有赖于可靠的故障诊断。需要借助于牢靠的状态监控和故障诊断系统,以意外故障的在线和实时方式,完成故障处理和系统重新配置两个过程。

16.4 功能故障模式和影响分析

故障模式和影响分析可用于支持电力系统的可靠性、可维修性、可试验性和后勤分析。在精确和及时进行分析的情况下,故障模式和影响分析信息可用于帮助设计试验系统,开发故障排除方法,计划定期保养工作和开发综合诊断能力。此外,有效的故障模式和影响分析可对系统强、弱点进行有效的检验。

故障模式和影响分析有两种主要用法:功能故障模式和影响分析(F-FMEA)以及硬件故障模式和影响分析(H-FMEA)。

16.4.1 功能故障模式和影响分析

功能故障模式和影响分析集中于产品、过程或服务所产生的功能,而不在于其应用的特性。例如,一台加热器的两个潜在的故障模式为"加热器不加热"

和"加热器始终加热"。这种故障的一般说法分别是"无输出"和"故障输出"。功能故障模式和影响分析并不考虑引起加热器功能反常的任何内部元件的可能故障。同样,与此类似的船舶电力系统的例子是电力变流模块功能反常。功能故障模式和影响分析只考虑"无输出"和"故障输出"之类的功能故障,而不追究电容器/二极管故障之类的内部元件的故障。

16.4.2 硬件故障模式和影响分析

硬件故障模式和影响分析检验整个电力系统所用器件和元件的特性。一旦设计和开发阶段确定了系统的各个单元(零件、软件程序或过程的阶段),即可用元件的故障模式和影响分析来评估系统最低级单元的故障模式的原因和影响。硬件的详细故障模式和影响分析通常都称为零件故障模式和影响分析,这是最普通的故障模式和影响分析的应用。这种故障模式和影响分析一般从最低级的零件开始,并采用自下而上的做法检查设计的依据、是否符合要求和正确性。

对于复杂系统,可能需要组合应用功能故障模式和影响分析以及硬件故障模式和影响分析。最好早在得到硬件的有关信息之前,在初始概念设计阶段,应用故障模式和影响分析。一般地,功能故障模式和影响分析是开始时可应用的最实际可行的方法。对于大型复杂系统,其功能容易理解,而运行的细节则不然,此时使用功能故障模式和影响分析比较有效。这样,合乎逻辑的是,对于船舶电力系统之类的复杂系统,在故障分析的初始阶段还是以采用功能故障模式和影响分析为好。

16.5 船舶电力系统结构分析

所推荐的直流区域配电系统采用左舷和右舷直流主母线,并将全船用水密隔舱分为几个电气区域。一根主母线要布置在水线的上方,而另一根可以布置在水线之下。这样可以尽量加大两根主母线之间的距离,并在发生海难时提高一根主母线的生命力。每根主母线经电力变换模块(PCM)连接到区内。电源(发电机)以环形配置连接。来自环形线路的交流电由交流-直流变流器变换,然后向主母线供电。交流环形线路及配电板和变流器的简图如图 16-2 所示。

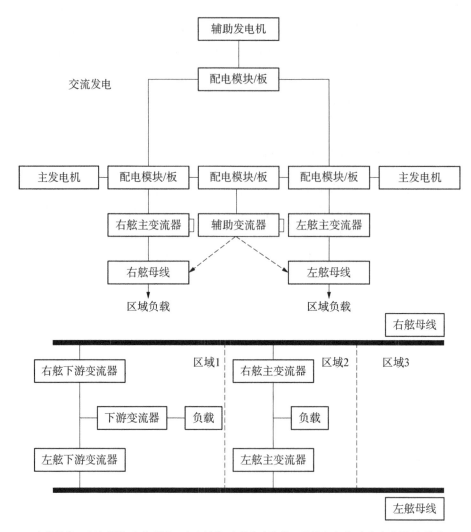

右舷母线—直流母线;左舷母线—直流母线;右舷主变流器—通常为直流-直流变流器;左舷主
变流器—通常为直流-直流变流器;辅助变流器—可根据需要连接到右舷或左舷,通常为直流-
直流变流器;下游变流器—通常为直流-交流变流器。

图 16-2　发电和配电环路(上)及区域例子(下)

16.6 结构处理方法和例子

　　功能故障模式和影响分析从系统的最低等级(元件)开始,然后向着系统的
高级层级考察其结构情况。其做法如图 16-3 所示。这有助于理解各种等级
元件的故障及其对附近(各区域)的影响,以及误动作对整个系统的影响。

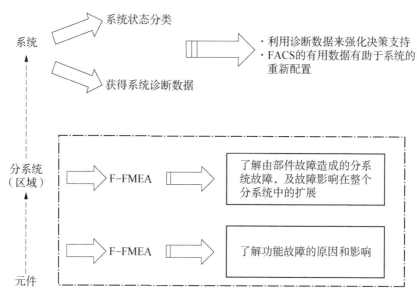

图 16-3 从元件级到系统级的故障原因及其影响情况

这一处理从识别元件的基本功能开始,然后推到一个区域。若能实现功能,则称之为潜在功能故障模式。造成故障的原因可追溯到该元件或区域的上游。可以分析这种功能故障的逻辑影响,并从该元件向下探索。以右舷变流器故障为例,将上述结构处理信息列成表格(见表 16-1),为简洁起见,表中仅表示功能故障模式和影响分析的简要结果。

表 16-1 右舷变流器的功能故障模式和影响分析例子

右舷直流-直流变流器的功能:将右舷母线的直流电力变换成所需参数的直流电

潜在的功能故障模式	潜在的功能故障原因	潜在的功能故障影响
无输出	由于主、辅助发电机的故障/损坏,右舷母线无电力输入;由于配电模块的故障/损坏,右舷母线无电力输入;由于主变流器的故障/损坏,右舷母线无电力输入;内部故障/损坏;	无电力输送给负载,直到左舷变流器输电给负载。负载输入电压瞬间下降
故障输出	由于主、辅助发电机的故障/损坏,输入的电力质量不够;	输入负载的电力质量不够;电压和电流可能波动;

（续表）

潜在的功能故障模式	潜在的功能故障原因	潜在的功能故障影响
	由于配电模块的故障/损坏，输入的电力质量不够；由于主变流器的故障/损坏，输入的电力质量不够；内部故障/损坏；输入电力质量不够	若电压降到低于左舷变流器的输出电压，可能因电力波动触发由左舷变流器为负载供电
负载无电力输入	由于主、辅助发电机的故障/损坏，右舷和左舷母线无电力输入；由于配电模块的故障/损坏，右舷和左舷母线无电力输入；由于主变流器的故障/损坏，右舷和左舷母线无电力输入；两只母线变流器故障/损坏，造成无电力输出	不能操作区域内的负载
负载的输入电力质量不够（或输入故障）	由于主、辅助发电机的故障/损坏，右舷和左舷母线输入的电力质量不够；由于配电模块的故障/损坏，右舷和左舷母线输入的电力质量不够；由于主变流器的故障/损坏，右舷和左舷母线输入的电力质量不够；两只母线变流器故障/损坏，造成输出电力质量不够	负载可能运行不当；区域内的电压和电流可能波动
瞬间失去电力输入	由于主、辅助发电机的故障/损坏，产生电力波动；由于配电模块的故障/损坏，产生电力波动；一只变流器（例如左舷的）电力波动，造成另一只变流器（右舷的）供电给负载。这可能造成电压瞬间下降	负载的输入电力瞬间波动；由于电压突然下降，可能造成负载运行不当

若对船舶的每一个区域都进行功能故障模式和影响分析，则可了解整船的功能故障所造成的影响。

16.7 初步功能故障模式和影响分析结果的潜在应用

整个系统的初步功能故障模式和影响分析,可以提供对元件或分系统级功能故障的一般了解。功能故障模式和影响分析一开始要将系统分为更小的功能部件和分系统。就像传统的电网一样,这样可以考察船舶电力系统的某些部分,例如径向配电系统。这样对不同的故障形式及船舶的不同区域,可以采用不同的技术。这种系统划分知识为以相应的诊断技术为起点的监控和诊断结构的开发提供了参考。虽然整个船舶的区域电力系统是一个新的概念,这样的故障模式和影响分析的输出有助于诊断技术的选择过程,并最终选定相应的故障诊断方法。

图 16-4 所示为应用功能故障模式和影响分析的简图,这是一个有助于向舰载人员提供强化的决策支持的例子。这个方法就是将区域系统从电源到负载划分成树状结构,对于每一个负载可根据需要都这样做。这种表示方法有助

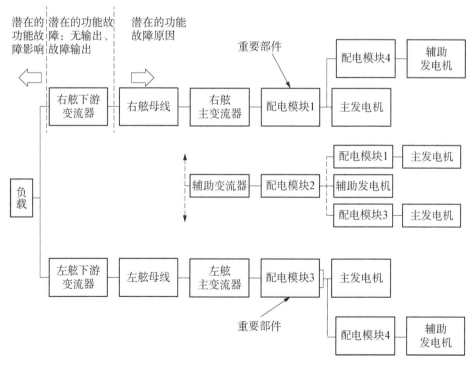

图 16-4 功能故障模式和影响分析应用简图

于安排和配置系统监控模块,因为图 16-4 表明了线路的连接处(网络技术)。借助于监控结构可以开发一种实时故障模式和影响分析方法,以便提供有关网络单点故障的有用信息,来改善监督控制。

此外,可以利用拓扑知识来指出故障原因和影响的大致情况(见图 16-4)。图 16-5 还从现有的网络拓扑结构出发表明了单点故障的例子。每当拓扑结构改变时,这一信息也可随之更新。

在正常情况下,区域负载有两个可能的供电途径,从右舷或左舷供电,如图 16-4 所示。基于同样理由,假设左舷下游变流器和右舷主变流器都出现故障,且不再能使用。在这种情况下,只能以辅助变流器代替右舷主变流器从右舷供电。

更新后的网络拓扑结构(见图 16-5)具有不同的外观,并指示了单点故障(SPOF)。利用以前提供的故障原因和影响的大致信息,与新的单点故障信息相结合,可用于强化决策支持。

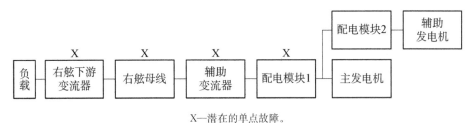

X—潜在的单点故障。

图 16-5 新的网络拓扑结构及其单点故障指示

若以在线方式应用这种功能故障模式和影响分析,则可证明它有助于达到提供现有网络状态的故障处理控制系统信息的目的,以及指示不同的 SPOF 和船舶上容易发生故障的部分。

将系统分成更小的功能部件,可进一步准确选择诊断技术。例如,图 16-5 所示的拓扑结构就类似于径向配电系统。径向配电系统曾广泛应用于传统船用和陆用电网中。这些熟知结构中采用的故障定位和诊断方法,诸如信号注入等,可以用来检查其在有关船舶电力系统中应用的可行性。应该记住传统船舶电力系统、陆用电网和拟议中的直流区域配电系统之间的差别,所选的技术应做相应的修改。

初步功能故障模式和影响分析的应用归纳在表 16-2 中。

表 16-2 初步功能故障模式和影响分析结果的潜在应用

分析结果	信息的潜在应用
可能因电力多次变换而产生谐波的单一输出区	这一信息可以用来从电力质量观点出发判断哪一个区域至关重要
按有关负载组成的重要性对各区域进行排序	这种信息证明在进行诸如撤除负载等操作时是有用的
类似于传统船用和陆用电网（径向网络），观察将区域系统分为更小的功能部件	这一信息在试图将众所周知的传统诊断方法做必要修改后予以应用时有用。这本身反过来有助于诊断技术的选择过程
能提供网络拓扑信息	这一信息可用于监控系统，它能供给故障处理控制系统，以便做更有信息依据的决策支持

16.8 今后工作

研究的近期目标是用更彻底的硬件故障模式和影响分析进行更详细的故障模式和影响分析。两种故障模式和影响分析的结合预期能提供更详细的故障原因资料（见图 16-6），以便对诊断做进一步的研究。

图 16-6 功能故障模式和影响分析以及硬件故障模式和影响分析的结合所得到的结果

结合于诊断的详细故障模式和影响分析将提供有关故障原因和影响的详尽信息。此外，研究人员还将计划评估以简图式功能故障模式和影响分析来协助诊断和提供决策支持的可行性及应用。

16.9 小结

本章强调了对概念性船舶中压直流区域电力系统应用初步的功能故障模

式和影响分析。在需要提供有信息依据的决策支持的情况下,阐述了实施简图式功能故障模式和影响分析的优点及用途。由于故障模式和影响分析仍处于不断更新、迭代的过程,可以看到,在未来的研究中还将不断增加许多细节。将功能故障模式和影响分析与更详尽的硬件故障模式和影响分析相结合,这种方法还能更好地理解故障的原因和影响,从而建立更详细的故障模式和影响分析文件。详细的故障模式和影响分析可以发展升级至提供更精确的系统严重性信息,以便用故障模式、影响和危害性分析(FMECA)来精确调整监控结构的设计。此外,对基于系统的诊断覆盖所选择的诊断技术并加以评估,可实现对详细的故障模式和影响分析做进一步扩展,从而开展有效的故障模式、影响和诊断分析(FMEDA)。

17 基于 SiC 模块的下一代中压直流结构

17.1 概述

下一代舰船综合电力系统路线图提出了实现高功率密度、轻重量配电系统的技术路径:将中压交流(MVAC)变换为中压直流,再在负载点变换为低压交流(LVAC)和低压直流(LVDC)。在 DDG - 1000 驱逐舰上,中压直流母线配电电压为 1 000 V DC;这主要受限于硅基电力半导体技术。DDG - 1000 驱逐舰的日用功率约为推进功率的 1/3。但概念性未来战舰需要更高的日用功率用于电磁轨道炮、激光武器和高功率雷达等武器和雷达系统。这些系统的特点是需要为脉冲功率负载提供兆瓦级功率,而在不影响电力系统稳定性的前提下,这无法由电压较低的中压直流电力系统实现。这主要是因为需要高电流来支持众多兆瓦级脉冲负载。因此,6 kV 以上的(即 6～20 kV)中压直流配电系统将有助于避免可能的系统级稳定性问题,并可提高其功率密度和效率。

防务界对于中压直流电力系统最佳标称工作电压的讨论由来已久。考虑到舰船在更高的中压水平上的所有工作安全约束,以及中压 SiC 器件技术发展的成熟度,对于未来海军全电力平台而言,6～10 kV 中压直流将是可行的方案。因此,本章提出基于 6.5 kV/200 A SiC H 桥的轻重量、小尺寸 500 kW 通用电力电子模块以及基于 10 kV/240 A 双功率模块的 1 MW 通用电力电子模块。这种通用电力电子模块定额通过 SiC 模块优化低电感设计、优化叠层直流母线结构、谐振开关拓扑结构以及优化门控和创新热系统设计实现。

17.2 基本功率配置

美国海军要求电力电子设计人员将电力电子模块(PEBB)设计方法用于下

一代全电力舰船。SiC 通用电力电子模块(见图 17 - 1)的基本功率配置基于
6.5 kV/200 A H 桥或 2×10 kV/240 A 双功率模块。H 桥通过低 ESR 和 ESL
(分别为小于 2 mΩ 和小于 10 nH)薄膜电容器,连接至具有极低电感(例如小于
3 nH)的优化直流母线结构,构成稳定的直流母线电路。电容器尺寸缩减主要
得益于 SiC 电力半导体模块的高开关频率(大于 20 kHz)。由于 SiC 器件电流
时间曲线上升和下降速度快,导致高 di/dt 状态,直流母线电容器和直流母线
结构设计必须具有极低有效串联电感(从模块电力端子角度看)。电力变换模
块包含很少的控制和保护装置,但当模块用于各种电力变流器拓扑结构的不同
系统级配置时,可提供适当的控制通道。基于 6.5 kV 模块的通用电力电子模
块的额定电流为 200 A,工作电流为 140 A(70%利用率),当连接至额外的储能
源为兆瓦级脉冲功率负载供电时,它能为瞬态工作提供支持和足够的设计余
量。同样,基于 10 kV 模块的通用电力电子模块的额定电流为 240 A,工作电流
为 55 A(23%利用率),这主要受限于一次侧功率可用性。但设计余量有助于
支持脉冲负载的过载或瞬态负载。

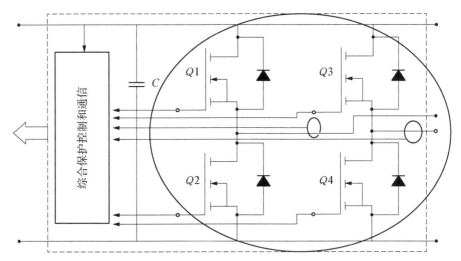

图 17 - 1 基于 SiC H 桥的通用电力电子模块(单个 6.5 kV/200 A SiC H 桥)实现 500 kW
定额;两个 10 kV/240 A SiC 双功率模块实现 1 MW 定额

对于基于 6.5 kV 的模块,图 17 - 1 所示的通用电力电子模块配置能够以
4 200 V DC/500 kW 工作;对于基于 10 kV 的模块,能以 8 000 V DC/1 MW 工
作。6.5 kV/200 A 12.5 mΩ H 桥和两个 10 kV/240 A 20 mΩ 双功率模块如图
17 - 2 所示。

图 17 - 2　6.5 kV/200 A H 桥(左)和两个 10 kV/240 A 双功率模块(右)

17.3 下一代中压直流结构电力变换要求

　　双环形母线拓扑结构(DRBT)(见图 17 - 3)是下一代中压直流结构可选方案,具有比 IFTP 综合电力系统更好的可靠性和生命力。在这种结构中,功

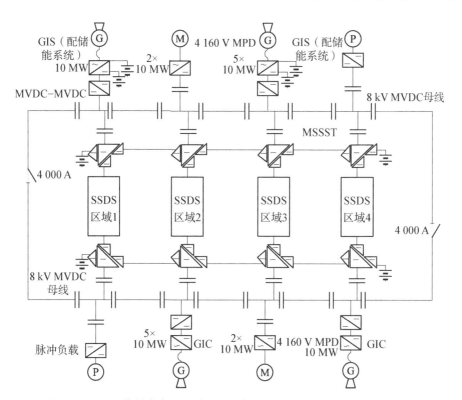

图 17 - 3　下一代综合电力系统结构概念性中压直流双环形母线拓扑结构

能器件包括多功能电力变流器（MFPC）、多二次侧固态变压器（MSSST）、主推进驱动（MPD）以及发电机集成变流器（GIC），所有都基于串联或并联的通用电力电子模块。两个 SiC 通用电力电子模块（或其变型）应为用于所有中压电力变换应用的中压可换件（取决于电压等级和位置），具有热变换性能。模块的结构应保证其可直接连接至控制柜电力板，而不采用螺栓连接和电缆连接，且必须符合海军标准对于冲击与振动、电磁干扰及电力质量的要求。

17.4 具有故障隔离和限流功能的多二次侧固态变压器

多二次侧固态变压器技术是中压直流结构的关键技术，可在固态变压器（SST）二次侧实现故障电流隔离，并具有限流能力。多二次侧固态变压器拓扑结构拥有多个二次绕组，从而为与其连接的系统所有部分供电，同时可在变压器二次侧检测到故障电流时实现故障隔离。取决于应用要求，二次侧可以是一个简单的二极管整流器，也可以是一个可控 H 桥。但如果固态变压器具有限流和故障隔离能力，那么二次侧必须包括用于多二次侧固态变压器的 SiC 通用电力电子模块，以能够限制电流和实现故障隔离。

多二次侧固态变压器（见图 17 - 3）将一次侧 8 kV 中压直流电变流为低压直流电，再分配至各区域。在每一区域内，低压直流电保障直流负载和（或）变流为三相或单相低压交流电满足每一区域的交流负载要求。

图 17 - 4 显示了一种可能的多二次侧固态变压器电力配置方案。其中，一次侧与中压直流母线跨接，各二次绕组提供低压直流电，或将低压直流电变流为低压交流电。这一配置通过在故障状态下控制和关断主电力开关，在区域间提供可隔离的电力路径，并实现限制故障电流的能力。另外，当舰载武器以高脉冲功率工作需要兆瓦级功率时，多二次侧固态变压器可转而向中压直流母线供电。如图 17 - 3 所示的电力配置可从主中压直流母线的任一方向向区域舰艇自防御系统（SSDS）负载和脉冲负载供电。该电力配置还可能使储能源通过多二次侧固态变压器在区域间分配电能。

17.5 所选功率配置模型和仿真结果

如图 17 - 3 所示，三相 13.8 kV 线电压用级联 H 桥有源整流器（即 GIC）进行整流（其中采用基于 6.5 kV/200 A 模块的通用电力电子模块），再用 10 kV/

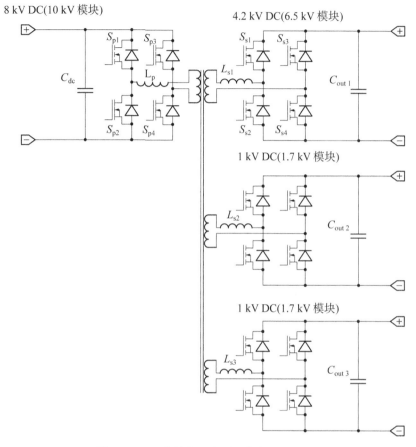

图 17-4 可能的多二次侧固态变压器配置

240 A 通用电力电子模块进行变流,构成 8 kV 中压直流环形母线。

17.5.1 级联交流-直流整流器和并联固态变压器

用于中压交流-中压直流变流的三相级联有源整流器的单相如图 17-5 所示。一次侧电压是通过级联 H 桥有源整流器的整流电压,跨接三个 6.5 kV/200 A H 桥构成固态变压器一次侧。固态变压器二次侧包括基于 10 kV/240 A 双功率模块的三个并联 H 桥,将单相 8 kV/1.5 MW 电力传递至中压直流母线。级联有源整流器和中压直流-中压直流固态变压器的 SiC MOSFET 开关频率选为 20 kHz。更高的 PWM 开关频率有助于降低用于固态变压器的中频变压器的尺寸和重量。

4.2 kV DC(6.5 kV 模块)   8 kV DC(10 kV 模块)输出

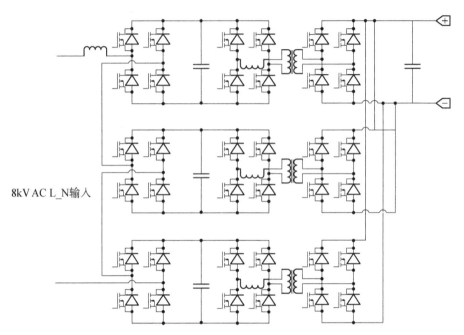

8kV AC L_N输入

图 17 - 5　用于构建中压直流母线的中压交流-中压直流变流单相电路拓扑结构

仿真参数如表 17 - 1 所示。级联 H 桥有源整流器输入电流和变流器电压分别如图 17 - 6(a)和图 17 - 6(b)所示。交流电流均方根值为 190 A,总谐波畸变率为 3.4%。得益于 60 kHz 等效开关频率,开关纹波极小。三个子模块直流电容器 C_{dc} 的电压如图 17 - 7 所示。每一子模块电压控制在 4.2 kV DC 之内。只是因为选择的是单相/三相应用,存在明显的 120 Hz 电压纹波。采用有源电压平衡控制算法使每一通用电力电子模块的电压保持相同。

表 17 - 1　用于交流-直流变流器仿真的部件值

参数	符号	标称值	单位
AC 输入电感器	L_{ac}	8 (标幺值为 0.07)	mH
固态变压器电感器	L_s	0.15	mH
子模块直流电容器	C_{dc}	10	mF

（续表）

参数	符号	标称值	单位
输出直流电容器	C_{out}	0.2	mF
有源前端（AFE）中每一 MOSFET 的开关频率	f_{sw_AFE}	20	kHz
固态变压器中每一 MOSFET 的开关频率	f_{sw_SST}	20	kHz
中频变压器匝数比	n	4:8	—

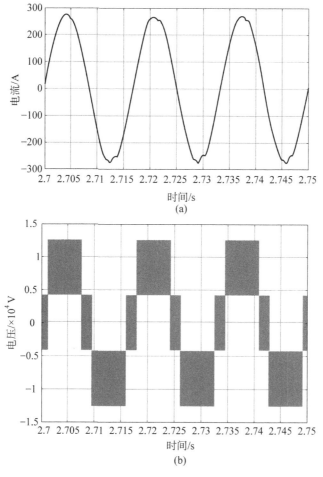

图 17-6　级联 H 桥有源整流器输入电流和变流器电压

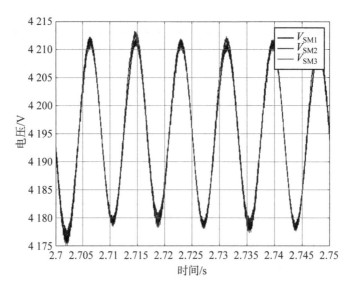

图 17 - 7　有源前端子模块直流电压(峰间纹波小于 35 V 或小于 1%)

采用相移控制,将固态变压器输出电压控制在 8 kV DC。三个固态变压器 MOSFET 门控信号交织,以减少输出直流电容器电流纹波。三个固态变压器中频变压器一次侧电流如图 17 - 8 所示。

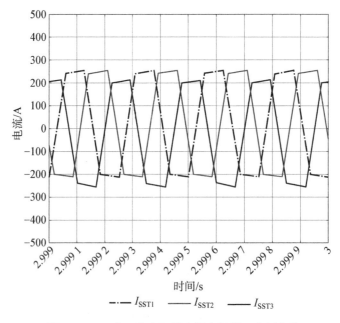

图 17 - 8　三个固态变压器中频变压器一次侧电流

为达到仿真的目的,将电阻负载连接至固态变压器输出端。输出电压如图 17-9 所示。得益于 20 kHz 快速开关和交织法,峰间电压纹波低于 20 V(8 kV 的 0.25%)。

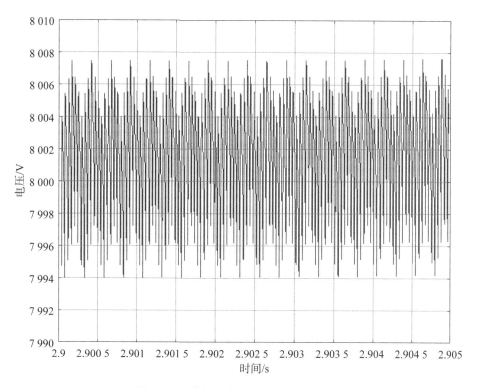

图 17-9 单相固态变压器输出直流电压

(资料来源:Wijenayake 等于 2017 年发表的论文,详情参见参考文献[3])

17.5.2 多二次侧固态变压器

根据如图 17-4 所示的多二次侧固态变压器拓扑结构,仿真结果如下所述。多二次侧固态变压器输入端连接至 8 kV 中压直流母线,三个二次侧输出直流电压分别控制在 4.2 kV、1 kV 和 1 kV。为达到仿真的目的,仅一个电阻负载连接至每一输出端。所有三个输出端均有 500 kW 功率。电路部件值如表 17-2 所示。多二次侧固态变压器定额为 3 MV·A,PWM 频率为 20 kHz。每个二次侧输出电压具有单独的双有源桥移相控制来保持其输出电压。

表 17 - 2　用于多二次侧固态变压器仿真的部件值

参数	符号	标称值	单位
一次侧交流电感＋变压器漏感	L_p	0.17（标幺值为 1）	mH
二次侧交流电感＋变压器漏感	L_{s1}，L_{s2}	47，2.7（标幺值均为 1）	uH
输出直流电容 1	C_{out1}	4	mF
输出直流电容 2	C_{out2}	800	mF
输出直流电容 3	C_{out3}	800	mF
每一双有源桥开关频率	f_{sw_DAB}	20	kHz
变压器匝数比	n	8：4.2：1：1	—

多二次侧固态变压器一次侧电流如图 17 - 10 所示。每一 MOSFET 开关均方根值为 179 A。多二次侧固态变压器二次侧电流如图 17 - 11 所示。二次侧开关电流均方根值分别为 112 A、480 A 和 480 A。多二次侧固态变压器输出电压如图 17 - 12 所示。电压纹波比分别为 0.48%、6% 和 6%。

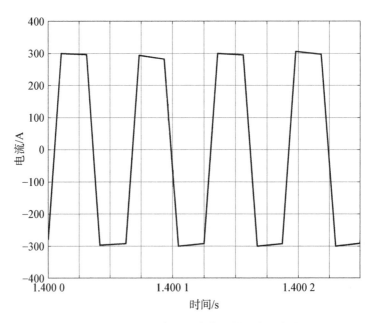

图 17 - 10　多二次侧固态变压器一次侧电流

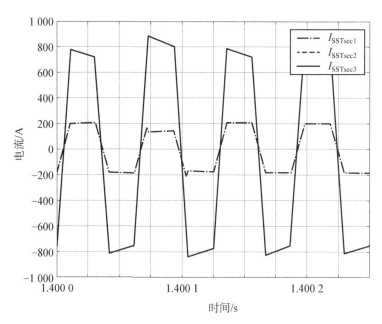

图 17 - 11 多二次侧固态变压器二次侧电流

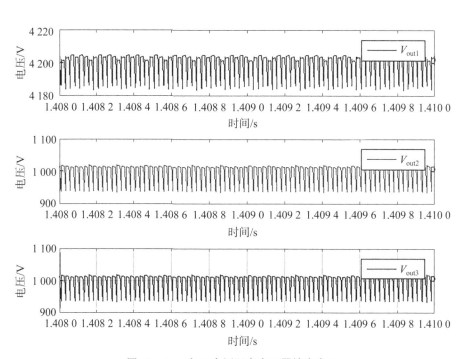

图 17 - 12 多二次侧固态变压器输出电压

1 kV DC 母线因其高电流出现较高电压纹波。以交织法并联多二次侧固态变压器可降低电压纹波和直流电容器的尺寸。

17.6 用于 4.16 kV 主推进电动机的模块化多电平级联逆变器

有文献提出了一种 9 电平模块化级联逆变器(MMCI),电力船推进系统从 8 kV DC 母线为 3.9 MW/4.16 kV 感应电机供电。每个臂有 8 个半桥子模块,每个子模块电压控制在 1 kV,这使系统和控制算法变得复杂。

改进的 6.5 kV/200 A 通用电力电子模块可用于构建 4.16 kV 主推进电动机的模块化多电平级联逆变器。通用电力电子模块包括一个 6.5 kV/200 A H 桥功率模块,可容易地转换为半桥通用电力电子模块。图 17-13 显示的是多电平级联逆变器电动机驱动电力配置,能为 5 MW 感应电动机供电。仿真电路部件值如表 17-3 所示。

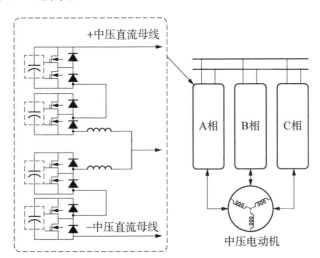

图 17-13 模块化多电平级联逆变器单相电力配置和三相结构图

表 17-3 用于模块化多电平级联逆变器仿真的部件值

参 数	符号	标称值	单位
输入直流母线电压	V_{dc}	8	kV
每一 MOSFET 的开关频率	f_{sw}	10	kHz
臂电感	L_{arm}	1	mF
子模块电容	C_{SM}	2	mF
每臂子模块数量	N	2	个

为简化仿真模型,仅将一个三相 R - L 负载连接至模块化多电平级联逆变器。变流器三个输出端的电压如图 17 - 14 所示。三相输出交流电流如图 17 - 15 所示。得益于 Wolfspeed SiC MOSFET 快速开关性能,电流总谐波畸变率仅为 0.5%。需采用子模块电容平衡控制算法,否则不平衡的子模块电容器电压将导致高总谐波畸变率。A 相所有 4 个半桥电容器的子模块电压如图 17 - 16

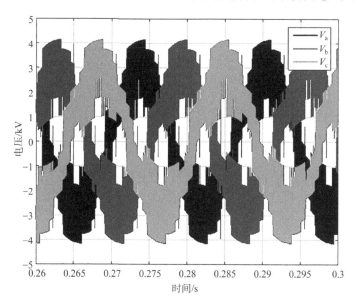

图 17 - 14 模块化多电平级联逆变器三相输出电压

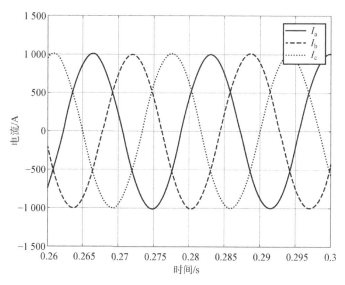

图 17 - 15 模块化多电平级联逆变器三相输出电流

所示。电容器电压具有明显的双倍线频率分量。A 相上下臂电流如图 17 - 17 所示。各开关均方根电流均为 360 A。由于 SiC 器件具有更高的阻断电压,模块化多电平级联逆变器子模块数量要少。因而系统复杂性得以降低,电力船可靠性得到提高。更高的开关频率得到更低的总谐波畸变率和更小的臂电感尺寸。显然,SiC 器件非常适用于这种大功率电动机驱动应用。

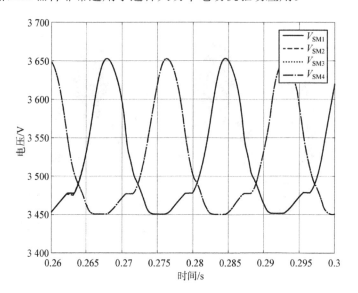

图 17 - 16　A 相 4 个半桥电容器的子模块电压

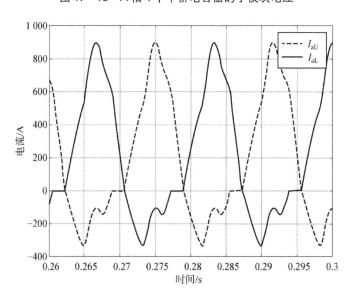

图 17 - 17　A 相上下臂电流

17.7　6.5 kV 条件下 Si 与 SiC 开关损耗比较

本节将比较 10 kV SiC MOSFET 功率模块与 6.5 kV Si IGBT 功率模块
(此为目前可用的额定电压最高的 Si IGBT 功率模块)的开关损耗。直流母线
分别为 3.6 kV 和 8 kV 时,10 kV/240 A SiC MOSFET 功率模块的实测开关损
耗如图 17-18 和图 17-19 所示。10 kV SiC 功率模块与商用 6.5 kV Si IGBT

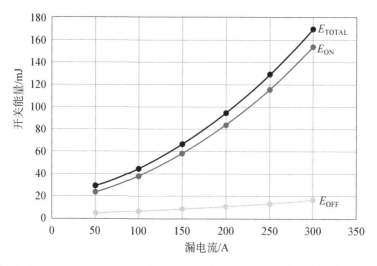

图 17-18　直流母线电压为 3.6 kV 时 10 kV SiC MOSFET 功率模块的开关损耗

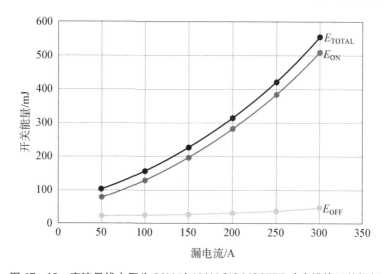

图 17-19　直流母线电压为 8 kV 时 10 kV SiC MOSFET 功率模块开关损耗

功率模块开关损耗性能比较如表 17-4 所示。10 kV SiC MOSFET 功率模块的开关损耗比 6.5 kV Si IGBT 功率模块低得多,两者数值相差近 20 倍。

表 17-4 开关损耗性能比较

功率模块	母线电压/kV	开关电流/A	E_{ON}/mJ	E_{OFF}/mJ	E_{TOTAL}/mJ
10 kV SiC XHV-6	3.6	250	116	14	130
	8	250	387	39	426
6.5 kV Si IGBT	3.6	250	1 400	1 200	2 600

表 17-4 对于 10 kV SiC MOSFET 功率模块,列出了 1 Ω 门电阻、开关电流为 250 A 以及母线电压为 3.6 kV 和 8 kV 时的开关能量。对于 6.5 kV Si IGBT 功率模块,列出了开关电流为 250 A 和母线电压为 3.6 kV 时的开关能量。

17.8 小结

本章提出了一种可用于美国海军未来全电力船的通用电力电子模块(CPEBB)设计方案。该方案可实现舰船电力系统的稳定性,提高效率,降低电力系统各器件重量和成本,并能够满足舰船高功率武器和战术系统日益增长的电力需求。这一点的实现主要得益于 SiC 功率模块技术的耐高压性能、更高的开关速度以及更便捷的热管理。最重要的是,SiC 技术可用固态变压器替代笨重的磁隔离变压器,同时能够为舰船电力系统提供更高水平和更快的保护。模块化设计方法也可减小零件尺寸,更易于应用于不同的电力变流器系统。

附录 A

IEEE 1709 – 2018 标准 1～35 kV 船舶中压直流电力系统

1 回顾

本推荐标准论述了船舶中压直流(MVDC)电力系统的特定方面,并针对采用现代技术来变换和分配船舶电力使其具有足够的可靠性、生命力和电力质量,从而确定了本推荐标准。本推荐标准并非以任何方式来阻挡新技术或者改善技术的开发。

本推荐标准的目标用户为民用和军用船舶电力系统的评估者和设计师、民用和军用船舶的最终用户、造船工程师、港口操作员、船级社、机械和设备生产厂家、研究所和大学。

1.1 范围

本推荐标准提供了用于将 1～35 kV MVDC 配电和 DC 电力传输系统应用在船上所需的分析方法、建议的连接接口、性能特征和试验。

1.2 目的

本推荐标准的目的是定义对实现 MVDC 电力系统的合适接口、尺寸和寿命周期费用、效率和降低风险等的要求。它补充了 IEEE 45 系列标准(IEEE 船上电气装置的推荐实施规程)。

1.3 MVDC 电力系统中的电力电子装置

最近快速开关中压电力半导体开发的成功使得实现如下优势成为现实。
(1) 使不同类型和定额的发电及储能装置的连接与断开简单化。
(2) 限制和处理故障电流,并使系统得以重构。

（3）消除了电抗电压降。

（4）通过使用高速发电机降低电力系统重量，因为并非所有发电机都需要输出同步交流电压。

（5）由于减少了趋肤效应损耗，能够为给定尺寸的电缆提供更高的功率定额。

（6）改善潮流控制，特别是在瞬变和应急状态下。

（7）当需要储存能量和来自电池、燃料电池和应急发电机的电力变换时，可提高效率。

（8）多个电源和负载的相角无须同步。

附图 1 阐述了一种 MVDC 配电系统的概念，其中，每个电源和负载都通过电力电子装置连接到 MVDC 母线上。

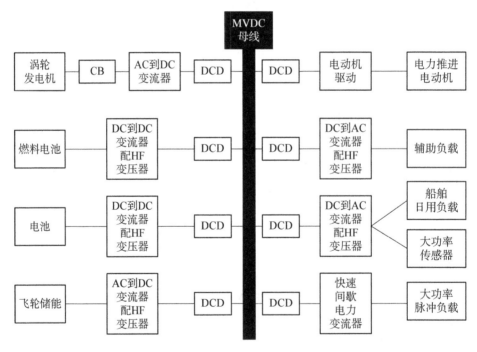

CB—断路器；DCD—DC 隔离开关；HF—高频。

附图 1　MVDC 配电系统概念

附图 1 所示的系统可以用具有大规格或者小规格的冗余发电机、不同类型的冗余储能系统、两个变速推进驱动等来扩展，或者可以有两个冗余的 MVDC 电力系统。要求独立接地的所有负载应通过例如紧凑型高频变压器的应用方法连接到中压直流母线上。变流器应适应负载的无功功率需求。

而且,由于电力电子装置具有控制和切断电流的能力,因此,大多数负载侧的断路器可以被例如直流隔离开关的简单开关所取代。在发电机和 MVDC 母线之间的变流器发生故障,或者变流器抑制故障电流的故障情况下,在每台发电机与其保护方案之间应有后备短路保护装置。

所有电源应主动地限制故障电流。这样的方法使得不同容量的发电机、储能装置和负载的互联相对容易。民用船舶除了满足人身安全、计算机、控制和通信、国际法规之外,可能不需要储能装置。在具有大型脉冲型负载的情况下,短时功率需求可能显著地超过所有装机发电机的功率定额。

2　引用标准

下面引用的标准文件是应用本推荐标准所必需的(即必须理解和采用,因此,每个被引用的标准都在文中引用和解释了其与本推荐标准的关系)。对于已经标注日期的被引用标准,仅被引用的标准可用。对于未标注日期的被引用标准,最新版本的被引用标准(包括任何修正和勘误)可用。

IEC 60092 - 101 船舶电气装置——第 101 部分:定义和一般要求。

IEC 60092 - 202 船舶电气装置——第 202 部分:系统设计——保护。

IEC 60092 - 350 船舶电气装置——第 350 部分:船上和海上用电力、控制和仪表电缆的一般结构和试验方法。

IEC 60092 - 502 船舶电气装置——第 502 部分:液货船——特殊功能。

IEC 60092 - 503 船舶电气装置——第 503 部分:特殊功能——电压在 1～15 kV(包括 15 kV)范围内的交流供电系统。

IEC 60146 半导体变流器。

IEC 60533 船舶电气和电子装置——电磁兼容性。

IEC 61010 - 1 测量、控制和实验室用电气设备的安全要求——第 1 部分:一般要求。

IEEE Std 45.1[TM], IEEE 推荐标准——船用电气装置——设计。

IEEE Std 45.2[TM], IEEE 推荐标准——船用电气装置——控制和自动化。

IEEE Std 45.3[TM], IEEE 推荐标准——船用电气装置——系统工程。

IEEE Std 142[TM], IEEE 推荐标准——工业和民用电力系统的接地。

IEEE Std 1547[TM], IEEE 标准——分布式能源与相关电力系统接口互连和互操作。

IEEE Std 1100™，IEEE 推荐标准——电子设备的供电和接地。

IEEE Std 1584™，IEEE 指导性文件——燃弧危险计算。

IEEE Std 1662™，IEEE 推荐标准——船舶电力系统电力电子的设计和应用。

IEEE Std 1676™，IEEE 指导性文件——电力传输和配电系统用大功率电子设备(1 MW 及以上)控制结构。

IEEE Std 1899™，IEEE 高压直流输电控制与保护设备技术导则。

IEEE Std 3007.3™，IEEE 推荐标准——工业和商业电力系统电气安全。

IEEE Std C37.100.1™，IEEE 标准——电力开关设备定义。

ISO/IEC/IEEE 80005-1 港口内公用工程接头——第 1 部分：高压岸电连接(HVSC)系统——通用要求。

UL 840 安全绝缘协调标准，包括电气设备的电气间隙和爬电距离协调。

应关注国际、国家、省或者当地的法规。如果本推荐标准与 MVDC 电力系统所有者设立的规章相冲突，所有者应当决定并确认哪个具有优先权。

本推荐标准中引用的其他国际标准、法规和工业确定的标准在参考文献中列出。这些引用可作为信息参考。

3 定义和缩写

3.1 定义

本推荐标准在制定时，使用下面的术语和定义。对于本推荐标准中没有定义的术语，应查阅在线的 IEEE 标准词典。应引用 IEEE Std 1662、IEEE Std C37.100 和 IEEE Std 1313.1 来解释本推荐标准中未定义的术语。

并联供电二极管：连接多个 DC 电源到一个负载的二极管配置，但阻止电流以相反的方向从一个电源向另一个电源馈电。

全速倒车：在船舶初始全速前进的情况下，从推进器全速向前到推进器全速向后的机动。

应急状态试验：在突然电力中断、中断后快速重新供电和应急状态电压容差情况下评估电力系统性能。

中压直流：大于 1 kV 直至并包括 35 kV 的直流电压。

电力质量：在中压直流电力系统中，这意味着与规定的电压容差和纹波的一致性。

使用质量：电力系统向负载供电可靠性的度量。

电压等级：将电力系统部件的电压能力进行分类。对于选定的额定电压，只有电压等级大于等于该额定电压的设备分类才能使用。

3.2 缩写

AVM	平均值模型
EMALS	电磁弹射系统
EMC	电磁兼容性
EMI	电磁干扰
EPLA	电站负载分析
ES - CONOPS	电力系统运行概念
HVDC	高压直流
IC	初始条件
LRU	最近最少使用
LVAC	低压交流
LVDC	低压直流
MVDC	中压直流
MTBSI	平均使用中断间隔时间
PEBB	电力电子模块
PM	永磁
PWM	脉冲宽度调制
QoS	使用质量
UPS	不间断电源

4 MVDC 电力系统基础

在全文中，读者可能发现中压直流电力系统与交流电力系统的相似性。然而，读者应避免直接采用交流经验。例如，MVDC 配电系统中的故障水平会在电力电子变流器或者专用的固态或混合开关装置内埋入故障间隙，从而给电力系统本身带来挑战，如增加功率损耗和更复杂的变流器拓扑。记住，本推荐标准是从中压直流的角度来处理所有问题的。

4.1 MVDC 功能框图

本子条款确定了 MVDC 电力系统的边界和本推荐标准的范围。MVDC 电力系统必须以最小风险，产生、储存和传输具有合适质量和连续性的电力到负载。

一个船舶 MVDC 电力系统的象征性功能框图如附图 2 所示。功能块定义如下。

（1）岸电接口主要是指将陆上电网电能与 MVDC 适配的电源（例如，通过接口变压器＋整流器），可能能或不能进行双向能量流动。

（2）发电主要是指将燃料的原始能量转换到 MVDC 的电源（例如，燃气轮机＋发电机＋整流器）。

（3）储能主要是在需要时向系统供电，也从系统吸收电能用于再充电的独立电源（放电）或负载（充电）（例如，电池或具有双向 DC - DC 变流器的电容组）。

（4）脉冲负载是主要从系统吸收间歇式脉冲电能的独立负载中心（例如，电磁弹射系统）。

（5）推进是主要从系统吸收功率用于船舶推进的负载中心（例如，电动机驱动逆变器＋推进电动机）。它也在特定的机动工况下，如全速正车到全速倒车工况下提供电力，而该能量必须被耗散或转换至船舶配电母线上。

（6）船舶日用是主要从系统吸收功率向区域内船舶日用负载供电的负载中心（例如，用于区域内低压直流配电的 DC - DC 变流器，用于区域内低压交流配电的 DC - AC 逆变器）。注意，"船舶日用"模块可能从 MVDC 母线或者区域内储能系统获取电力。

（7）专用的大功率负载是指稳态运行时吸收 1 MW 或以上功率的独立负载中心（例如，3 MW 雷达传感器阵列）。专用的大功率负载也可以是脉冲负载。

（8）MVDC 母线是允许中断或者隔离 MVDC 电力系统区段的功能块（例如，机械断开、固态 DC 断路器）。另外，系统中每个功能块能通过自身的方法将其自身与系统连接、断开和隔离（例如，一个"发电"模块在它的直流输出至少有一个分断开关）。

注意，断开、隔离和配置实际上是独立的功能。一个部件应满足一个或者多个这样的功能。包括如下例子。

（1）断路器：分断、隔离和配置。

（2）熔断器：分断和隔离（熔断器不能接通因而无法配置）。

（3）负载开关：隔离和配置。

（4）发电机输出端电力电子：分断和配置。

上述功能性分解允许设计任何形式的船舶 MVDC 电力系统。块和模块的数量不受附图 2 描述的块和模块数量的限制。

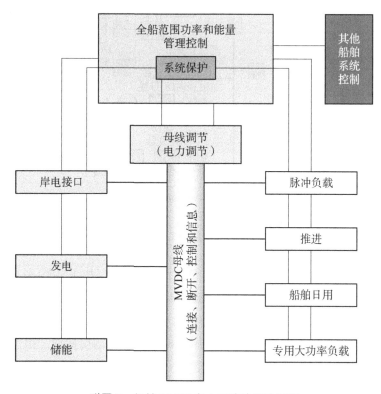

附图 2　船舶 MVDC 电力系统功能性框图

附图 2 所示功能性框图如何映射到具体设计的例子如附图 3 所示。

下文描述了附图 2 中的块如何扩展为附图 3 中的细节。

（1）岸电接口：三相交流岸电经变压器升压或降压至 MVDC 母线电平，并经 AC/DC 整流器对输出进行整流，使得对船舶 MVDC 配电母线可用。

（2）发电：在该例子中，船舶上的 MVDC 电力通过采用燃气轮机驱动和柴油机驱动发电机组来产生。为了满足总的装机功率要求，两台大容量主发电机

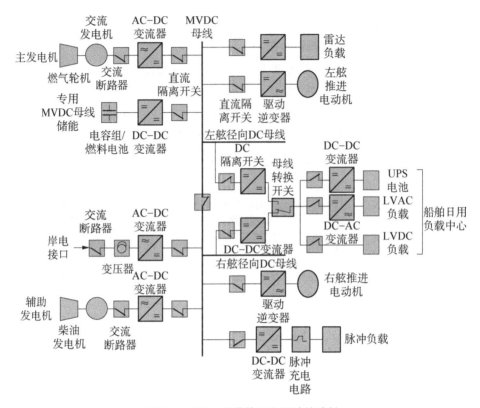

附图3　附图2到具体工程设计的映射

组(如36 MW)可用两台或者多台小容量辅助发电机组(如4 MW)来补充。例如,高速永磁交流发电机可采用简单、低成本的二极管整流器向MVDC母线提供直流电力。如果采用双向整流器(有源),应配备适当的保护和控制装置阻止逆功率流动(从系统到发电机组)超过原动机的逆功率耐受曲线。由燃料提供电力的单向燃料电池系统被归类为发电。

(3)储能:由于发电机组对功率波动的动态响应时间不足以应对某些负载,因此,由来自脉冲负载装置阶跃负载所引起DC母线功率突然需求或干扰或者发电机组或岸电的失电可以通过采用快速响应能量储存装置来满足。而且,储能装置可用来进行船舶系统的黑启动。所有储能部件,例如电容组或者飞轮通过双向DC-DC变流器由MVDC配电母线充电或向MVDC配电母线放电。注意,只有允许从电能转化为化学能的双向燃料电池系统才可以被归类为储能装置。

(4)脉冲负载:用于提供EMALS、电磁轨道炮和激光器或其他军事船舶上的定向能量武器所需的脉冲功率的脉冲充电电路或脉冲形成网络,将通过 DC - DC 变流器从 MVDC 配电母线吸收电能。注意,这些电路可以包括一个储能元件,甚至一个发电元件,如有需要,它们可以向 MVDC 电力系统反向提供电力。

（5）推进:船舶推进电动机从直流配电母线通过变速驱动逆变器来驱动。这些逆变器可为双向的,以允许船舶全速倒车期间产生的再生功率被 MVDC 配电母线上其他船舶负载所吸收或在电阻性负载组中耗散。

（6）船舶日用:船舶日用负载由 MVDC 母线通过 DC - DC 变流器供电。在军用船舶上,要害负载的供电连续性是非常突出的,因此,可以采用沿着船舶区域边界（例如左舷和右舷）的交替 MVDC 母线供电方案。每个区域负载中心的供电连续性通过用自动母线转换开关在左舷和右舷母线之间自动切换输入电力来改善。一些船舶日用负载,例如大型电动机变速驱动设备和大多数电子设备,可通过 DC - DC 变流器直接使用直流电力运行。对于交流负载,例如较小的泵和风机电动机以及大多数生活用负载,DC - AC 变流器将直流电力变换为低压、单相或者三相交流电力。双向 DC - DC 变流器可将负载中心不间断电源的充电/放电电路连接到直流配电母线上。

（7）专用大功率负载:大功率负载,例如特种军事雷达阵列、大型侧推或者压缩机驱动设备（典型的需要几个兆瓦的运行功率）的电源,直接经 DC - DC 变流器由 MVDC 配电母线提供。

（8）全船范围功率和能量管理控制:中心式或者分布式全船功率管理控制与所有电源和主要负载通信以对流过全船的潮流进行优先排序和优化。该功率控制器使重构运行期间要害负载的使用连续性最大化。

（9）系统保护:交流电力子系统,例如交流发电机和岸电接口可通过断路器的传统使用来防止其受故障的损害。在附图 3 中,变流器通过直流隔离开关连接到直流配电母线。直流电力系统保护通过变流器控制和其他的直流电路分断装置,如固态直流断路器的组合来实现。

4.2　概念性 MVDC 电力系统

高性能船舶系统的一个具体例子如附图 4 所示。附图 4 所示的结构使得即使在极端不利状态下整个电力系统仍可最大化运行。船舶日用负载分布在沿着船舶从船首到船尾的 4 个区域中,并从左右两舷沿着船舶纵向分布的 MVDC 母线获得电力。区域 5 代表甲板室,唯一的重要电气设备是大功率雷达。左舷和右舷直流母线之间拥有在船首和船尾横穿船体的连接线以提供形成环形母线的能力,发电和负载子系统运行在环网下。一台主燃气轮机发电机组和一台辅助燃气轮机发电机组连接在每条纵向母线上。因而,可通过打开船首和船尾横穿船体的分断开关以形成"分离电站"配置的形式来提高电力系统生命力。

要害负载,例如主要使命系统雷达,通过自动母线转换开关从左舷或者右舷母线连续地获得电力。在区域负载中心,来自左舷和右舷纵向母线的中压直流电力通过 DC-DC 变流器降至低压直流电力(例如 800 V)。一些负载不直接运行在该 LVDC 母线下。其他交流负载通过并不运行在 LVDC 母线下的 DC-AC 变流器提供低压、三相交流电力(例如 450 V)。附图 4 所示的一种基于电容的储能装置运行在左舷 MVDC 母线上。通过具有双向电力能力的 DC-DC 和 DC-AC 负载中心变流器,有可能利用船舶区域内分布式储能装置(例如 UPS)吸收储存的能量从而帮助满足使用质量的要求。

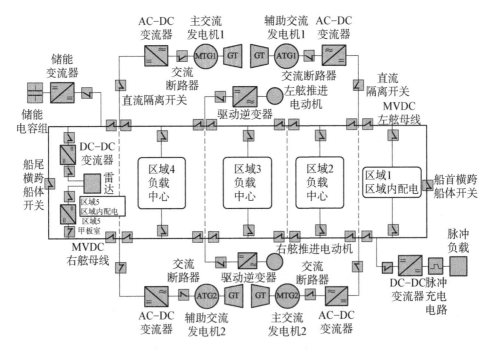

附图 4 高性能船舶 MVDC 电力系统设计的例子

4.3 陆地交流电力系统和船舶 MVDC 电力系统的区别

船舶 MVDC 电力系统和陆地交流电力系统有显著的区别。与陆地电力系统相比,船上电力系统的负载变化(阶跃负载幅值的标幺值)代表其比陆地电力系统有更多可用的储能装置。另外,MVDC 电力系统在多数电力传输路径上采用高速开关和电力电子变流器。这与陆上电网形成对比,陆上电网只有相对较少的传输路径有电力电子装置。

电力电子开关显著地改变了电力系统的动态属性,并且带来了其变化率连续变化的状态。因而 Sudhoff 等对平衡的定义不能直接应用到 MVDC 电力系统中了。另外,不稳定的物理属性也存在差别。

例如,在 MVDC 电力系统中,发电机的电气频率已经与 MVDC 母线很好地解耦,这消除了陆地电网固有的转子角和频率不稳定问题。与陆地交流系统相比,MVDC 电力系统中出现的电力电子装置能够获得更高的控制带宽。更高的带宽控制可能导致子系统之间的不利作用,因而,在稳定性分析中保证给予更多的注意。尽管存在这些差别,在设备、规格和功能上有充分的相似以采用一些 Kundur 等描述的定义和方法来帮助确立术语、建模和分析方法等一致性。

另见 Flower 发表的论文。推荐的稳定性分析方法在 7.4 中描述。

5　MVDC 通用要求

5.1　概述

现在尚没有专门针对电压大于 3 kV 的 MVDC 配电系统的标准。国际船级社协会 UR E11 覆盖了绝大多数直流电力系统和 LVDC 电力系统。IEEE Std 1899 中所规定的针对 800 kV 及以下电压的许多高压直流(HVDC)技术基本要求,也适用于 MVDC 电力系统。

在船上 MVDC 母线系统中,发电机、负载和储能部件一般通过可控电力电子变流器(DC－AC、DC－DC 或 AC－DC)连接到直流母线。该方法允许限制故障电流和相对容易地连接不同定额和转速的发电机、储能装置和负载。

一般情况下,需要单独接地的负载通过包含高频变压器的变流器连接到 MVDC 母线上,以提供其所需的电气隔离。变流器提供交流负载所需的无功功率。如果系统中采用不可控整流器,那么这样的整流器中应包括半导体熔断器或者限流装置。

5.2 MVDC 定额

MVDC 电力系统运行装置和辅助设备的共同定额应包含如下内容。

(1) 额定最大电压(V_d)。

(2) 对地额定短时耐受电压(U_d)。

(3) 对地额定雷电冲击耐受电压(U_p,峰值)。

(4) 额定持续电流(I_r)。

(5) 额定短时耐受电流(I_k)。

(6) 额定短时耐受电流持续时间(t_k)。

5.2.1 额定电压

系统直流电压由期望的发电机电压、推进电动机电压、变流器设计、负载考虑、标准电缆定额、效率和电弧故障能量来确定。对于变流器,相关设计考虑应为电力电子器件的定额和避免器件串联。对于主发电机和推进电动机,一个设计考虑应为功率定额使电力电子变换不再需要使用 60 Hz 电力变压器。

推荐采用的额定直流电压分别为 1.5 kV、3 kV、6 kV、12 kV、18 kV、24 kV 或者 30 kV。推荐这些电压(相对于船体电位的测量)对应的标称等级额定电压如下:±0.75 kV、±1.5 kV、±3 kV、±6 kV、±9 kV、±12 kV 或者 ±15 kV(绝缘水平取决于接地和控制/保护方法)。

MVDC 电压等级

电压等级用来对 MVDC 电力系统部件的电压能力进行分类。对于一个选定的额定电压,只有电压等级分类为大于等于额定电压的设备才可采用。推荐的 MVDC 电压等级如附表 1 所示。

附表 1　推荐的 MVDC 电压等级

等级	MVDC 等级 /kV	标称 MVDC 等级 额定电压/kV	最大 MVDC 等级 额定电压/kV
已经确定的等级	1.5	1.5 或者 ±0.75	2 或者 ±1
	3	3 或者 ±1.5	5 或者 ±2.5
	6	6 或者 ±3	10 或者 ±5
	12	12 或者 ±6	16 或者 ±8
	18	18 或者 ±9	22 或者 ±11

（续表）

等级	MVDC 等级/kV	标称 MVDC 等级额定电压/kV	最大 MVDC 等级额定电压/kV
未来设计的等级	24	24 或者±12	28 或者±14
	30	30 或者±15	34 或者±17

5.2.2　电压容差

稳态（连续）直流电压容差限度应为±10%（IEC 60092 - 101，版本 4.1 b：2002，条款 2.8.3）。当直流电源通过电力电子设备实行主动控制时，可以得到更为严格的电压容差。MVDC 电压容差包络线设计应包括对负载要求的考虑。附图 5 代表了直流母线性能的一个例子。与低压线零电压相关的时间由清除直流母线故障或者电源故障且电压恢复到要求水平所需的时间来确定。

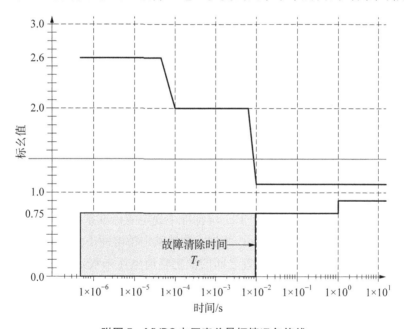

附图 5　MVDC 电压容差最坏情况包络线

当船舶电力系统与岸电系统相连时，应采用 IEEE 1547 标准的第三类电压穿越的要求。

5.2.3　额定耐受电压

附表 2 提出的 MVDC 电压等级的推荐额定耐受电压基于 IEEE C57.18.10 标准的建议。

附表2 MVDC电压等级的推荐额定耐受电压

MVDC 等级	对地额定短时耐受电压 (1 min)U_d/kV	对地额定雷电冲击耐受 电压(峰值)U_p/kV
1	10	45
3	20	60
6	27	75
12	35	95
18	50	110
24	70	150
30	95	200

对地额定短时耐受电压(1 min)U_d施加到所有 MVDC 电缆、熔断器、开关或者母线导体上。并非专门在这些电平下试验电力电子装置。电力电子装置的要求在 IEEE 1662 标准中给出。

如果已经安装,那么在绝缘短时耐受电压试验期间,电力电子装置电力输入和输出应短接在一起或者断开。

附表2中的对地额定雷电冲击耐受电压(峰值)U_p要求施加到所有 MVDC 母线的部件和所连接负载与电源上。雷电冲击可发生在正直流母线或负直流母线上。该状态代表设备定额必须满足雷电冲击的要求。该情况下注入的电压尖峰的幅值代表从外部耦合到 MVDC 母线的冲击电压。要求负载设备可正常运行于直接出现在 MVDC 母线上的电压尖峰下。

在附表2中,耐受电压按 IEEE 4a 标准中规定的标准基准大气温度 20℃、大气压 101.3 kPa 和湿度 11 g/m³ 施加。对地额定雷电冲击耐受电压(峰值)通过正母线或者负母线到保护装置之间的额定峰值电压来规定。对于大多数额定电压,几种不同的耐受电压存在以允许应用拥有不同性能准则或者过电压模式。额定电压的选择应在考虑遭受雷电和开关浪涌过电压的程度、系统中性点接地以及过电压限制装置后确定(见 IEEE 1313.2 标准)。

5.2.4 额定持续电流

额定持续电流是在规定的使用和行为条件下的持续电流。连续工作制、短时工作制或(和)间歇工作制的额定电流遵从生产商和用户的协议。

5.2.5 额定短时耐受电流

MVDC 设备的额定短时耐受电流应大于等于最大预期短路电流。MVDC

电力系统的特征确定了短路电流和短时耐受电流。MVDC 电力系统短路电流由电力电子装置设计来确定和限制。部件和电缆的固有短路能力应在电力电子和保护系统设计中计算和考虑。例如，在负载侧采用谐振变流器可消除负载侧故障时产生的短路电流。

5.2.6　额定短时耐受电流持续时间

系统承载额定短时耐受电流的时间间隔由系统保护协调的延时确定。对于具有机电开关装置的 MVDC 电力系统，应采用数值 0.5 s、1 s、2 s 和 3 s。对于具有快速电力电子装置的新设计，额定短时耐受电流持续时间应采用 0.000 1 s、0.001 s、0.01 s、0.05 s、0.1 s 和 0.2 s。

5.3　接地

发电机、电动机和其他负载通过电力电子变流器连接到 MVDC 母线上。主发电机和大型交流电动机可能或不可能具有变流器变压器。因此，不具有变流器变压器的设备没有与系统 MVDC 母线侧的电气隔离。所以，重要的是，每个变流器控制和连接方式的设计应确保无直流电流通过中性点阻抗流经电机，且中性点阻抗具有高电阻。连接到 MVDC 母线的电源发电机、推进和负载电机以及变流器的接地连接，应在设计时将共模行为作为一个关键的考虑因素。所有负载最好能与 MVDC 母线电气隔离。

在没有专门的对地直流路径情况下，MVDC 母线没有直流基准点以确定平衡，即使很小漏电流的出现也会导致不可预期的直流偏置。对该问题的一种解决方案为从每个直流母线到一个公共地之间经相等的高阻值电阻（可能与电容并联）在直流侧提供接地基准点。由于这些电阻代表持续的直流功率损耗，针对电阻值大小有限制作用。这确定了漏电流可能导致的电压不平衡程度以及从不平衡发生后恢复到平衡所需要的时间。一种针对通过带隔离变压器的电力变流器供电的直流母线电路的可替代方案为通过电阻或可能的二极管将副边中性点接地。

在任何一极发生对地直接接地故障期间，会产生不平衡，且直流母线会经受双极性电压的最大偏移。基于稳态，为直流母线供电的变流器的控制应协助实现对称的对地正和负直流电压，例如，对于一个 10 kV 的电力系统，一条母线将获得对地＋5 kV 电压，而另一条母线会获得对地－5 kV 电压。MVDC 母线也具有到相同公共地的直流电容和（或）滤波器。

5.3.1 接地选项

直流电力系统接地的现有标准在 IEEE 142 和 IEEE 1100 标准中描述。关于该主题的一些思想在 Paul、Jacobson 和 Walker 的文献及 IEEE Std 1662 中给出。

对直流杂散电流的抑制是 MVDC 电力系统的一项重要事项。直流输电系统中的杂散电流问题和推荐抑制方法参见附录 A-A 和 TTGN3。最有效的抑制方法是利用低阻抗构造系统,且将其与所有其他的接地基准隔离开来。

5.3.1.1 选项 1

MVDC 母线的第一种接地选项是不接地的双极性配置。两个极均与地隔离;出于安全目的的考虑,接地部分限制在金属外壳(电缆和母线护套、柜体等)。在此情况下,腐蚀问题可忽略,且仅限制在绝缘故障瞬变期间。此外,与单极性系统相比,这样的浮动直流侧具有较高的电缆成本、占据更大的空间和重量,且设备需要的绝缘水平与全部对地直流电压相一致。假设存在对地漏电流,这样的途径会导致两个极对地偏移,因而并不现实。

5.3.1.2 选项 2

第二种接地选项为双极性 MVDC 母线具有高电阻接地。因为系统中点并不是直接接地的,所以在不平衡电压状态期间,每个极必定承受全部双极性直流电压,直到平衡恢复或者一个极上的故障消除。对于一个良好设计的系统,在 MVDC 母线系统发生故障的情况下,有可能继续运行一段足够长的时间,以进行故障检测、定位和重构。

5.3.1.3 选项 3

第三种接地选项是将船壳用作回路的单极性配置。该选项要考虑腐蚀抑制和人员安全事项的对策。本标准不推荐该选项。

5.4 系统接地对腐蚀的影响

腐蚀应涉及与海水接触的船体外表面,以及船舶内部存在电解质的金属部件(例如压载箱、淡水箱、舱底、管道等),如附图 6 所示。杂散电流离开金属,在电解液中流动,便产生了腐蚀阳极。当然可能有技术解决该问题,例如在船体外表面涂抹合适的涂层和油漆,采用被动和主动阴极保护措施等。然而,本标准不推荐采用船体作为电流路径。

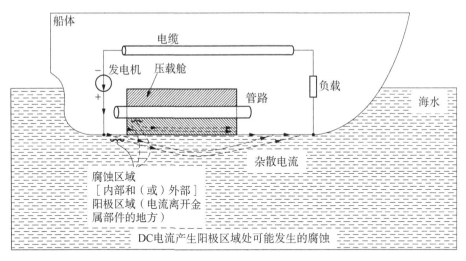

附图 6　单极直流配电情况下可能发生腐蚀的区域

5.5　电气隔离

下游负载可以通过隔离的电力电子设备具有与 MVDC 母线隔离的独立接地方式。这些电力电子设备在变压器一次侧将 MVDC 变换为高频交流,然后在变压器的二次侧变换到相对于满足本机接地要求的交流和(或)直流电压。如果储能装置和燃料电池(如果包括的话)要求独立接地,或者具有不同的直流电压,那么它们需要通过高频变压器连接。相似地,小型发电机、燃料电池、储能装置等可通过隔离电力电子设备连接到 MVDC 母线上,在这种情况下,它们可具有独立接地的电路。该电气隔离方法也具有将共模电流和接地故障解耦的优势效应。

5.6　稳定性

设计者应描述以下方面的稳定性。

1) 时域准则

(1) 瞬变恢复时间(例如 2 s)。

(2) 瞬变边界(例如 16%～20%)。

(3) 缺乏限制周期性行为。

2) 频域准则

（1）例如每 $30°$ 6 dB 相位裕度。

（2）采用时域模型的频域技术。

发电机和负载经电力电子变流器连接到 MVDC 母线上。变流器控制应设计为容易以稳定方式连接和移除大的和小的发电机及负载。

负载侧和发电机侧的变流器控制应设计为支持大信号和小信号稳定性。

当大型和小型发电机、电动机及储能系统通过电力电子装置和其间的短距离电缆连接到公共 MVDC 母线上时，应采用变流器控制的方法。

注意，恒功率负载具有负增量电阻。因而，采用具有恒功率特性负载的系统应仔细设计以确保稳定性。

稳定性研究应按本推荐标准的 7.4 的描述进行。

5.7 效率

系统电气效率取决于船舶使命和使用条件。期望 MVDC 电力系统是有效的以满足经济约束条件。因而，在一个代表期望使用的运行工况范围下，获得高效率是很关键的。MVDC 电力系统的效率计算应包括发电机、电动机、变流器、储能装置、变压器、电缆等。

变流器损耗预期成为总损耗的关键部分，因而应在其设计、选择和应用中对降低损耗给予特别关注。系统电压选择也十分重要且应予以重点考虑。

系统效率应针对运行工况的范围进行计算。为计算系统效率，需要部件的效率。部件效率应在下述负载点计算：10%、25%、50%、75%、90% 和 100%，每种情况下电压标幺值为 1.0。

设计者应进行研究以评估整个系统的效率。电力电子装置的增加导致了额外的损耗；因为电缆中没有无功功率流且一些变压器可根据实际需要进行增减，所以损耗可降低。而且，谨慎地采用电力电子装置会提高部分负载下的效率。

由于电力电子装置的使用而导致的额外损耗可通过靠减重增加的系统总能量效率来平衡。

5.8 使用质量

使用质量规定了电力系统向负载提供电力的可靠性。使用质量度量的一个例子是平均使用中断间隔时间（MTBSI）。使用质量是可靠性的度量，因此使用质量量的计算没有考虑影响电力系统生命力的事件，例如战斗损坏、碰撞、起火或者进水等。使用质量的确考虑了设备失效和正常的系统运行瞬变。使用质量的额外信息和推荐标准可查阅 IEEE 45.1 标准。

5.9 电力质量

本部分论述了 MVDC 母线的电力质量,定义为与规定的电压容差和电压纹波的一致性。

在直流配电系统中,基波频率为 0,谐波畸变概念并不适用。原来电力质量的定义典型的涉及谐波畸变限度,现在并不可用。但直流平均电流与电流纹波有效值的比较在设定直流配电系统电力质量标准方面是有价值的。

由于连接到直流配电母线的固态电力变流器平均了直流电流和一些其他的频率分量,相关数据是变流器内部开关频率和电力拓扑的函数,因此电力变流器对 MVDC 母线的影响应进行评估。任何流经 MVDC 母线的负载电流的非直流分量会导致在沿着母线所有的点产生电压纹波。纹波电流在直流电源和所连负载之间流动。

应提供电力质量监视器以测量、记录和报告电力扰动情况(例如电压尖峰、电压跌落、共模噪声、高频噪声、熔断丝烧毁、电力失效和浪涌等)。

电压纹波和噪声

当直流电由无源整流器产生时,直流电平直接随交流电压的峰值电压变化。此时直流电平上产生变化的电压,这对应于纹波。

如果用脉冲宽度调制整流器来产生直流电压,那么来自脉冲宽度调制(PWM)开关的高频波形叠加到直流和交流侧,这常称作噪声。噪声也可来自连接到直流母线的负载。

可接受的纹波电压有效值和负载感应噪声不应超过 5% 标幺值。

对于每个系统,应当定义下述电压参数:

(1) 最大不可重复峰值。

(2) 最大可重复峰值。

(3) 最大可重复峰峰值。

5.10 保护和生命力

所有发电机、储能装置(直流电容和电感例外)和负载都应通过电力电子变流器连接到直流母线上。所有电力电子变流器应设计为限制故障电流以使负载侧断路器的需求最小化。发电机端的交流断路器仍然是需要的,以清除

AC - DC 变流器中的故障。

为限制故障电流,保护应为差动式或区域选择性联锁式而非简单的过流式。为尽量减少协调的时间延迟,变流器也应在保护区域内通过冗余通信信道参与清除故障和灭弧。

船舶保护系统的设计要求应遵从 IEC 60092 - 202,且应遵从国际电工委员会(IEC)故障安全原则:"任何失效均不会影响系统安全的状态,例如,电路中出现单一故障时,故障电路应断开从而没有输入电压或没有电力。"

应考虑所有直流连接(包括采用的材料)以避免连接点出现的腐蚀,并避免随之发生的一系列电弧。

应在包括所有具有电气设备的柜体在内的可能出现电弧的地方提供电弧故障检测器。也应采用电压限制器。

应在 MVDC 电力系统中采用浪涌抑制器以将电压上升钳位在设备可承受的水平之内。一般地,浪涌抑制器应将过电压钳位在低于附表 2 确定的绝缘水平。如果以旋转发电机为电源,那么应在发电机和 MVDC 母线之间的变流器交流输入端、为推进电动机供电的变流器交流输出端以及 MVDC 母线对地之间,为系统提供浪涌抑制器。浪涌抑制器的选择应基于系统最大运行状态和暂时过电压、合适的能量容量,并应充分考虑流过接地连接点的浪涌电流。

浪涌抑制器外壳应按人身安全和相邻设备保护的要求进行防爆和防水处理。应在任何接地故障或差动保护下考虑流过这些抑制器的漏电流。

如果采用其他电源,例如燃料电池,那么可以要求浪涌抑制器来保护电源。

在选择直流抑制器位置时,需要小心和缜密计划。一些考虑内容如下:

(1)引线长度、线规和绝缘电压定额。

(2)与被保护设备的接近性。

(3)与交流地网隔离,特别是如果交流源边侧不是直接接地。

(4)接地线与不接地金属结构的隔离。

应针对每个具体应用确定针对 MVDC 电力系统生命力的具体要求。

不推荐采用熔断器进行 MVDC 母线的保护。熔断器可用作其他目的,例如防止部件失效后的级联损坏。

5.11 负载和发电机的连接与断开

本子条款描述了负载和电源与 MVDC 母线连接和断开的要求。本子条款任何内容均不排除系统设计者采用任何形式的配电结构,例如径向、环形或者区域配电。

5.11.1 隔离(断开)要求

所有负载和电源都应用一种隔离措施连接到 MVDC 母线上。该隔离措施可以为任何装置,例如开关、断路器、母线连接等。负载应能够因安全或维修的原因与 MVDC 母线隔离。隔离措施应断开所有与 MVDC 的电力连接。隔离措施所能限制的电流应根据在负载电流和过载状态下确定定额,而不是为分断电流确定定额。在用于附接负载的隔离措施打开之前,应采用合适的电力电子装置将电流限制为 0。在打开各自的断开开关前,应确保电源安全。

电力电子装置应具有内部或外部(上游)的隔离措施。电力电子装置内采用隔离措施的地方,应满足如下要求。

(1) 提供可视状态指示。

(2) 提供一种措施,用挂锁将装置锁定在打开的位置。

(3) 提供联锁电路,在施加电源时防止电力电子装置运行。

联锁电路应防止隔离措施的动作,直到所有断电和电路放电功能已经成功实现并得到验证。

隔离措施应仅当变流器空载时才可运行,以提供其与电力系统剩下部分的物理隔离。在任何条件下,不应采用隔离措施来分断带负载的变流器。两种不同的部件可以实现隔离措施和分断措施。可行的是,采用一种物理部件,例如断路器,来同时实现隔离措施和分断措施。如果这两项功能结合在一个单独的部件中,那么该部件应按两种功能的极端工况确定定额。

5.11.2 馈电抽头和馈电保护要求

当负载与 MVDC 母线距离很远时,采用馈电电缆或母线来连接负载,馈电电缆或母线两侧应具有短路保护措施。短路保护可为任何保护装置,例如熔断器、断路器、固态电流限制器等。另外,馈电电缆或母线应受装置定额和承受短路力试验的限制。可采用的一种固定电缆的方法是采用电缆夹板。目的是保护馈电电缆,并允许将远程故障从 MVDC 母线上分离以阻止 MVDC 母线完全断电。

5.11.3 负载浪涌电流要求

任何负载或电源的连接不应由其自身产生过大的浪涌电流。所连接的负载应以使 MVDC 母线电压扰动最小的方式连接到母线上。负载设计者可以选择合适的方式实现该浪涌电流限制特征,相关技术包括带旁路接触器的限流电阻或者甚至在闭合隔离装置以连接到 MVDC 母线之前为负载内部直流母线预充电。

当一个负载投入运行时应规定浪涌电流值,使得浪涌电流的冲击不影响其他已经连接的负载。浪涌电流值由负载如何投入 MVDC 母线的方法确定。应确定在船舶寿命周期内不应超过的最大浪涌电流。在设计时应考虑附表 3 描述的典型的母线连接、浪涌限制技术和影响。

附表 3 负载的连接和隔离

母线连接方法	浪涌电流抑制方法	对 MVDC 母线的影响
熔断器隔离(用开关)负载的馈电	浪涌电流限制应在负载设备中提供	无影响
熔断器隔离开关维护	开关本身没有任何浪涌限制	关闭母线
熔断器隔离开关中维护和替换熔断器	浪涌电流限制应在负载设备中提供	无影响
打开隔离开关,遵从关闭/打开的安全步骤,替换熔断器并将开关馈电返回运行工作状态	熔断器母线连接隔离开关	当直流母线重新带电时,浪涌电流可被 $\mathrm{d}v/\mathrm{d}t$ 限制
负载可分别包括其他地方讨论的任何电流限制方法	要求直流母线停电,手动打开隔离开关以进行所连接设备的维护	—
固态电流限制器和 MVDC 母线的馈电抽头	该有源部件为所连接负载和负载向母线的馈电提供电流限制功能	无影响(除非需要对固态电流限制器进行维护)

应评估连接到 MVDC 母线的设备以确定最优浪涌电流限制拓扑结构,并考虑以下内容。

(1) 可依赖 MVDC 母线启动工况下的 $\mathrm{d}i/\mathrm{d}t$ 来使得浪涌电流最小。

(2) 初始化之后,限流电阻可从电路中切除。

(3) 在闭合 MVDC 母线隔离开关之前,应采用预充电电源将带载直流母线电压抬升到与 MVDC 母线电压相匹配的水平。

允许的浪涌电流规格可通过考虑浪涌电流幅值与上升时间的比值与实际负载运行允许的 $\mathrm{d}i/\mathrm{d}t$ 相比来确定。具有高 $\mathrm{d}i/\mathrm{d}t$ 变化率的大浪涌电流可通过母线电感影响 MVDC 母线电压浪涌。在某些情况下,可允许一些较高值的浪涌电流。例如,如果电磁干扰(EMI)滤波器浪涌电流在特定的短时间内结束,那么一些要求 EMI 滤波器的负载可允许直接连接到母线上。

5.11.4　负载和电源断开要求

在正常断开操作期间,任何负载或者电源的断开不应导致对 MVDC 母线电压的过大扰动。在从 MVDC 母线断开之前,负载下降将负载电流降至很低的值。在从 MVDC 母线断开之前,电源提供的电流下降至很低的值。电流正常的变化率不应超过用户、供货商或者系统设计者规定的 di/dt 限制值。断开负载的方法应使其不超过本推荐标准 5.11.1 所讨论的要求。

5.11.5　运行期间负载输入电流 di/dt 要求

一个已经连接的负载不可从直流母线更快地吸收超过负载 di/dt 定额允许的电流。例如,一个定额为 100 A 直流全负载电流的负载可具有允许 1 000 A/ms 的 di/dt 定额。系统设计者应确定 MVDC 母线要求以匹配负载输入电流 di/dt 要求。

5.11.6　电源正常运行输出电流要求

为 MVDC 母线供电的电源可由不同的技术器件组成,包括由燃气轮机或柴油机驱动的带集成整流的交流发电机、燃料电池和储能系统,例如飞轮、电池或者电容及其相关的电力变换系统。输出电流应主要为直流电流,输出纹波电压和电流在一定程度上取决于其与所连接负载的相互作用(按系统设计者的规定)。

5.11.7　负载或者电源直流纹波电流要求

纹波电流值取决于电力变换的性质和内部提供滤波的数量。MVDC 母线可在不权衡其他已连接负载,且不需要负载供货商安装不必要的滤波器的情况下,承受一些纹波电流。系统设计者应规定并设定船上任何负载应承受的纹波电流值。

5.11.8　MVDC 母线故障工况下负载输出浪涌电流要求

MVDC 母线故障电流是由所有所连接负载和电源共同产生的。电源是主要的故障电流贡献者,但是其他负载由于连接负载内部储能的原因也可贡献故障电流。如果所连接的负载能够在 MVDC 母线上发生故障的情况下反馈电流,应确认来自已连接负载的故障电流并将数据资料提供给系统设计者,用于结合进行全系统设计分析。应考虑应用最新的故障电流限制器技术,如应用基于超导或者半导体的故障电流限制器以降低故障电流。关于这些技术的信息可在 Noe 和 Steurer 发表的论文以及"故障限流器技术发展综述-更新"中发现。

5.11.9 再生负载接口要求

一些负载,例如推进系统或者电梯系统,正常运行期间可提供能够返回 MVDC 母线或者在负载内部消耗的再生功率。系统设计者可以选择是否允许再生能量回馈到 MVDC 母线,但基于当时的整体负载需求,它可能无法吸收再生能量。应进行仔细的系统分析,以确定是否可以在所有工况下安全地消除电阻负载。负载供货商应提供再生能量的属性,例如发生条件、持续时间、幅值等。MVDC 母线设计应留出在正常运行工况下有功功率再生容量的安全裕量。该安全裕量应合乎预期再生容量的精度。

5.11.10 负载输入阻抗要求

连接到 MVDC 母线的负载主要是固态电力变流器,它能够表现出负输入阻抗,且能够影响整个 MVDC 电力系统的稳定性。负载供货商应在设备采购规范中提供输入阻抗数据用于系统设计和分析。

5.11.11 负载通信接口和数据项要求

系统设计者应选择和确定数据通信接口标准和需要的数据项以适合于 MVDC 母线系统的控制器。设备供货商和设计者应至少考虑以下内容。

(1) 数据通信硬件接口要求(如规定)。

(2) 运行性能数据,例如负载电流(如规定)。

(3) 负载功率斜率或者负载功率限制(如规定)。

(4) 停机或在线或离线指令(如规定)。

5.12 功率管理

功率管理应实现以下功能。

(1) 管理正常工况下的功率。

(2) 保持 QoS。

(3) 使生命力最大化。

基于对发电机和负载的实时监测,控制系统应告知操作者关键工况和推荐的操作动作以避免系统的不稳定和崩溃。控制系统的设计应结合人机工程从而使得操作者能够在正常和应急状态下保持对形势的警觉性,并采取合适的行动。

在正常工况下,系统应配置 MVDC 电力系统,以在处理由于脉冲负载、大型电动机启动和大型雷达改变运行模式等带来的可能负载变化时,提供足够的响应向所有负载提供充足的功率。功率管理必须使负载消耗的能量和发电机产生的能量在平均意义上得到平衡。功率管理也应包括与电源之间负载分配相关的动态平衡。

假设电源通过电力电子变流器连接到 MVDC 母线上,一种功率管理途径是用一台电力变流器调节直流母线电压,而所有其他的电力变流器控制直流电流。相比之下,一种可替代的功率管理方法是采用下垂特性以控制动态功率分配。在直流侧没有无功功率,变流器应提供任何无功功率以使得用作电源的交流发电机功率容量最大化。电力系统设计应利用储能防止由预期的系统动态、发电机或者原动机之间不可控的交叉动态、储能机构容量过大或者不足导致的发电机转速超速,且必须使能量消耗最小化。

在短时间内,电源和负载需求之间的不平衡可通过储能来调节。作为与系统电感/电容和与直流母线相关的直流电容和变流器一样的物理硬件的固有特征,储能容量存在于电力系统内部。电力系统设计者应关注储能容量,例如飞轮、电池等,来实现系统功能和性能要求。在此情况下,应对储能容量进行适当规定。

对于一些负载,有必要采用能量耗散电阻。通过消耗再生能量,如推进永磁电动机全速倒车操作产生的能量,来控制 MVDC 母线电压。因为储能装置限制了能量变化率(功率)和总消耗能量,一旦超过该限制,将会导致系统损坏。系统集成商必须与推进系统供应商合作,确定所需的耗散能力。

许多使用质量事宜可在具有本机储能的负载下游侧解决。从 MVDC 母线的角度出发,有必要考虑可承受几秒短时中断和可承受几分钟或者更长时间中断的负载。短时中断负载依赖功率管理系统重构配电系统以恢复其供电。长期中断负载在其供电恢复之前依赖功率管理系统将额外发电容量投入运行。

在由于设备损坏或失效的电力系统无法向所有负载供电情况下,功率管理系统需要实现生命力响应。一般地,生命力响应按负载优先顺序降低合适的负载功率。如果有充足的容量和连接性,且如果负载可以用最小的安全风险来供电的话,那么生命力也使恢复功率供给已降功率的负载。对于具有关键使命系统的复杂船舶,这些减载方案应与使命系统控制器协调,以确保此时与所需的关键负载保持连接。

6 设计和运行要求

6.1 MVDC 结构和模块化

一个 MVDC 电力系统开放式架构涉及电力连接、功率模块的共同功能和模块之间信息交换的界面标准。

MVDC 电力系统的开放性应通过严格的和完善确立的评估机制及前瞻性一致性测试来验证和确认。这使得能够用模块即插即用、信息交换和使命能力重构来应对新的威胁和技术。

针对已安装模块的形式、配合措施和功能，积木式元件接口的物理（电气的、机械的、热学的、化学的等）定义应必要又充分。

相应的考虑应包括如下内容。

（1）功率管理。

（2）QoS。

（3）生命力。

（4）系统稳定性。

（5）故障响应。

（6）电力质量。

（7）维护支持。

（8）系统接地。

系统结构应直接从系统积木式元件的结构得出。系统可以具有模块层。这些层次应直接从积木式元件的性质得出。应使用与已组装模块形成的层次相一致的形式定义层接口。控制结构应当与系统结构相匹配。如果系统具有几层积木式元件，那么控制应具有与其匹配的层次。控制应基于通用控制结构。

系统可以确定和定义单层及与其匹配的接口。在这种情况下，对于系统性能来说，必要和充分条件不需要了解低层次的接口。嵌入式系统是这种系统的例子。嵌入式系统仅需要它和更大系统之间的接口定义以满足其形式、配合及功能要求。更大的系统不需要嵌入式系统内部的详细接口来满足其形式、配合及功能要求。

6.1.1　电力电子积木式元件

在 MVDC 电力系统中,推荐电力电子装置应基于电力电子积木式元件(PEBB)(如可用),每个 PEBB 具有其自身可编程的且在合适的程度上展开自保护的智能。自动控制应提供电源的平滑插入和移除以及按希望分配负载。PEBB 的控制结构应符合 IEEE 1662、IEEE 1676 和 IEC 60146 标准的规定。设计时应确保 PEBB 在外部通信系统故障后提供运行(在一些限制下,手工控制运行)。

6.2　设计考虑

当可用时,设计步骤应与 IEEE 45.1、IEEE 45.2、IEEE 45.3、IEC 60092 - 101、IEC 60092 - 202 和 MIL - STD 1399 - 680 标准中推荐的步骤一致。在按 ISO/IEC/IEEE 80005 - 1 的规定连接到交流岸电时,应提出相应的建议。

MVDC 电力系统应设计为在船舶寿命内可升级。

应为 MVDC 综合电力系统提供以下内容。

(1) 故障隔离方法。

(2) 对正在处理的可视化隔离设备和余下正处于运行状态的系统,提供任何设备的移除和替换的安全步骤。

(3) 在被隔离设备附近变更供电路径和在有必要的场合加入热插拔模块以达到 QoS 的要求。

(4) 在例行和应急维修期间,为确保人身安全,用热线终端和锁定方法进行机械隔离(在用电力电子装置进行故障清除的场合)。

(5) 电弧闪变检测器和快速电弧消除与抑制。

(6) 接地故障检测系统,最大限度地减少船体电流,提高船员安全水平。

如果包含 PWM 变流器,则应评估开关阶跃电压对旋转电机、电涌保护装置和电缆绝缘寿命的影响。

6.2.1　修理时间

应规定最大修理时间(假设部件可用)。修理时间应包括检测、隔离、拆除、最近最少使用(LRU)替换、重新组装、设备对中、修理验证和返回运行所需要的时间。

组成 MVDC 电力系统的设备的设计应尽可能缩短维修、更换和升级系统部件及模块的时间。MVDC 设备的安装应考虑船舶上拆装和从船舶上移除的空间和间隙。

6.2.2 粒子和盐雾积累

直流电压应力趋向于在绝缘体上产生粒子和盐雾积累。这应在设计阶段进行考虑以规定合适的预防性维护程序。

6.3 安全设计

IEC 61010 - 1、IEEE 3007.3、MIL - DTL - 917F、DNV OS - D201 和 UL 840 的安全建议应在 MVDC 电力系统中采用。为了确保人身安全,任何触摸电压都应该按照这些标准的建议进行限制。

6.3.1 直流电弧故障抑制

Ammerman、Gammon、Sen 和 Nelson 的 IEEE 案例研究表明了 MVDC 电弧故障具有极大的危险。电弧行为是高度变化的,且现有的直流电弧模型不能精确、可靠地评估直流电弧的所有特征。

应进行危害性风险评估以确认 MVDC 电弧故障可能发生的地方,应确认不同类型 MVDC 电力设备所施加的电弧闪变危害的相对严重性。应实施 IEEE 1584 标准中附录 B 的建议。

6.3.2 放电装置

所有永久储能装置应从 MVDC 母线断开,且任何剩余的电容装置应进行放电,具体如下。

(1) 在断开供电后,应提供放电装置将高压电路和电容电压降至 30 V 或者更低。

(2) 保护装置应确实动作,且高度可靠,在柜体、壳体或者轨道打开时应自动动作。

(3) 当采用电阻性旁漏网络来对电容放电时,旁漏网络应包括至少两个相同阻值的电阻并联。

6.3.3 防止电晕(高压/高电流)

应按以下内容防止电晕。

(1) 当设备被电缆和有意采用的其他附件设备作为终端连接时,且在规定的电源频率和电压(包括一般常常出现的瞬变)情况下,当设备运行在规定的湿度、温度和大气压力等使用环境下时,电晕水平应与规定的电磁干扰要求相兼容。

（2）电晕水平不应使设备性能退化至规定的限度之外，不应使材料属性或部件产生可导致设备永久失效的性能退化。

（3）在任何不包括耐电晕效应材料处，对应于规定的最大稳态电压，电晕消失电压应至少为电路峰值电压的 150%。

（4）电晕产生和消失电压应与 ASTM D1868 一致。

（5）包含在高强度电场中的所有金属部件应避免尖锐的边缘和点，因为这些因素会有助于形成电晕放电。

6.3.4　间隙和爬电

电气设备应当设计和生产为在规定的湿度、大气压、温度、使用寿命、运行剖面、污染和运行电压（包括瞬变）等使用条件下，具有足够防止电气击穿的电气间隙、空间、漏电（迁移/爬电）距离和绝缘水平。UL 840 为 10 kV 及以下的工作电压提供指导。由于船上的环境与 UL 840 所考虑的环境不同，MIL - DTL - 917F 指出："UL 840 表中的爬电和间隙值对于海军的应用场景来说太低了。"因此，应该采用一个安全系数。DNV OS - D201 和 IEC 60092 - 502 为 11 kV 及以下的交流电力系统提供了爬电和间隙的指导。IEC 61010 - 1 提供了与 UL 840 非常相似的指导。在船舶行业中需要开展更多的研究来确定相关内容的适用性。

6.3.4.1　间隙

虽然在建立交流电力系统的可靠性指标时，会考虑到峰值高于稳态电压的瞬态电压，但这些瞬态电压在直流电力系统中可能会有所不同。特别是，陆地交流系统的标准通常是基于雷电与室外导体的耦合。然而，对于船上的直流电力系统，瞬态电压的来源主要是电力系统内的电力电子设备。此外，直流电压建立的电场与固体绝缘和大气的相互作用方式与交流电场不同。最主要的区别是在固体绝缘材料中建立一个持久的空间电荷分布。这种空间电荷导致直流电场可能与系统的几何形状所预期的大不相同，从而导致不同的故障机制，而该机制在没有空间电荷的情况下占主导地位。因此，在将交流电力系统的指导应用或外推到直流电力系统时，应该非常小心。IEC 61010 - 1 规定了来自主电路的二次电路的交流和直流电压的间隙。然而，这些间隙并不能应用于一般的配电系统，因为那里的瞬态电压可能会更高，而且可能不适合船上的环境。这些间隙应被视为一个下限；如果使用的话，应该采用一个较大的安全系数。

IEC 600923 - 503 为 11 kV 及以下的交流电力系统提供指导。UR E11 和 DNV - OS - D201 为 15 kV 及以下的船用交流电力系统提供了指导,相关内容比 IEC 60092 - 503 更为保守。

6.3.4.2　爬电

爬电距离是为了保护设备免受快速和慢速击穿机制的影响,具体如下。

（1）快速击穿机制是闪络,其击穿机制类似于间隙距离的击穿机制。

（2）慢速击穿机制称为漏电痕迹,表面结构和沉积物（污染）是主导因素。低电阻率的沉积物导致持续的电流并因此加热。这会启动热失控,然后是闪络。在直流电力系统中,这些击穿类型是绝缘体表面空间电荷积累以及任何改变表面电阻率的沉积物的一个函数。

如果考虑到慢速击穿机制,直流电力系统的爬电距离可以保持在比交流电力系统更低的水平。然而,如果电压电位发生变化,例如在发生接地故障时,在未接地或高阻接地的电力系统中可能会发生这种情况,剩余的空间电荷会立即导致电场增强,并可能引发闪络。总之,根据交流有效电压的标准来关联和推断直流电压的爬电距离是与应用高度相关的。

6.3.5　电击防范

MVDC 部件的设计应确保个人不能接近通电设备。MVDC 故障导致的电压会对人身和设备安全带来严重危害。

7　推荐的研究和分析

7.1　一般考虑

本子条款向系统设计者提供了有关研究的建议,需要进行这些研究并在整个可能的系统运行范围内评估系统性能。系统设计者应完成以下任务。

（1）捕捉所有相关的系统状态（如稳态、故障、黑启动等）。

（2）采用合适的工具和（或）方法。

（3）得到必要的信息以全面描述和评估系统性能,从而验证和提高设计水平。

（4）进行电站负载分析。

这里描述的研究和分析方法是系统设计的综合组成部分。建模和仿真在

MVDC 电力系统设计的所有方面起重要作用,且应在整个设计过程中广泛采用。建模和仿真工具应包括从简单的行为模型到复杂的动态物理响应模型的一系列模型。下述部分对采用的许多不同的分析方法提供了一般性指导。这些方法可能在后续描述各种研究的部分中使用。

7.1.1　时域系统分析

时域系统分析可全面捕捉 MVDC 电力系统性能的所有方面(非线性和电力电子开关)。因而,它是本标准推荐的首选方法。设计者应当根据需要做尽可能多的仿真以评估合适的初始条件、输入参数等的集合。由于无法对每个状态进行仿真,因此应采用实验设计与统计结合的方法,在一个较大范围初始条件、输入和系统参数下获得对系统响应的全面理解。

设计者应从几种适用于 MVDC 电力系统仿真的软件包中进行选择,其选择准则包括必要系统部件(如电机、电力电子电路模块和系统控制)合适模型的可用性、已被证明的软件仿真工况、现象和感兴趣的时间尺度等。在任何情况下,通用模型都应适当参数化,以表示在正在设计的系统中的实际设备。建议尽早从设备供应商处获得部件模型,以增强初始系统建模。

基于平均值模型的分析

开展 MVDC 电力分析的首要步骤是建立平均值模型(AVM)。假设系统中相对较慢的动态(例如因燃气轮机、励磁机、电机导致的)可从变流器快速开关动态中分离出来。采用解析和数字技术来消除开关动态,获得系统的非线性、连续的时间模型。因为在 AVM 中没有体现系统在开关频率附近的动态,所以这些模型不可用来研究开关频率附近或以上的动态。直接从详细的开关部件模型产生平均值模型的方法已经在 Davoudi 等的研究中确定。

7.1.2　频域系统分析

设计者应采用频域系统分析来确定小信号的稳定性。特别感兴趣的 MVDC 电力系统的频域参数为 MVDC 电源的输入和输出阻抗、负载和电缆。这些阻抗可从包括开关的时域模型或者平均值模型中计算得到。

从时域模型计算输入和输出阻抗的方法在 Sudhoff 发表的论文中特别给出。另外,测量变流器硬件输入和输出阻抗的设备也是市场上可获得的。

当确立频域模型时,应特别注意获得模型参数以形成小信号扰动的方法。

例如,为了计算变流器模块的输入阻抗,串联的开关/电阻常与变流器并联。开关以一个给定的频率开通/关断,测量变流器的输出电压和电流以确定其在开关频率时的阻抗。所采用的电阻应充分大，以使得其给变流器带来的附加损耗可直接忽略。此外，电力电子电路内部开关频率以下大约 10 倍频程处设置电力电子电路阻抗是正当的。一旦获得参数，即可采用本推荐标准 7.4 中的稳定性准则进行基于频域的小信号稳定性分析。应对 MVDC 电力系统进行共模建模。

7.2　电站负载分析和负载潮流分析

应进行电站负载分析和负载潮流分析以针对所有预期的运行工况验证充足的发电和配电能力。应根据 IEEE 45.1 标准进行这些分析。

7.3　使用质量研究

该研究应评估电力系统是否设计得足以提供本推荐标准 5.8 中讨论的 QoS。QoS 研究应考虑以下内容。

（1）减载策略。

（2）快速响应。

（3）能量储存。

（4）推进电动机再生功率。

（5）将这些功率管理方法与负载中心系统响应的优化模式进行整合。

（6）与选定的方法相关的可靠性度量。

（7）与选定的方法相关的生命力度量。

7.4　稳定性研究

船舶电力系统是非线性、时变的，并承受大信号的扰动。电力系统稳定性由 Kundur 等定义为电力系统的一项能力，即对于给定的初始运行条件，系统在受到物理扰动后重新回到运行平衡的状态，且保持大多数系统变量有边界使得实践中整个系统是完整稳定的。推荐的稳定性分析方法如以下子条款所述。

7.4.1　基于时域分析的稳定性分析

应采用时域分析（仿真）来进行系统综合稳定性评估。时域分析的相关步骤如下。

（1）精确地建立整个 MVDC 电力系统的模型，包括开关。

（2）确定需要分析的稳态运行条件［根据电力系统运行概念（ES-

CONOPS)〕,并确认这些运行点附近的扰动情况。

(3) 仿真系统的动态响应。

(4) 确定动态响应是否满足稳定性要求。

(5) 对步骤(2)中确定的所有剩余的稳态运行工况重复步骤(3)和步骤(4)。

7.4.2 包括频域分析的线性稳定技术

推荐建立 AVM 以评估小信号稳定性。可通过分析 MVDC 电力系统的线性化 AVM 状态方程的特征值来确定小信号稳定性。特征值的实部应在整个运行工况范围内为负值。

或者,可在频域中使用例如 Nyquist 稳定性准则等工具。采用 Nyquist 稳定性的一个例子是 Middlebrook 稳定准则,这可预测附图 7 所示系统的小信号稳定性问题。如果电源阻抗 S 和负载导纳 L 的乘积在复平面上没有环绕—1 点,那么就可预测是稳定的。Middlebrook 稳定性准则是相当保守的,使用时一般会导致系统设计具有更大的直流环节电容和更慢的动态响应。

最近的研究已经扩大了基于阻抗和导纳的稳定性的概念。而且,实际的 MVDC 电力系统会包括多于附图 7 所示的单个电源和负载的组合,因此,将通用的部件阻抗和导纳结合到通用的电源和负载的子系统中的技术已经在 Sudhoff 等的文献中进行了展示。

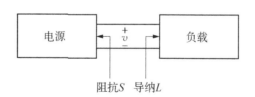

附图 7 电源和负载导纳阐述

推荐应用线性化模型的稳定性分析,对选定的运行点进行相对快速的筛选,以确立不稳定运行区域。这需要进行系统设计修正以使得 MVDC 电力系统稳定。

硬件部件的阻抗特征

如果系统部件的详细开关模型或 AVM 模型不可用,那么可采用基于硬件的 MVDC 部件模块阻抗描述来支持小信号系统稳定性评估。

7.4.3 稳定性研究总结

应采用下述步骤来设计稳定的 MVDC 电力系统并评估其性能。

(1) 确定系统必须保持小信号稳定性的运行点。

(2) 定义稳定性度量,例如通用导纳或阻抗的相位裕量和增益裕量。

(3) 开发包括开关非线性电力系统动态响应、初始条件、系统参数和输入的整个船舶 MVDC 电力系统时域模型。模型需要包括整个电力系统、控制设备边界和非线性部件行为(例如铁芯饱和、控制器限制等)。

(4) 确定相关的稳态运行工况和运行点之间的转换,使得时域和基于阻抗的分析充分覆盖整个船舶 MVDC 电力系统时域模型状态空间。选定的运行工况应与 ES-CONOPS 一致,且应包括轻载和重载工况以及一些"最坏情况"工况。

(5) 针对每个选定的运行工况,采用时域或者频域工具建立线性化平均值模型稳定性评估(小信号稳定性)。

(6) 基于前述几项内容,针对时域仿真,开发可确定相关运行点和相关小信号及大信号扰动的整个船舶 MVDC 电力系统仿真计划。

(7) 按线性化稳定性分析和模拟时域行为的描述,回顾与每个相关运行点相关的动态响应。动态响应应相对于稳定性准则和上述步骤(1)中确立的度量进行评估。

7.5 故障研究

为设计足够的 MVDC 电力系统故障处理方法(随后验证其性能),系统设计者应考虑所有以下类型的故障及其组合来研究系统响应。

(1) MVDC 母线上任何两条或者三条输电线路之间的短路。

(2) MVDC 母线上任何输电线路和地之间的短路。

(3) 由于部件或者控制失效以及任何连接到 MVDC 母线的变流器或者子系统导致的线对线和线对地短路。

(4) MVDC 相关控制系统、相关通信系统和传感器的故障。

(5) 为 MVDC 母线、变流器和其他子系统服务的冷却系统故障。

对于所有的短路研究,应选择一系列的故障阻抗,从而可研究直接接地故障、高阻抗故障和燃弧故障之间的整个频谱。研究过程中施加的故障阻抗值将取决于系统设计。

在 Berizzi 等的文献中描述的一些针对电气传输直流电力系统的短路电流计算方法也适用于 MVDC 电力系统。

故障管理研究应包括这样的研究,即验证故障后重构系统从而恢复使用。故障研究应与稳定性研究一起进行,以验证系统在所有可能的系统配置下,特别是在有和没有并联发电机的情况下,系统可从故障中稳定地恢复。

这些研究的目标是确认 MVDC 电力系统按本推荐标准 5.10 规定的方式响应故障。该响应受系统保护和本机以及全船控制系统之间的相互作用来控制。保护比功率和能量管理系统更快地响应故障,以在可能的最短时间内执行故障检测和隔离。因而,故障研究应当以可全面捕捉这些相互作用的方式进行。

故障管理研究处理系统瞬变,例如故障电流的快速增加、故障电流的分断以及为获得故障后重构的切换动作。因此,只有可全面捕捉瞬变的分析技术才可采用。因而,推荐采用时域计算机系统分析进行所有故障研究。用于进行这些研究的模型应包括足够多的细节以合适地表示所有支配相关事件的部件的瞬变行为。仅在早期设计阶段,似稳态分析或者平均值模型分析可以提供足够多的故障处理的基本信息。

7.6　EMI/EMC 研究

设计的电磁兼容性源或者适用于船舶 MVDC 电力系统的最佳工程实践在 MIL - HDBK - 235 和 MIL - STD - 1310 中给出。应进行完整的 EMC 评估,涉及考虑"系统内"和"系统之间"的 EMC 满足适用的 MIL - STD - 464、MIL - STD - 461G、MIL - STD - 1605 或者 IEC 6100 系列标准的要求。

系统内 EMC 研究焦点在组成一个子系统的设备之间的 EMI 潜力,例如发电机组的 AC - DC 变流器和电子控制装置。通过确定子系统设备设计满足适用的 EMI 标准的辐射发射、传导发射、辐射敏感度和传导敏感度部分地提供系统内和系统之间 EMC。

MIL - HDBK - 235、MIL - STD - 1310、NSSCS 9407 - AB - HDBK - 010 和 STANAG - 4435 版本 1 以及 STANAG - 4436 版本 1 提供适用的 EMC/EMI 辐射/敏感度标准。IEC 61000(所有部分)、IEC 60533、MIL - STD - 461F 和 STANAG - 4435 版本 1 等标准中的相关内容应通过进行具体应用的研究,针对每个船上 MVDC 电力系统设计进行定制。

应通过整个子系统的 EMI 试验展示其与 EMC 要求的一致性。MIL -

STD-461F 给出了详细的试验步骤。这些试验应验证子系统中的单个设备与适用的辐射和敏感度标准一致。它们也应通过评估 EMI 对每个设备预期性能度量的影响来确认子系统内部设备间的兼容性运行。

通过设置一个子系统可以发射(辐射)或者承受(敏感度)的与本机电磁环境(一般地,EMC 试验标准通过子系统在任何 EMC 试验开始之前可接受的运行能力,来假设系统内的电磁兼容性)相关的电磁能量和效应的限值和水平,这些试验旨在解决系统内 EMC 问题。子系统内多个辐射/传导信号的累积效应应包括在试验中。

附表 4 给出了来自 MIL-STD-461F 的发射和敏感度要求。

附表 4　发射和敏感性要求(MIL-STD-461F,表 5)

要求	描　述
CE101	30 Hz～10 kHz 电源线传导发射
CE102	10 kHz～10 MHz 电源线传导发射
CE106	10 kHz～40 GHz 天线端子传导发射
CS101	30 Hz～150 kHz 电源线传导敏感度
CS103	15 kHz～10 GHz 天线端口互调传导敏感度
CS104	30 Hz～20 GHz 天线端口抑制无用信号传导敏感度
CS105	30 Hz～20 GHz 天线端口交调传导敏感度
CS106	电源线尖峰传导敏感度
CS109	60 Hz～100 kHz 壳体传导电流敏感度
CS114	10 kHz～200 MHz 电缆束注入传导敏感度
CS115	电缆束注入脉冲激励传导敏感度
CS116	10 kHz～100 MHz 电缆和电源线阻尼正弦瞬变传导敏感度
RE101	30 Hz～100 kHz 磁场辐射发射
RE102	10 kHz～18 GHz 电场辐射发射
RE103	10 kHz～40 GHz 天线谐波和乱真输出辐射发射
RS101	30 Hz～100 kHz 磁场辐射敏感度
RS103	2 MHz～40 GHz 电场辐射敏感度
RS105	瞬变电磁场辐射敏感度

7.7　瞬变过电压研究和绝缘协调

MVDC 母线、其部件和子系统的绝缘系统不仅要承受电场直流分量的应力,也要承受高频分量的应力,高频分量由以下因素引起。

(1) 电力电子器件的开关作用(系统内部电压应力)。

(2) 到船舶上层建筑或者直接到船舶电力系统的雷击。

(3) EMI 和 EMP 的高压效应。

为了设计绝缘系统,并随后验证其完整性,应进行瞬变过电压研究,并考虑 MVDC 电力系统部件和子系统之间的相关作用。另外,应进行绝缘协调研究以确认最终的绝缘破坏以这样的方式发生,即故障部分可最有效地隔离,且 MVDC 电力系统可能在最短的时间内恢复正常运行状态。

瞬变过电压研究处理例如由于开关动作或者雷击导致的电压快速上升的瞬变。因此,只有可全面捕捉瞬变的分析技术可采用。因而,推荐采用时域计算机系统分析进行所有瞬变过电压分析。上述研究的结果可为绝缘协调研究提供基础数据。

7.8　电气隔离研究

系统设计者应验证规定的电气隔离要求在所有系统状态下均可以满足,包括针对所有系统配置的故障和瞬变过电压状态。

应将耦合效应作为电气隔离研究的一部分给予考虑。

对于所有稳态运行或者小信号扰动研究,可采用频域分析方法。然而,为了研究故障和瞬变过电压期间的电气隔离,推荐采用时域计算机系统分析。

7.9　额外的具体事宜研究

MVDC 电力系统设计者应确定需要针对系统使命的具体条件和故障现象进行的额外研究。例如,在军用舰船上,应在 MVDC 电力系统对消磁系统的影响上进行额外的研究,或者思考如下问题。

(1) 当系统正采用接地系统保护配电系统时,在船上开展焊接作业时,会对保护方案产生什么影响?

(2) 当系统正采用接地系统保护配电系统时,在雷电冲击或者电磁脉冲攻击下,保护系统会发生什么情况?

(3) 当配电电缆接地到船壳时,由于事故或者战斗损坏,将会发生什么?

（4）在线发电机发生故障或损坏后，船舶能以多快的速度使备用发电机投入运行？

8 试验、检查和预防性维护

应进行试验、检查和预防性维护以验证 MVDC 电力系统与本标准的符合性以及所有部件与适用技术规格的符合性。

8.1 设备鉴定和试运行

MVDC 电力系统的所有设备和部件都应在安装前进行合格鉴定。鉴定可采用测试和分析的组合方法，以满足 IEC/IEEE 60780 - 323 的要求。鉴定文件应包括 IEEE 650 所述的鉴定计划和鉴定报告。

合格的 MVDC 设备应按照 IEC/IEEE 60780 - 323 的要求在室温下进行 100 h 的试运行（满载 50 h，最低规定负载 50 h）。如果买方认为适合于安装条件，可以对这一要求进行调整。

8.2 MVDC 电力系统试验

MVDC 电力系统试验应与基于 IEEE 1662、IEC 60092 - 350 和 IEEE 45 标准和系统采购规范已批准的试验程序一致。

8.2.1 型式（设计）试验

应按照 IEEE C37.100 和 IEEE 1899 标准的推荐开展型式（设计）试验以验证 MVDC 电力系统设计。建议至少进行以下试验：

（1）瞬态抗扰度试验。

（2）环境试验。

（3）振动和冲击试验。

（4）温度存储试验。

（5）电磁兼容性试验。

8.2.2 安装前试验

所有 MVDC 电力系统部件和模块应在船上安装之前进行全方位的试验。

8.2.3 全系统功能测试

全系统功能测试应对由实际的硬件部件、软件模块和应用软件完整组成的系统展开,应验证 MVDC 电力系统功能在正常和故障运行状态下都符合预期。最好应通过超过规定的限度来检查系统的安全限度。

8.2.4　船上试验

应进行系泊试验和试航,以验证 MVDC 电力系统在所有系统连接的情况下实现预定功能的能力。强烈建议进行 100 h 的连续运行试验。

额外的 MVDC 试验特殊要求在本推荐标准 8.3.1～8.3.4 中给出。

8.3　特殊 MVDC 试验

8.3.1　介电强度试验

MVDC 电力系统的主电路、辅助电路和控制电路的介电强度试验应在电压大于等于附表 2 规定的电压水平下进行。

如果在施加合适的电压等级下对地额定短时耐受电压 U_d 持续 1 min 后没有破坏性的放电发生,那么 MVDC 电力系统短时耐受介电强度试验是成功的。

雷击脉冲电压试验应在每个极性(正极和负极)通过施加至少 3 个连续的脉冲对地额定雷电冲击耐受电压 U_p 来进行。如果 MVDC 电力电子装置可以使 dv/dt 变化率增大,那么应调整标准雷击脉冲的波形。如果在绝缘的自恢复部分产生一个破坏性的放电,那么应施加额外的 9 个具有相同极性的脉冲,且如果没有发生额外的破坏性放电,那么应考虑设备已通过试验。

作为上述描述的试验的替代试验,针对每个试验状态和每个极性,应在额定耐受电压下施加 15 个连续的脉冲。如果满足以下条件,那么可认为 MVDC 设备通过了脉冲试验。

(1) 每个系列具有至少 15 个脉冲。

(2) 在非自恢复绝缘上没有破坏性放电发生。这可通过在上一个破坏性放电之后进行 5 个连续的脉冲试验来确认。

(3) 对于每个完整的系列,破坏性放电数量不应超过 2 次。

步骤(3)将导致每个系列最大可能有 25 个脉冲。

8.3.2　短时耐受电流试验

应对 MVDC 电力系统的主电路和接地电路进行试验以证明其承载额定短时耐受电流的能力。该试验结果应为本推荐标准 5.2.2 中的值,容差为 ±10%。试验应在任何合适的电压水平下,且在任何方便的环境温度下开展。

8.3.3 电压容差试验

MVDC 电力系统设备性能应在本推荐标准 5.2.2 规定的全电压范围内进行评估。试验时，设备运行参数应在生产商确定的范围内。首先，设备应在稳态电压下以正常运行模式运行直至设备温度稳定。温度稳定应定义为设备运行 30 min 后，同一个点的两次连续测量值变化不超过 1℃。在试验期间和试验之后，设备应正常运行，没有运行退化。

8.3.4 电压瞬变容差和恢复试验

MVDC 电力系统设备应在附表 1 规定的瞬变电压条件下进行评估。

8.4 例行试验

例行试验是为了发现材料或者制造中的缺陷。它们不应削弱试验目标的属性和可靠性。例行试验应在任何实践中合理的地方在生产商工厂中针对生产的每一台 MVDC 设备进行。试验目的是验证产品实际运行参数与设备规格一致。本标准中推荐的例行试验如下：

（1）控制和辅助电路的介电强度试验。

（2）电缆、接头和终端绝缘的高压局部放电试验。

（3）主电路电阻测量。

（4）设计和可视化检测。

（5）功率偏差试验。

（6）绝缘性能试验。

（7）稳态电压试验。

（8）电源干扰和中断试验。

额外的例行试验应按相关的 IEEE 设备标准的规定进行。

8.5 电缆安装后的试验

在新的 MVDC 电力系统装置或者已有装置增加部分投入运行之前，应在工厂对每个电缆系统组件进行全面测试，以满足特定的 ICEA/AEIC、IEEE 或 IEC 高压局部放电要求。

在运输、装卸和安装之后，电缆系统可能不再符合这些要求。因此，建议进行安装后的试验。该项试验应在 ABS《钢质海船入级规范》规定的绝缘电阻试验之后进行。此外还可以根据 IEC 60270 Ed. 3.1 或 IEEE 400™ 标准规定的试验对替代试验方案进行充分考虑。

应该对每条完工的电缆及其附件进行耐压试验。试验电压的持续时间应严格遵照系统规格书的规定。

在试验完成后,所有导体应具有足够的接地时间以去除任何积累的电荷。之后,应重复进行绝缘电阻试验。

8.6　应急状态试验

应采用应急状态试验以评估 MVDC 电力系统性能能否在下述条件下满足要求:

(1) 电力突然中断。

(2) 在中断之后快速重新恢复电力。

(3) 应急状态电压容差。

8.7　检查和预防性维护

出于安全原因和为了确定没有超出规格要求,MVDC 电力系统应进行定期检查和维护。

应进行预防性维护,以确保 MVDC 电力系统处于良好的状态。需要预防性维护的项目是正常运行工况下可能出现磨损的设备。建议随着 MVDC 电力系统的老化,应更频繁地对所有交流和直流电动机、发电机、变流器、逆变器和电缆进行定期局部放电试验。

MVDC 载流部件和接地设备之间的所有间隙应进行核对。如果发现间隙不满足要求,那么应采取合适的措施。应定期扫除电缆和出线端上粒子及盐雾积累,并不应为了美观而对其外立面涂抹油漆。

附录 A-A

资料性附录
直流电力系统和杂散电流处理

在 MVDC 电力系统中,腐蚀是个常要考虑的因素。回路电流流入大地的趋势能够通过水管和相似的金属体产生电解。这在 19 世纪晚期已得到很好的解释,并且这也是伦敦地铁采用分离的正极性轨和负极性回路轨——四轨系统的全绝缘直流电力系统的原因之一。早在 20 世纪 80 年代早期,亚洲曾发生过一些尴尬的事情,即地铁线路附近的井盖碎裂,这意味着问题仍然存在且总是没有得到合理的解释。

尽管存在例外情况,但是今天大多数工业和商用直流电力系统为尺寸受限的特殊用途系统。

用于通信电子设备和计算机的低压直流配电系统在 IEEE 1100 - 2005 标准的条款 9 中给出了很好的描述。

用于例如电气列车、固定电池系统、太阳能光伏系统、采矿和电化学电力系统的高压大功率直流电力系统在 IEEE 142 - 2007 标准(绿皮书)、George 和 Meyer 等的文献中给出了描述。

对于大功率应用,大多数常用直流电压为用于有轨电车和地铁的 600 V 及 750 V,以及用于地铁的 1 500 V 和 3 000 V。较低的电压经常在三轨或者四轨系统中采用,并安装在与承重轨并行的同一水平面上,而出于安全原因,高于 1 000 V 的电压通常限制为架空明线。

德国汉堡城市快速铁路"S-Bahn"具有 1 200 V 的第三条轨。法国国营铁路公司 Culoz-Modane 主线路采用 1 500 V 电气化线路和第三条轨。比利时、意大利、西班牙、波兰、捷克共和国、斯洛伐克、斯洛文尼亚、克罗地亚、南非和苏联采用 3 000 V 直流电力。原来也被跨越大陆分水岭的密尔沃基铁路大规模电气化项目以及特拉华、拉克瓦纳和西部铁路公司(现在为新泽西捷运公司,变换为 25 kV 交流电)等采用。在英国,电气化铁路电网在 750 V 直流电压下可吸收的最大电流为 6 800 A。

以后,主线路电气化或许可以采用更高的直流电压。青睐直流电流的一个因素是交流电流会产生对人有影响的变化磁场。直流电流产生稳定磁场(大地的磁场也是如此),这被认为对健康无害。

IEEE Std 1653.6™－2013《IEEE 牵引配电设施中直流设备外壳接地的试用推荐规程》对外壳接地方法提出以下建议。

(1) 由于直流故障的高能量特性,以及一些接地故障的量级较低,过流保护装置无法检测,一般不建议将正极性直流设备外壳牢固接地。

(2) 独立的负极性设备外壳和负极性母线槽外壳可能会接地或可能不会接地。

(3) 与任何接地设计和安装一样,在使用高电阻接地时必须特别注意,因为绝缘可能会受到额定电压的影响。由于金属工件(如金属碎片)造成的绝缘层的意外桥接能够绕过保护电路。

(4) 推荐的高电阻接地的保护方案是在发生热结构故障时,整流变压器的交流断路器、直流阴极断路器和直流馈电断路器脱扣。

(5) 低电阻接地的优点是可以限制设备外壳上的电压电位以利于人身安全,但由此产生的高故障电流会对设备造成损害,包括钢制面板、结构件和铜条。接地导体的尺寸应能承受最大直流故障 0.25 s,同时保持一个连续的接地路径,以便保护装置直至清除故障。

在电化学直流电力系统中,电压可以高达 1 200 V,电流可高达 400 kA。在氯工业中发现了更高的电流,铝工业中发现了更高的电压。

直流牵引系统杂散电流腐蚀管理策略的相关出版物如下:

Aylott P J, "'Stray current is for life—not just for Christmas,' Stray current corrosion management strategies for d.c. traction systems," IEE Seminar on DC Traction Stray Current Control—Offer a Stray a Good Ohm? (ref. no.1999/212), pp.7/1-7/6.

概述:城市地区新的轻轨或者有轨电车的建设给经常密集铺设的埋地公用基础设施带来了一系列腐蚀风险。如果系统已经建成、投入运营且无任何防护措施,腐蚀风险不但不会简单地消除,还会在看不见的地方持续扩大。在铁路投入使用初期进行良好的检测和测试可将主要管路和电缆的失效率降低到一个很低的水平,但除非对铁路进行良好的维护,否则几年后还是会出现不可预期的腐蚀失效。尽管这样的失效可能仅导致短暂的(公共)使用中断,但是仍会发生造成严重后果的灾难性失效。杂散电流的良好控制可有效降低轨道腐蚀程度,使铁路轨道系统受益。本文对在先前没有电车的环境中增加一条电车线路的腐蚀管理事项展开论述。

Ardizzon L, Pinato P, and Zaninelli D, "Electric traction and electrolytic corrosion: a software tool for stray currents calculation," 2003 IEEE PES Transmission and Distribution Conference and Exposition, vol. 2, 2003, pp. 550-555.

概述:对以导轨作为牵引电路回路导体的运输电力系统,杂散电流是严重的问题。特别是对于直流牵引系统,杂散电流的产生会加速其附近金属结构的电解腐蚀。对此,设备维护人员要特别注意,特别是加强混凝土结构,需要对可能因杂散电流出现导致的腐蚀现象所损坏的脚手架进行仔细的监测。本文开发了确定牵引系统中不同条件、不同结构中杂散电流值的软件程序。文章末尾给出了一些例子,并带有相关的注释和针对主要影响电解腐蚀风险参数的讨论。

Bahra K S, and Catlow R B, "Control of stray currents for DC traction systems," 1995 International Electric Railways in a United Europe, 1995, pp. 136-142.

概述:在直流电气化铁路系统中,牵引回路轨和大地之间的低电阻允许很大一部分的漏电流进入大地,这称为漏电流或者杂散电流。本文简要地讨论了这些杂散电流的问题,并描述了抑制措施:维护轨对地绝缘装置,目前是与触摸电压要求一致;通过将所有轨道并联连接,实现有效的接地和焊接策略,从而具有充足的轨道连续性焊接和轨间焊接;在合适的地方安装杂散电流采集系统;为牵引回路电流选择提供低电阻通道的行车轨;供电站短距离分布;将所有结构性钢架与轨道隔离,特别是与所采用的轨下采集系统隔离;确保来自轨道(板式轨道或者有碴轨道)的有效排水。

Case S, "DC traction stray current control—so what's the problem?" IEE Seminar on DC Traction Stray Current Control—Offer a Stray a Good Ohm? (ref. no. 1999/212), pp. 1/1-1/6.

概述:阐述了采用简单布置的直流牵引系统杂散电流的问题。电流从整流站的正极性母线排流出,通过架空接触系统到车辆,再由行车轨返回。因为轨道与地之间并没有有效的绝缘措施,所以一定数量的电流会流向接地端,特别是在负载附近的区域,并且这会找到流入附近金属管道的通路。最终,杂散电流离开管道,并流经大地,返回到轨道,最后回到整流站负极性母线排。在电流离开管道的地方,会发生腐蚀,且如果电流足够大的话,在较短的时间内会产生严重的损坏。

Dekker N M J, "Stray current control—an overview of options," IEE Seminar on DC Traction Stray Current Control—Offer a Stray a Good Ohm? (ref. no.1999/212), pp.8/1 - 8/10.

概述:铁路系统中的杂散电流问题已经存在很长时间了。对于该问题,现在尚没有一般的解决方案。这有很多原因,例如国际上缺乏针对铁路系统设计的统一标准;可能受影响的第三方,例如公用设施拥有者不同;不同国家间电气安全保障的方法不同;在源端阻止或限制后果相关的责任和义务的途径不同。针对该问题似乎有三种不同的解决方法:①从安全角度出发,电力系统完全绝缘,返回通路(轨道)牢固焊接到供电站的接地线路上;采用杂散电流采集方法来中断大地漏电流。②电力系统完全绝缘,并不是有意在供电站焊接;可通过实现关键功能的副边保护方案为整个电路提供保护;不提供特殊的杂散电流采集方法。③系统与周围环境并不是有意绝缘,在供电站也没有任何连接;没有杂散电流采集系统。前两种方法应用到英国正在或已经实现的 LRT 系统中,而欧洲大陆和美国的实践主要采纳了后者。本文总结了每个系统和它们的实践性或者特殊特征的优势和劣势。

Lee C H, and Lu C J, "Assessment of grounding schemes on rail potential and stray currents in a DC transit system," IEEE Transactions on Power Delivery, vol.21, no.4, Oct. 2006, pp.1941 - 1947.

概述:本文研究了不同接地策略,包括不接地、直接接地和二极管接地对轨道电位和台北捷运系统(TRTS)杂散电流的效应。TRTS 是直流输送铁路且以运行轨作牵引电流的返回导体。优势是不需要专门的返回导体,而缺点是会产生轨道电位和杂散电流问题。因而,接地策略的分析是重要且必要的。给出了台北捷运红线淡水(R33)和竹围(R31)之间线路的采样仿真结果。

附录 B

计算限制负载流

本附录详细介绍了计算中压直流母线限制负载流的方法。假设母线并非环形母线。限制负载流指预期在主母线分段上功率(流过的电流)的上限。对于基本结构,主母线指左舷或右舷母线。

以附图 8 所示的母线分段为例。从 A 到 B 的功率流以 P_{AB} 表示。同样,从 B 到 A 的功率流以 P_{BA} 表示。P_{AB} 方向上的限制负载流为连接到母线 A 侧的所有发电源发电量之和以及连接到母线 B 侧的所有负载之和两者之较小者。如果发电量之和较低,功率流为发电限值。否则,功率流为负载限值。在计算负载之和时,应假设 PCM - 1A 负载为其输入模块的定额之和。对于直接连接到中压直流母线的大型负载(例如电磁轨道炮和推进电动机),假设在正常配置下它们从母线消耗最大功率。P_{BA} 方向的限制负载流以类似方式计算。母线分段的限制负载流为 P_{AB} 和 P_{BA} 方向的最大负载流两者之较大者。

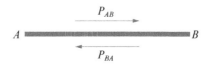

附图 8　母线分段

应考虑使用所有母线分段的最高限制负载流来分别确定左舷或右舷母线的负载流。应能在意外情况下以相当大的灵活性重构配电系统,且不使母线分段过载。注意,在意外情况下一些配置可能仍需限制负载流。

左舷或右舷母线上的最大负载流通常小于或等于限制负载流。具体而言,发电量之和应减去其母线侧的最小负载。如果功率流受发电量限制,这将进一步降低功率流。如果功率流一开始受负载流限制,则发电量之和的降低可能导致功率流受发电量限制。对这一问题做更详细的分析可能会实现降低母线载流量的目标。

　　计算基于采用正常母线配置的"正常工况"。如母线分段发生故障,系统将很可能重构。在这些情况下提供全容量,可能需要更大的母线;如果母线尺寸是根据正常工况确定的,应进行权衡研究确定如何通过甩负载(如有)来防止母线过载。

参考文献

[1] Doerry N, Amy J V, Jr. Design considerations for a reference MVDC power system [J]. Transactions, 2016, 124:40 – 59.

[2] Stubban J P, Johnson B K, Hess H. Comparing point of use power quality to system level power quality in a shipboard MVDC distribution system [C]//2013 IEEE Electric Ship Technologies Symposium (ESTS). New York: IEEE, 2013:203 – 208.

[3] Wijenayake A H, McNutt Ty, Olejniczak K J, et al. Next-generation MVDC architecture based on 6.5 kV/200 A, 12.5 mΩ SiC H-bridge and 10 kV/240 A, 20 mΩ SiC dual power modules [C]//2017 IEEE Electric Ship Technologies Symposium (ESTS). New York: IEEE, 2017:598 – 604.

[4] Doerry N, Amy J. DC voltage interface standards for naval applications [C]//2015 IEEE Electric Ship Technologies Symposium (ESTS). New York: IEEE, 2015: 318 – 325.

[5] Vijlee S Z, Ouroua A, Domaschk L N, et al. Directly-coupled gas turbine permanent magnet generator sets for prime power generation on board electric ships [C]//2007 IEEE Electric Ship Technologies Symposium (ESTS). New York: IEEE, 2007: 340 – 347.

[6] Li D, Dougal R A, Thirunavukarasu E, et al. Variable speed operation of turbogenerators to improve part-load efficiency [C]//2013 IEEE Electric Ship Technologies Symposium (ESTS). New York: IEEE, 2013:353 – 359.

[7] Sulligoi G, Tessarolo A, Benucci V, et al. Shipboard power generation: design and development of a medium-voltage dc generation system [J]. IEEE Industry Applications Magazine, 2013, 19(4):47 – 55.

[8] Huynh P, Banerjee A. Integrated generator-rectifier for electric ship DC power system [C]//2019 IEEE Electric Ship Technologies Symposium (ESTS). New York: IEEE, 2019:592 – 598.

[9] Tang Y, Khaligh A. On the feasibility of hybrid battery/ultracapacitor energy storage systems for next generation shipboard power systems [C]//2010 IEEE Vehicle Power and Propulsion Conference. New York: IEEE, 2010:1 – 6.

[10] Bosich D, Mastromauro R A, Sulligoi G. AC – DC interface converters for MW-scale MVDC distribution systems: a survey [C]//2017 IEEE Electric Ship Technologies

Symposium (ESTS). New York: IEEE, 2017:44 – 49.

[11] Integrated power node center: MIL – PRF – 32272[S]. US – MIL, 2007.

[12] Vu T V, Gonsoulin D, Perkins D, et al. Distributed control implementation for zonal MVDC ship power systems [C]//2017 IEEE Electric Ship Technologies Symposium (ESTS). New York: IEEE, 2017:539 – 543.

[13] Cooper S, Nehrir H. Ensuring stability in a multi-zone MVDC shipboard power system [C]//2017 IEEE Electric Ship Technologies Symposium (ESTS). New York: IEEE, 2017:380 – 387.

[14] Cuzner R M, Esmaili D A. Fault tolerant shipboard MVDC architectures [C]//2015 International Conference on Electrical Systems for Aircraft, Railway, Ship Propulsion and Road Vehicles (ESARS). New York: IEEE, 2015:1 – 6.

[15] Baragona T A, Jordan P E, Shiffler B A. A breaker-less, medium voltage DC architecture [C]//Electric Machines Technology Symposium (EMTS). New York: IEEE, 2014:293 – 302.

[16] Qi L, Pan J, Huang X, et al. Solid-state fault current limiting for DC distribution protection [C]//2017 IEEE Electric Ship Technologies Symposium (ESTS). New York: IEEE, 2017:187 – 191.

[17] Challita A, Uva M. High speed, medium voltage direct current isolation device [C]//Electric Machines Technology Symposium (EMTS). New York: IEEE, 2014:248 – 257.

[18] Challita A, Uva M. High speed, medium voltage direct current isolation device capabilities [C]//Advanced Machinery Technology Symposium (AMTS), Philadelphia: AMTS, 2016:14 – 20.

[19] Cairoli P, Qi L, Tschida C, et al. High current solid state circuit breaker for DC shipboard power systems [C]//2019 IEEE Electric Ship Technologies Symposium (ESTS). New York: IEEE, 2019:468 – 476.

[20] Deng Q, Liu X, Soman R, et al. Primary and backup protection for fault current limited MVDC shipboard power systems [C]//2015 IEEE Electric Ship Technologies Symposium (ESTS). New York: IEEE, 2015:40 – 47.

[21] Ford B, Leonard I, Bosworth M, et al. Grounding and fault location in power electronic based MVDC shipboard power and energy systems [C]//2017 IEEE Electric Ship Technologies Symposium (ESTS). New York: IEEE, 2017:359 – 366.

[22] IEEE recommended practice for 1 to 35 kV medium voltage DC power systems on ships: IEEE Std 1709 – 2010[S]. New York: IEEE, 2018:1 – 54.

[23] 章以刚, 赵芳. 现代舰船综合电力系统[M]. 哈尔滨: 哈尔滨工程大学出版社, 2018.

[24] Flower J O, Hodge C G. Stability and transient-behavioural assessment of power-electronics based DC-distribution systems: Part 1: the root-locus technique [J]. Journal of Marine Engineering and Technology, 2004, 3 (2):13 – 21.

[25] Flower J O, Hodge C G. Stability and transient-behavioural assessment of power-electronics based dc-distribution systems: Part 2: the frequency response approach [J].

Journal of Marine Engineering and Technology, 2007(A9):19 - 28.

[26] Paul D. DC traction power system grounding [J]. IEEE Transactions on Industry Applications, 2002,38(3):818 - 824.

[27] Jacobson B, Walker J. Grounding considerations for DC and mixed DC and AC power systems [J]. Naval Engineers Journal, 2007,119(2):49 - 62.

[28] Noe M, Steurer M. High-temperature superconductor fault current limiters: concepts, applications, and development status [J]. Superconductor Science and Technology, 2007,20(3):15 - 29.

[29] Davoudi A, Jatskevich J, Rybel T D. Numerical state-space average-value modeling of PWM DC - DC converters operating in DCM and CCM [J]. IEEE Transactions on Power Electronics, 2006,21(4):1003 - 1012.

[30] Kundur P, Paserba J, Ajjarapu V, et al. Definition and classification of power system stability [J]. IEEE Transactions on Power Systems, 2004,19(3):1387 - 1401.

[31] Berizzi A, Silvestri A, Zaninelli D, et al. Short-circuit current calculations for DC systems [J]. IEEE Transactions on Industry Applications, 1996,32(5):990 - 997.

[32] Meyer C, Höing M, Peterson A, et al. Control and design of DC grids for offshore wind farms [J]. IEEE Transactions on Industry Applications, 2007, 43 (6): 1475 - 1482.

索 引